国家社科基金
GUOJIA SHEKE JIJIN HOUQI ZIZHU XIANGMU
后期资助项目

U0645413

数字创新驱动平台型企业的价值共创实现机理与路径研究

Research on the Mechanism and Path
of Value Co-creation in Platform Enterprises Driven
by Digital Innovation

王 松 郑乐威 唐 雪 著

清華大学出版社
北 京

图书在版编目（CIP）数据

数字创新驱动平台型企业的价值共创实现机理与路径研究 / 王松，郑乐威，唐雪著.
北京 ：清华大学出版社，2025.8. -- ISBN 978-7-302-68482-4

Ⅰ. F272.7

中国国家版本馆 CIP 数据核字第 2025GQ2613 号

责任编辑： 胡　月
封面设计： 傅瑞学
责任校对： 宋玉莲
责任印制： 丛怀宇
出版发行： 清华大学出版社
　　　　　　网　　　址： https://www.tup.com.cn，https://www.wqxuetang.com
　　　　　　地　　　址： 北京清华大学学研大厦 A 座　　　　**邮　　编：** 100084
　　　　　　社 总 机： 010-83470000　　　　　　　　　　　**邮　　购：** 010-62786544
　　　　　　投稿与读者服务： 010-62776969，c-service@tup.tsinghua.edu.cn
　　　　　　质 量 反 馈： 010-62772015，zhiliang@tup.tsinghua.edu.cn
印 装 者： 北京鑫海金澳胶印有限公司
经　　　销： 全国新华书店
开　　　本： 165mm×238mm　**印张：** 13.5　**插页：** 1　**字　　数：** 240 千字
版　　　次： 2025 年 8 月第 1 版　　　　　　　　　　**印　　次：** 2025 年 8 月第 1 次印刷
定　　　价： 139.00 元

产品编号：107622-01

前　言

当前时期，中国正处于经济结构调整与升级的关键节点，数字创新对于我国达成创新导向型增长，推进整体经济体系向高质量层面跃升，具有不可忽视的战略意义。借助于新一代信息技术的浪潮，数字经济不仅催生了众多崭新的商业形态与经济运作模式，也对传统经济模式进行了渗透和升级。其蓬勃发展，加之中国庞大的数字消费者群体优势，为平台型企业带来了前所未有的机遇。互联网络与信息技术的广泛应用使得用户在企业价值流中展现出日益显著的主体性作用，这一趋势引发了由数字创新引领的企业商业模式及其价值创造与价值获取机制的深层次变革。鉴于此，本书面向数字经济时代背景，考量大数据、云计算、人工智能、区块链等智能化信息技术或手段的推广效应，研究数字创新驱动平台型企业内涵及特征、数字赋能机制、价值共创的实现机理与实现路径。以物流平台型企业为例，本书具体分析数据赋能、价值共创与绩效关系等，由此提出数字创新驱动平台型企业价值共创与商业模式创新的对策与政策建议，为我国"数字中国"战略及"大众创业、万众创新"战略实施提供科学依据。

本书首先对数字创新驱动进行定义，并从价值属性、技术属性和社会属性三个方面归纳出数字创新驱动的 5 大特征；通过对平台型企业的分析，结合中国市场的独特优势，揭示了在中国情境下数字创新驱动平台型企业的独有特征和数字创新驱动平台型企业产生的新的商业模式。接下来，本书聚焦于数字时代特有的数据赋能机制，对"滴滴出行"平台进行案例分析。其次，基于利益相关者理论从用户参与价值共创的动机和行为出发，从新企业内部和外部两个角度来研究数字创新驱动的平台型企业商业模式的价值创造过程。基于数字化的无边界特征，研究新企业商业模式内外整合的价值创造过程，并从实证研究的角度出发证明前文结果的合理性。再次，基于资源基础理论、社会网络理论等，集中从企业之间的合作、竞合等角度展开，探究企业如何通过构建合作网络等方式，整合生态系统或者网络资源，进而实现价值共创。最后，基于赋能机制、价值共创实现机理和实现路径对物流平台企业数据赋能、价值共创与绩效进行分析，对数字驱动平台型企业价值共创的实现提供对策和政策建议。

目 录

第 1 章 绪论 ·· 1

1.1 研究背景与意义 ··· 1

1.2 研究内容、框架与方法 ··· 4

1.3 研究的难点、重点和创新之处 ································· 9

第 2 章 国内外研究述评 ·· 12

2.1 数字创新驱动企业的价值创造过程与商业模式研究 ·········· 12

2.2 赋能相关理论 ·· 15

2.3 价值共创的发展及维度研究 ·· 21

2.4 赋能、平台型企业与价值共创的相关研究 ···················· 27

2.5 数字创新驱动的用户参与和价值共创研究 ···················· 30

第 3 章 数字创新驱动平台型企业内涵及特征 ······················ 34

3.1 数字创新驱动的内涵及特征 ·· 34

3.2 中国情境下数字创新驱动平台型企业的独有特征 ············ 40

3.3 数字创新驱动平台型企业商业模式关键形态 ················· 56

3.4 本章小结 ··· 69

第 4 章 平台型企业数字赋能机制分析 ································· 70

4.1 数字创新驱动背景下的三种赋能机制 ··························· 72

4.2 基于滴滴出行平台的数据赋能机制的案例研究 ·············· 76

4.3 数据赋能机制总结及建议 ··· 91

第 5 章 数字创新驱动平台型企业价值共创的实现机理 ·········· 93

5.1 用户参与价值共创的动机与行为分析 ··························· 94

5.2 内部价值创造 ··· 100

5.3 外部价值共创 ··· 103

5.4 内外整合的价值共创 ··· 107

5.5 案例分析 ··· 110

5.6 实证分析 ··· 117

　　5.7 本章小结 ·· 121

第 6 章　数据创新驱动平台型企业价值共创的实现路径 ·············· 122

　　6.1 数据创新驱动平台型企业的价值共创实现路径 ············ 122

　　6.2 用户参与和价值共创的资源整合路径——平台初创期 ······ 125

　　6.3 用户参与和价值共创的创业机会资源一体化路径——平台胜出期·· 140

　　6.4 商业模式创新下价值共创实现路径分析——平台颠覆期 ·········· 148

第 7 章　物流平台型企业价值共创与绩效关系研究 ·············· 158

　　7.1 理论基础 ·· 158

　　7.2 研究假设 ·· 159

　　7.3 假设汇总与理论模型构建 ·· 163

　　7.4 数据收集与变量测量 ·· 164

　　7.5 数据分析与假设检验 ·· 167

　　7.6 实证检验结果分析 ··· 176

第 8 章　结论与对策建议 ··· 178

　　8.1 结论 ·· 178

　　8.2 对策建议 ·· 186

参考文献 ·· 194

附录　物流平台企业数据赋能与企业绩效的关系研究 ················· 205

第1章 绪　　论

1.1　研究背景与意义

1.1.1　研究背景

进入 21 世纪，全球数字领域在快速创新的数字技术推动下持续拓展且深度演进。一方面，数字技术创新的加速进程对人类思维方式、社会行为模式及生产和生活方式产生了深远影响，进而使经济数字化转型成为推动经济增长的重要动力来源之一；另一方面，随着新数字经济深度挺进，全球要素资源配置、全球经济架构重塑及全球竞争格局变迁的速度与力度均达到历史新高。我国数字经济展现出规模化的高速增长态势，如今已迈入一个在规范、包容、审慎与鼓励创新氛围中深化应用、规范发展与普惠共享的全新机遇期。借力于新一代信息技术，数字经济孕育出众多新颖的商业模式与经济运作机制，各类新型业态、新兴产业不断涌现，有力推动数字创新与全社会范围内的"大众创业、万众创新"战略深度融合，共同步入历史新篇章。时至今日，数字经济业已成为构建现代经济体的核心驱动力和推动世界经济稳健前行的助推器，在全球经济增长的稳定性保障中占据举足轻重的地位。

首先，数字经济的蓬勃态势加之中国庞大的数字消费群体所形成的独特优势，为平台型企业开启了前所未有的商业契机。大数据、人工智能等智能技术或手段，正在赋予平台型企业新的发展动能与契机。然而，受数据共享、资源管理、人才培养等多重因素的制约，许多新企业无法适应变化的市场需求，出现对企业发展方向作出错误的评估和预判，无法精准把握自身资源和能力，团队创新能力有限，成员间缺乏知识与技能互补等局面频出。因此，如何通过移动计算、云计算、社交媒体等新的智能技术，实现趋势精准预测、资源精准匹配、发展精准定位，提高平台型企业核心竞争优势，确保商业决策的准确性，是亟须解决的现实难题。基于此背景，厘清数字创新驱动平台型企业的内涵和特征，分析数字赋能平台型企业的机制，促进平台型企业快速成长具有非常重要的现实意义。

其次，网络和互联信息技术让用户在企业价值流程中发挥越来越大的能动作用。用户不仅从被动的倾听者变成了主动的共同制造者，还在参与企业的创新活动中展现出参与更广泛、关系互动性更强、贡献信息体量更大等新特点。然而，目前用户参与价值创造还停留在浅层、初级阶段；用户更多被视为创新系统外部要素，只在研发阶段有参与；企业与用户关系只停留在二元简单关系管理上。如何激励用户更广泛、更深入地参与新企业的创新；如何协调价值共创网络中多类型主体的关系；在此过程中，平台型企业应如何与各方互动才能最大化价值创造；如何在多主体网络中挖掘机会，整合资源，实现资源机会一体化等问题较为突出。基于此，探究数字创新驱动平台型企业的价值共创实现机理与路径尤为重要。

最后，由数字创新引领的商业模式在价值创造与价值获取方式上发生了根本性转变，其通过汇聚各类资源数据实现价值交换，并采用"去中介化""去中心化"与"去边界化"的崭新模式，充分满足了各利益相关者的个性化需求，全方位实现了资源共享及无缝对接，有力弥补了传统模式中信息共享困难的短板。然而，信息的极度碎片化现象，无疑给平台型企业筛选整合有效信息带来了严峻挑战。因此，平台型企业如何利用智能化与数字化平台进行有效赋能，对有价值的信息进行深度挖掘，进而推动价值共创进程，并最终确保企业资源的精准匹配与高效转化，是其在发展道路上亟待破解的课题。

综上，本文面向数字经济时代背景，以数字创新为驱动，借助大数据、云计算、人工智能、区块链等智能化信息技术或手段，从数字创新驱动平台型企业内涵及特征、平台型企业数字赋能机制分析、数字创新驱动平台型企业价值共创的实现机理与实现路径、物流平台型企业价值共创与绩效关系研究五个章节展开理论与实证研究，并基于此提出数字创新赋能平台型企业发展的对策建议，为我国"数字中国"战略及"大众创业、万众创新"战略实施提供科学依据与政策建议。

1.1.2　研究意义

1. 理论意义

（1）丰富了数字经济方向的研究文献，完善了商业模式分类创新理论体系。本研究从数字经济这一前瞻视角出发，对企业的商业模式展开深度剖析与系统探讨，丰富了现有数字经济背景下商业模式的相关研究，为后续学者在此领域的探究提供了若干创新性角度。当前，国内外学者对商业模式的理论研究尚未构建出一套完整的体系，尤其是在理论层面上，对商业模式的分类缺乏持续深入的探究。通过对复杂的商业模式进行精细划分，有助于企业精准识别自身所属商业模式类别，并为其商业模式创新优化提供坚实的理论基础与实践指南，从而丰富了相关研究领域，具备显著的理论价值。

（2）有利于丰富数字创新驱动的平台型企业赋能机制理论。在数字经济时代，企业与多方主体的互动特性、集体参与对价值创造的重要性、创业过程的非线性及创业阶段边界的模糊性等特征，亟待学界通过研究平台型企业创业的"去中介化""去中心化"与"去边界化"等新模式、新业态，来探索如何使用移动计算、云计算、社交媒体等新的智能技术实现精准预测、资源精准匹配、发展精准定位、决策精准可靠、商业模式精准创新。从数字创新驱动的平台型企业创业概念体系、关键要素及其演化、数字创新驱动的创业核心要素、创业决策、商业模式对平台型企业创建与成长的影响机理等角度建立具有本土化特征的数字创新驱动平台型企业创业理论体系，有助于丰富传统理论在新时期的内涵，推动数字创新驱动的平台型企业赋能机制和价值共创理论发展。

2. 现实意义

（1）有助于指导数字创新驱动的新企业创业实践。伴随数字经济与"智能+"时代的来临，平台型企业所处的商业环境日益复杂且充满不确定性，这使其在应对大数据时代对企业发展智慧化（信息化、数据化、自动化、智能化）的强烈诉求时面临巨大挑战。本文系统地针对数字创新驱动平台型企业内涵及特征、平台型企业数字赋能机制、平台型企业价值共创实现机理、平台型企业价值共创实现路径四大主题开展理论与实证研究。在此基础上，提出针对性的数字创新赋能平台型企业策略与政策建议，旨在助力数字技术有效赋能平台型企业创业活动，提升创业成功率，为数字创新驱动的平台型企业引导用户参与及价值共创实践提供科学指导。

（2）有助于"数字中国"战略和"双创"战略落地，推动经济高质量发展。在数字经济时代，平台型企业层出不穷，展示了多种新模式和新业态，数字创新驱动的平台型企业创新商业模式正在引领经济发展新范式。研究数字经济时代平台型企业发展规律，对促进数字创新驱动的创业活动的开展，推动数字经济的发展壮大，推动"数字中国"战略的落地具有重要理论意义和实践价值。同时，数字创新驱动的平台型企业在商业决策制定和商业模式构建等方面，与传统企业相比大不相同。深入剖析数字经济时代的平台型企业赋能机制，对增强用户参与和价值共创，提升平台型企业商业决策的精准度，优化商业模式，实现成功创业，进而助推"双创"战略，实现经济高质量发展具有重大的现实和理论意义。

（3）为政府及相关机构精准施策助力创业企业创新发展提供理论依据。

初创企业在风险应对能力上普遍表现出较高的易损性，因此，其能否茁壮成长在很大程度上依赖于政府与相关部门提供的及时、有效的引导与扶持。面对我国全力实施创新驱动发展战略的宏观背景，自中央至地方各级政府已推出一系列旨在打造优良创新创业生态环境、激活全社会创新创造潜能的政策举措，并已取得了显著效果。然而，审视现有政策取向可见，现行"双创"政策多集中于宏观指导原则的确立，而对于创业企业在日常运营中遭遇的具体技术挑战与市场状况，政策的针对性与精细度尚有提升的必要。鉴于商业模式创新涵盖了创业企业各项创新活动的本质，使之成为政策设计与执行聚焦的关键对象。本研究在明确定义技术主导型与业务主导型两类数字化商业模式创新的基础上，对创新过程及其实施路径进行深入剖析，意在为我国创新创业由"速度优先"转向"质量至上"的关键转型期，从数字化商业模式创新的角度出发，为政府有效助力创业企业实现精准赋能提供坚实的理论依据。

1.2　研究内容、框架与方法

1.2.1　研究内容

数字创新驱动平台型企业的价值共创是在"数字中国"和"创新、创业、创造"背景下，依托于大数据、人工智能等数字技术的革新力量得以实现。数字创新赋能企业、驱动企业在用户价值共创、创业决策、商业模式等方面与传统企业存在着本质区别，亟须系统的理论研究和实证检验。本文聚焦于数字创新如何赋能平台型企业以实现价值共创的内在机理与实践路径，旨在解答如何有效促进数字创新驱动的平台型企业成长等一系列关键问题。研究从数字创新驱动平台型企业的基本内涵与独特特征入手，结合数字创新驱动理论与价值共创理论，深入剖析了数字创新对企业内部产品与服务创新升级的驱动机制。进一步，本文细致解构了企业内部创业活动、用户参与的价值共创过程与大数据生态系统的互动关系，揭示了数字平台能力如何在三者间发挥桥梁与催化作用。此外，本文还探讨了数字市场探索行为对上述关系的调节效应，力求为理解数字创新环境下平台型企业价值共创的动态演化过程提供全面且深入的理论解释与实证证据。

1. 数字创新驱动平台型企业内涵及特征

基于上述研究内容，本文从数字创新驱动视角出发，**首先**定义数字创新驱动是以数字化数据要素为核心，以数字技术为基础支撑驱动产生新的模式和经济形态。并从价值属性、技术属性和社会属性三个方面归纳出数字创新驱动的 5 大特征，分别是**开放性、模块化、自生长性、融合性、收敛性和动态性**。**其次**，通过对平台型企业的分析，结合中国市场的独特优势，给出了中国情境下数字创新驱动平台型企业的独有特征，包括政策支持的战略优势、巨大市场规模的战略资产和强大技术水平支撑创新研发。**最后**，数字创新驱动的平台型企业成功孕育出崭新的商业模式，其核心价值表现为数字化的三个能力——**数字机会识别能力、数字化能力及数字协同能力**，这些能力对不同维度的创新活动产生深远影响，尤其是在**价值主张设计、价值创造与传递过程、价值获取途径维度等**方面，进而推动商业模式实现由数字创新能力驱动的全方位革新。

2. 数字创新驱动平台型企业的赋能机制分析

本文通过对**赋能机制**的系统梳理与提炼，将焦点置于数字时代特性的数据赋能机制，选取"滴滴出行"平台作为典型案例进行剖析。研究发现，在平台运行的不同阶段，**数据赋能**的连接能力、智能能力和分析能力各自发挥着特定作用，并在推动价值共创的过程中呈现出多种表现形式。研究结果显示：数据赋能能够有效地促进企业打破组织界限，释放创新潜能；数据赋能与价值共创对平台型企业的成长呈显著正向关联；数据赋能活动有助于克服资源限制，实现资源的灵活重组与高效利用。

3. 数字创新驱动平台型企业价值共创的实现机理

数字经济与数字技术的崛起，对平台型企业产生了深远影响与剧烈冲击，同时也在重塑传统的产业链条与价值链体系，使之更加多元、立体，进而提升了整体经济发展的驱动力与效率。数字经济的发展给予了创业活动利益相关者连接与互动的机会，通过用户参与，创业者与创业企业能够吸收用户的知识，从而真正了解顾客需求的细微差别，获得更多反馈、隐性需求及新见解。本文首先基于**利益相关者理论**，从用户参与**价值共创**的动机和行为出发，研究用户参与价值共创对企业的影响。其次，从新企业内部和外部两个角度来研究数字创新驱动的平台型企业商业模式的价值创造过程。再次，基于数字化的无边界特征，研究**新企业商业模式内外整合**的价值创造过程。最后，从**实证研究**的角度出发，证明前文结果的合理性。

4. 数字创新驱动平台型企业价值共创的实现路径

基于**资源基础理论、社会网络理论**等，本研究从用户参与和价值共创资源整合路径的视角出发，重点关注企业间合作、竞合等互动关系，探讨企业如何通过构建合作网络等形式，有效整合生态系统或网络内的资源，以实现价值共创的目标。在对资源进行内部资源、外部资源及内外部资源的划分后，我们结合资源基础理论所强调的内部资源开发与利用、社会网络理论所关注的外部网络关系构建，以及生态系统理论所倡导的内外部资源协同，将用户参与价值共创的资源整合路径划分为三大类：**基于资源基础论的内部资源整合路径、基于社会网络理论的外部资源整合路径，以及基于生态系统理论的内外部资源整合路径**。其中，内部资源整合路径又分为三种类型：稳定型的内部资源整合路径，此时用户作为信息提供者；完善型的内部资源整合路径，此时用户作为合作开发者；开拓型的内部资源整合路径，此时用户作为创新者。外部资源整合可通过构建联盟环境、组合组织间关系及形成联盟组合来实现。最终，要实现内外部资源整合，可采用构建生态系统的方式。

5. 物流平台企业数据赋能、价值共创与绩效关系

基于前文关于平台型企业的内涵与特征、赋能机制、内外部价值创造等的分析，本文研究数字经济背景下，**数据赋能对物流平台企业绩效的影响路径，以及价值共创发挥的中介作用**。本研究通过发放**调查问卷**的方式收集数据，随后对所获数据进行严谨分析，旨在深入探究数据赋能、价值共创与企业绩效之间的关联性。进一步，我们运用**结构方程模型**方法，系统剖析数据赋能对企业绩效的具体影响路径。研究结果显示，价值共创在数据赋能与企业绩效之间的关系中起到完全中介效应，即数据赋能通过激发价值共创活动，间接提升了企业绩效。同时，大数据等新一代数字技术的有效应用被证实能够显著提高物流平台企业的资源转化效率及资源整合能力。换言之，物流平台企业若能精准把握并有效运用数字技术，将有望推动企业绩效的提升。

6. 结论与对策建议

本文紧紧围绕"**数字创新驱动平台型企业商业模式与价值共创**"，探究价值创造高效转化规律以提升企业绩效。根据新颖、效率、互补与锁定等属性特征，考虑利益相关者和环境约束，设计不同情境下的数字创新驱动平台型企业商业模式创新并提出发展对策。一方面，为政府推进"双创"高质量发展战略、推动区域创新创业升级提供了坚实的理论指导和战略指向；另一方面，也为企业在应对数字化转型浪潮时，提升所需的关键能力与构建战略性竞争优势提供了富有启发性的新思路。

1.2.2　研究框架

本文立足于数字经济时代背景，关注大数据、云计算等智能化信息技术或工具的广泛应用及其所带来的影响，从数字创新驱动平台型企业内涵及特征、数字赋能机制分析、价值共创的实现机理与实现路径展开分析，并基于此，具体分析物流平台企业数据赋能、价值共创与绩效关系等，由此提出数字创新赋能平台型企业发展的对策与政策建议，为我国"数字中国"战略及

"大众创业、万众创新"战略实施提供科学依据与政策建议。

1.2.3　研究方法与流程

1. 研究方法

（1）**文献追踪**。本研究密切关注国内外数字驱动平台型领域的最新研究成果，系统梳理相关理论进展，以期为本文研究提供坚实的理论支撑和有益的借鉴。已有的国内外研究理论和成果能够为本文的研究提供理论参考和依据。因此，本文将密切关注国内外一流学府、研究机构和团队在该领域的研究进展。我们对发表在国内外重点学术期刊和国际会议上的影响力较高的文章进行重点关注研究；重点关注国内外数字驱动平台型企业的用户参与和价值共创案例，并对这些案例进行全面的分析总结，进而丰富相关的理论成果，以形成数字驱动平台型企业实现价值共创的基础理论。

（2）**纵向案例分析**。本文选取了多个国内外数字驱动的平台型企业典型案例进行研究，通过多元统计分析、计量经济学建模，以及机器学习等相关方法，得到数字创新驱动下的平台型企业赋能机制、实现用户参与和价值共创的关键要素及关键机制。同时，通过案例与实证分析，提取关键影响变量，利用实际数据，验证理论模型的正确性，并探究实现数字创新驱动的平台型企业商业模式成功的对策，为促进数字创新驱动下平台型企业的发展提供依据。

（3）**扎根研究和文本分析法**。通过对典型企业的访谈和问卷调查，获取丰富的一手数据。综合运用扎根研究与文本分析法对所获数据进行分析，概括提炼数字创新驱动的内涵及关键特征，在此基础上，进一步识别数字创新驱动的平台型企业用户参与和实现价值共创的核心要素并研究其动态演化，对数字创新驱动平台型企业价值共创机理进行定性研究，主要探讨数字创新驱动的赋能机制核心要素、商业模式和价值共创对平台型企业创建及成长的影响。

（4）**实证分析**。基于相关文献与实地调研，本研究精心设计调查问卷并收集相关数据，之后运用相关分析对所获数据进行深度挖掘与整理，旨在揭示数据赋能、价值共创与企业绩效之间的内在关联性。进一步，我们运用结构方程模型这一强大统计工具，精确刻画数据赋能对企业绩效产生影响的具体路径。

2. 研究流程

如图 1-1、图 1-2 所示，就研究技术路线而言，我们构建了数字创新驱动平台型企业的价值共创机理与实证模型。基于此，对于数字创新驱动平台型企业的内涵和特征进行分析和总结，并将大数据赋能理论与平台案例研究相结合，以探索数字创新驱动平台型企业的赋能机制；从用户参与和价值共创角度深入研究数字创新驱动平台型企业的实现机理和路径，并在研究赋能机制、价值共创实现机理和实现路径的基础上，对物流平台企业数据赋能、价值共创与绩效进行研究，为数字创新驱动的平台型企业实现价值共创的影响因素、过程、模型与支持系统提供相应的对策与政策建议。

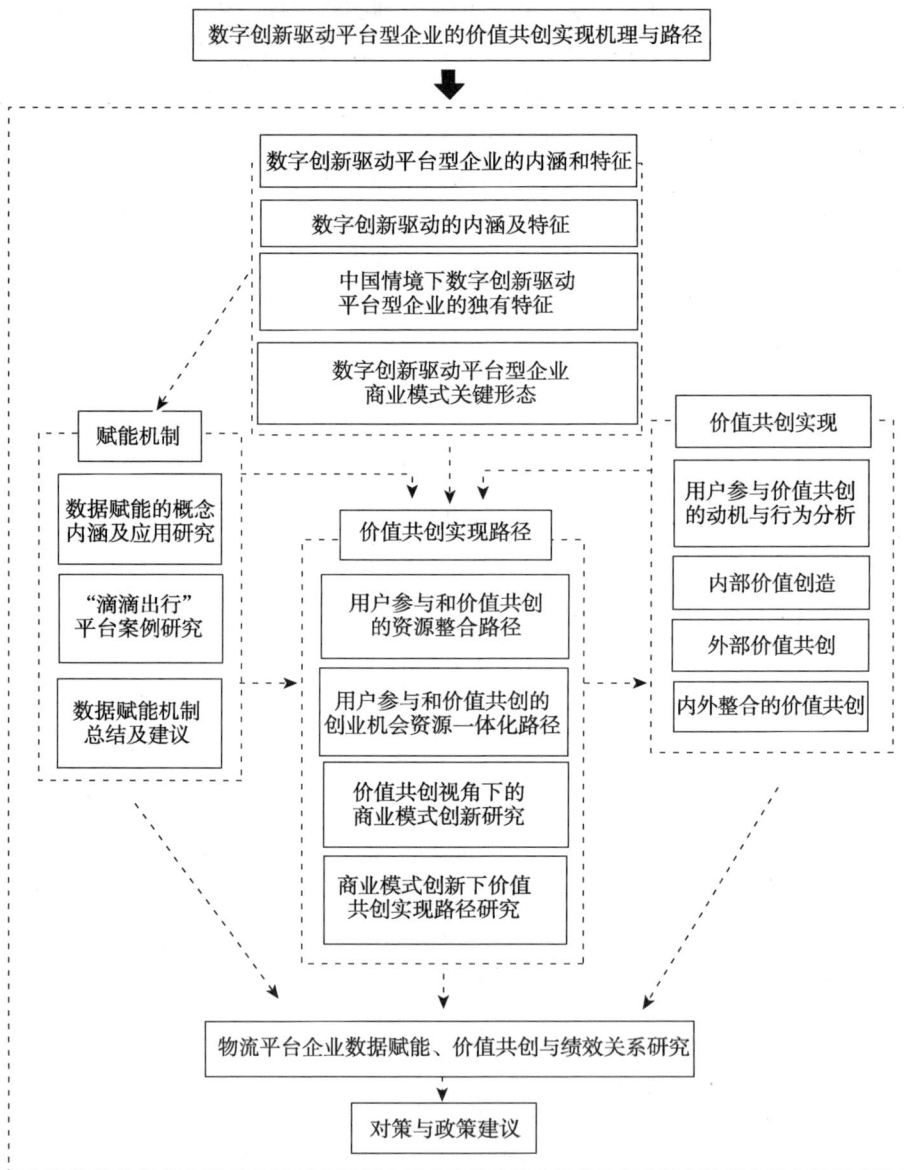

图 1-1　研究框架图

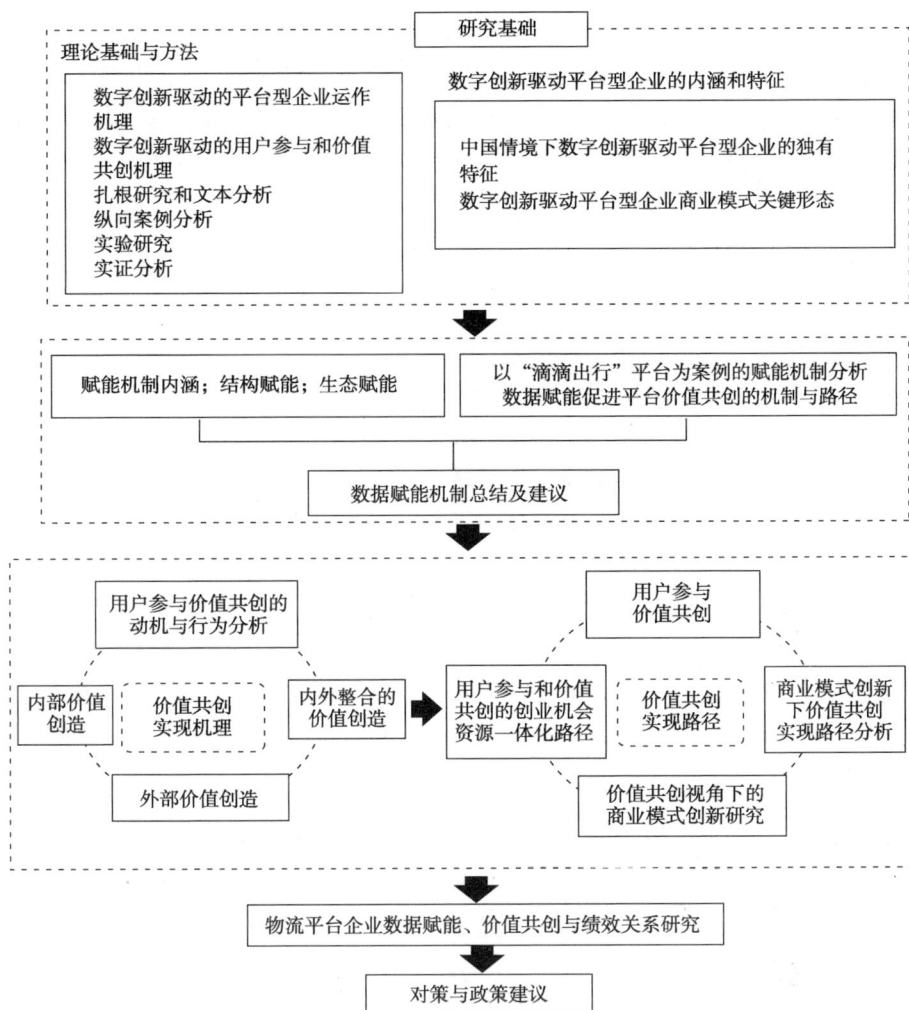

图 1-2 研究技术路线图

1.3 研究的难点、重点和创新之处

1.3.1 研究的难点和重点

1. 厘清数字创新驱动的平台型企业赋能机制

随着数字经济和技术的发展，数字创新为平台型企业的成长带来了前所未有的机遇。如何聚焦数字创新驱动的平台型企业价值赋能，揭示其内涵及特征，识别并构建相关创业核心要素及其匹配组合、演化互动机制，探索平台型企业商业模式的创新及成长机理,聚焦于数字时代特有的数据赋能机制,对"滴滴出行"平台进行案例分析,从连接能力、智能能力和分析能力三个角度探析数据如何对滴滴平台赋能,并量化评估这些能力提升对平台整体运营效率与服务质量的影响,数据赋能如何实现平台型企业创新优势、促进平台型企业成长、突破资源约束、实现资源重构等问题,是本文开展研究首要解决的关键科学问题。

2. 揭示数字创新驱动的用户、平台型企业及其他利益相关者价值共创的协同演进机制

数字技术彻底改变了用户在价值链上的角色与地位,用户从被动接受者,变成了主动参与者甚至主导创造者。在数字创新驱动下,如何更好地激发用户在价值创造中的能动性,正确科学地识别数字技术中用户参与平台型企业价值共创的动机、影响因素及动机对行为的驱动,特别注意对需求、动机、目标和期望价值等概念的区分;平台型企业如何突破传统的管理思维,有效利用数字技术工具,设置、优化用户参与机制,并根据数字演进阶段特征进行自适应调整,实现与用户等生态系统成员的协同演进,构建最优的资源整理路径;如何更准确地识别用户嵌入场景后所创造出来的场景价值,实现用户参与和价值共创下机会资源一体化,是将用户纳入平台型企业创业,实现多主体价值共创的关键。

3. 探究数字驱动平台型企业价值共创的实现机理与实现路径

从数字创新驱动的新商业模式赋能机制设置出发,对顾客赋能机制、平台赋能机制和生态赋能机制进行研究和设计。同时,通过分析新企业内部、外部及内外整合的价值创造过程,研究数字创新驱动的平台型企业商业模式,并对不同情境下的商业模式进行适应性设计。

1.3.2 研究的创新之处

(1)**研究对象的创新**。本研究基于现有学者工作的基础上,对数据赋能的三大核心能力——连接能力、智能能力与分析能力进行了深度剖析,探讨了结构赋能数据的作用及平台型企业生态赋能的重要意义,从而对以往研究进行了补充。

(2)**理论框架的创新**。本文以数字创新驱动的平台型企业价值共创为对象,展开专门的用户参与动机、行为的研究,深入分析数字经济时代平台型企业内部及外部价值创造过程,并对内部价值共创与外部价值共创融合开展了研究。同时,还具体分析了企业商业模式创新的内外整合价值创造过程,

为适应性地设计平台型商业模式提供了理论基础。

（3）**研究视角的创新**。考虑到用户参与这一行为改变了原有资源与机会之间的关系，我们将用户纳入机会资源一体化路径，旨在明晰用户参与价值共创的动机及其驱动行为，探究用户参与和价值共创二者双向交互机制，厘清二者如何嵌入生态系统实现协同演进。同时，探索数字创新驱动下基于场景的价值共创挖掘路径、用户和企业最优的资源整合路径，以及用户参与和价值共创的机会资源一体化路径。

第 2 章　国内外研究述评

数字技术的飞速发展，已经深刻地重塑了人类的思维方式、生产模式和生活习惯，使得经济活动的数字化转型成为推动经济创新发展的重要驱动力（陈晓红等，2019）。尤其是数字技术与互联网技术的交融共生，极大地促进了各种机会和资源超越地理限制的自由流动，使得多主体之间的互动协作日益成为创业活动发展的一大主流趋势（蔡莉等，2019）。在这样的背景下，数字技术如何驱动企业创业创新，成了一个既充满创新潜力又充满挑战的前沿研究课题。过往的研究已从数字创业的要素构成、影响因素、商业模式创新及创业成果产出等多个角度对此进行了初步的探索和剖析（Nambisan et al.，2019；朱秀梅，2020）。本部分内容将围绕数字创新驱动、平台型企业特性、用户参与及价值共创等关键议题进行深入分析与评述。

2.1　数字创新驱动企业的价值创造过程与商业模式研究

2.1.1　数字创新驱动内涵特征及数字创新应用领域研究

1. 数字创新驱动内涵

数字创新驱动，最早可被定义为借助信息技术加快企业数字化创新发展的复合过程，体现了数字技术对创新过程和结果规模化改造及用户需求精准定位的重要意义（Hinings et al.，2018）。学术研究对数字创新驱动内涵的探究，着力强调了数字化技术与实物组件的集成效应，以及由此催生的新产品形态、新型制造工艺或革新的商业运作模式（Fichman et al.，2014）。在这一框架下，数字创新所孕育出的产品与服务不仅深深地植根于数字化技术体系之内，而且持续受到新兴数字技术的有力驱策（Nambisan，2017），在生产和供给环节中不断催生出数字元素与实体构件的崭新结合模式，同时借助新的数字组件、平台资源与基础设施敏锐捕捉并响应创新机遇。进一步而言，Shaheer 和 Li（2020）的研究揭示了数字技术的内生嵌入及其驱动作用，实则是多元创新主体依托日益壮大的数字基础设施，系统性地重塑产品与服务架构，以达成产品与服务层面的创新突破。这一过程内在要求物理实体、数字化形态、生产机制与组织逻辑间实现动态互联、协同构建，并持续探查与挖掘潜藏于组织和社会层面的深层次需求。

2. 数字创新驱动特征

数字技术构成了数字创新驱动的根本基石，其在企业价值主张创新、关键业务流程革新、收益模式转型、外部关系网络与价值网络的重塑等多个维度发挥着至关重要的作用（李文莲和夏健明，2013）。当前，学界对数字创新驱动特征进行了系统梳理，Yoo 等（2010）的研究指出，此类创新驱动通常展现出可追溯性、可定向性、可编程性、可感知性、可记录性、可交互性和可关联性等特质。数字化内容的复制便捷性显著压低了内容存储、复制与传播的成本，同时提升了创新流程中内容的可追溯水平（Negroponte et al.，1997）。就数字化产品而言，其可编程性特征意味着产品在其整个生命周期中能够持续接受更新与改良，进而促进了产品数字化逻辑与实体功能之间的解耦（Yoo et al.，2010）。相较于传统创新模式，传统模式中的实物产品制造主体及实体形态要求大规模的物质资源投入以达成规模经济效应，数字化创新则呈现出截然不同的特性。具体而言，其产出的无形产品，如软件、数字内容等，具有显著的可再生性特质（Benkler and Yochai，2006），即能够在几乎无额外成本的前提下实现无数次的复制品生成。此外，数字创新的核心属性还包括非竞争性（即非排他性）、强扩展能力、复制便捷性和结构可重构性等多个维度（Lusch and Nambisan，2015），这些特性共同塑造了数字创新的独特优势与广阔应用前景。

3. 数字创新应用领域

当前，互联网、人工智能等先进数字智能技术已展现其强大潜力，有力驱动行业创新进程并激发相关行业的快速发展。已有学术研究充分证实了数字创新在众多领域的广泛应用价值（Benner and Tushman，2015）。数字技术通过催化企业实现智能化生产、网络化协同作业、个性化定制服务及服务链的深度拓展等新型运营模式的快速落地，展现出强大的变革力量。与此同时，数字创新作为一种融合大数据解析、社交媒体互动、云计算能力及智能制造技术等多元数字资源与商业机遇的新型范式，正在成为推动开放技术共建、构建共享经济平台、构建智能化用户交互界面及优化价值动态分配机制的关键载体（Tilson et al.，2010）。值得注意的是，当前的数字驱动创新已远远超越了电子商务等消费互联领域的局限，越来越多的传统产业开始积极吸纳数字信息技术，进行深度数字化转型，具体表现为广泛采用物联网、大数据、人工智能等先进技术，实现跨产业的深度融合与互联。初期，这种融合现象主要集中在软件开发、电子商务、媒体出版等行业，但如今已迅速向交通服务、物流配送等领域拓展，甚至触及更广泛的产业链条(Von Briel et al.，2018)。

2.1.2　数字创新驱动的企业价值创造与商业模式研究

本部分围绕数字创新驱动的企业价值创造与商业模式问题，主要从数字创新驱动的新企业创业商业模式价值创造过程及商业模式设计与应用等方面展开文献综述。

1. 数字创新驱动的新企业创业商业模式价值创造过程

对于初创企业来说，其商业模式是一种策略手段，可被概括为基于对自身资源及能力的投入来搭建价值链及外部合作网络进而实现价值创造的一个动态过程。创业者常通过创新商业模式以规避在位竞争对手的压制，而商业模式创新正是决定创业企业生死存亡与成长壮大的战略性议题（ Zott and Amit，2007，2008，2010；Doganova and Eyquem-Renault，2009 ）。近期对商业模式的研究集中在两大核心议题，即创造什么价值及如何创造价值，并将其结构化为内容、结构与治理三大层面（ Amit and Zott，2012 ）。学术界已对商业模式创新对创业企业绩效的影响机制展开了深入探讨（ Amit and Zott，2001；George and Bock，2011 ）。

商业模式由多个元素组成，这些因素不断互动，共同创造并获取价值。Lüdeke Freund（2012 ）指出，价值主张作为商业模式的关键组成部分，不仅要提供满足预期的经济价值，还应体现可衡量的生态价值或社会价值。商业模式的本质在于企业内部及外部利益相关者为实现价值创造而协作搭建的组织架构（杨俊等，2018 ），它映射了企业管理层对业务边界、价值生成途径及组织架构与规则的理解。最初，商业模式的内涵仅表现在经济与运营层面，如今逐步拓展为战略层面，从最初的对产品、营销及利润的关注，逐步转向对客户关系、价值提供、市场细分、战略目标及价值主张等多方面的考量。随着互联网技术的进步与消费者网络外部性的提升，越来越多的学术研究开始关注共同创造理论，该理论认为企业与消费者共同参与到价值创造过程中。在网络环境下，企业不再是价值创造的唯一主体，而是通过网络设计以各种方式参与价值创造、增值与分享。尽管价值创造的构成要素日益丰富多样，但价值传递渠道却呈现出前所未有的多元化趋势。以往专家间的竞争关系正逐渐转变为新型的伙伴关系竞争形态。随着价值创造与传递主体日益多样化和复杂化，传统的单一、顺序的价值链模式正在向一个由众多独立价值节点相互连接构成的价值网络形态转变。相较于基于商品交换逻辑的传统价值创造理论，价值共创理论强调消费者是企业价值创造全链条中的积极参与者而非单纯的价值消耗者（ Payne et al.，2008 ）。

2. 数字创新驱动的新企业创业商业模式设计及应用

随着数字经济新技术的发展，企业关键资源和能力都进一步提升，收入来源多样化、成本结构变动化、资金周转快速化，由此为企业带来各种盈利模式组合。在数字经济时代背景下，企业所处的内外部环境呈现出更为显著的动态性和复杂性，许多企业在较短的时间内历经一轮或多轮商业模式创新。对此现象，研究者们开始越发重视对企业商业模式创新的探究（Johnson，2008）。商业模式创新本质上要求通过"变革客户价值主张和重塑商业网络与价值链"（Voelpel et al.，2005）来达成，这意味着商业模式被视为商业网络与价值链相互交织、动态平衡的体系，其内部各要素须达到适应特定情境条件下的最优化状态（Bigliardi et al.，2005）。

当前，针对数字创新驱动的企业商业模式设计与应用的研究尚处于起步阶段，主要涵盖了以下几个方面。**数字化转型方面**，Galindo Martin 等（2018）指出，传统企业的数字化转型能够催生出创业活动的数字化优势。Alberto 等（2019）研究了动态能力、生态系统与商业模式在数字化转型过程中的相互作用，揭示了它们如何共同推动企业成功转型。**数字化赋能方面**，周文辉等（2018）探讨了传统制造企业利用数字化赋能实现激发潜能，提升分析、连接与智力等数字化能力，以快速应对环境变化和业务需求。数据赋能使得企业能够高效地调整、精细化和创新资源使用，从而在商业模式中实现价值共创。**数字技术驱动方面**，邢小强等（2019）构建了数字技术与 BOP（bottom of the pyramid，BOP）商业模式创新协同推进包容性市场建设的理论框架。李飞和乔晗（2019）创新性提出了概念模型——数字技术进步驱动商业模式创新的四个关键要素：资源能力、价值空间、业务控制和剩余分配。Nambisan 等（2019）剖析了企业如何运用大数据与人工智能技术为新创企业注入发展动力，创造新的商业机会。**数字创新方面**，肖静华等（2020）研究发现，数据驱动产品的适应性创新具有不可预测的发展方向、实时反馈的交互信息结构和即时调整的自适应能力等特点。这种适应性创新不仅催生出具备高度适应性特征的消费型制造商业模式，而且有力地推动了数字创新经济的蓬勃发展。

2.2　赋能相关理论

2.2.1　赋能的相关研究

1. 赋能理论的起源

赋能源自组织行为学中授权赋能的概念，指组织主动授予企业员工权利的过程，企业由此从集权走向分权，是一种提高组织绩效的新范式（Leong et al.，2021；Peterson et al.，2023；Wilkinson et al.，2023）。赋能不是单一的统一结构，可能有多种形式。现有研究根据赋能方式的不同，大致可分为结构赋能、心理赋能和资源赋能三大类别（Peterson et al.，2023）。其中，结构赋能强调组织权利的下沉，组织为员工创造完成工作所需的信息、支持、资源和发展机会等各种条件，赋予员工一定的权利可使其自发地加入组织变革中，从而以更高的效率完成组织目标；心理赋能是指员工通过对工作环境的评价获得发展的内生动力，强调员工完成组织的某项任务并不取决于任务本身，而是取决于员工的自主性及自我效能感，激发员工的工作动机，促使其完成工作任务；资源赋能的本质在于通过满足员工对短缺资源的需求、增强员工对资源的利用程度和使用效果，从而对员工进行赋能（苏慧文和于丽虹，2022；刘云和石金涛，2019）。随着研究的深入，许多学者认为仅依赖结构赋能与心理赋能的概念框架不足以对赋能这一复杂现象进行全面概括。资源赋能理论的提出，被视为弥合了前两者在诠释赋能内涵时存在的局限性，因而吸引了学界越来越多的关注（Spreitzer，2022）。数字经济时代，数据成为企业重要资产，资源赋能有了新的含义，数据赋能越来越成为资源赋能的核心。苏忠海等认为，资源赋能是对组织中的资源进行数字化加工与整合，同时与外界共享数字资源，从而提高组织中的资源使用能力。数据赋能已成为资源赋能领域的研究重点（苏忠海等，2020）。

国内研究者孙中伟（2013）提出，在公正的机会分配框架下，通过系统的教育与职业发展培训手段来增强组织成员持久提升自我效能的过程可称为赋能，这一概念更聚焦于个体能力潜能的挖掘而非单纯指向组织授权行为。另外，潘善琳与崔丽丽（2016）指出，赋能现象源于数字化进程对商业模式和社会创新产生的消费影响力和结构性转型影响，视其为数字化时代的重要表现形式。罗仲伟等（2017）则从信息技术革新的大背景出发，诠释了赋能是在塑造利于成员全面发展所需条件的过程中，组织如何调整内部环境、重构组织架构及建立协调配套机制的战略实践。郝金磊与尹萌（2018）认为，赋能是一种为了实现生态系统内部资源的高度整合与高效利用，通过精心构建交互场景、主动开放组织界面并提供有力的技术支撑途径，赋予系统内广大参与者创新驱动力。而曹仰峰（2018）进一步阐明，平台生态赋能的核心战略在于围绕消费者的极致体验为核心价值，倚仗科技创新搭建起生态体系的联结节点，积极推广开放式平台边界策略，同时构筑基于共融机制的互补性资源联盟，旨在形塑一个涵盖企业、用户与各类资源共同创造价值、共享成果的崭新生态系统，该模式呈现的主要特征体现在全程化、全流程化及全生态化的协同发展上。

综合以上观点，本文概括性界定**赋能**的概念：作为一种集合性策略，赋能是指平台型组织依托行业前沿技术革新，着眼于全面提升参与方的多元能力，通过资源整合分配、尖端技术支持、精心设计互动场景及构建共赢共享机制等多种协同举措，促进平台生态系统内资源的深度开放与共享，从而有效地激发各利益相关者的内在创新潜能，提高其生产效率和市场竞争实力。

2. 赋能的路径及作用结果

如今，学术研究在探讨赋能机制与实践途径时，多侧重于不同赋能主体的作用。罗仲伟等（2017）借由剖析韩都衣舍的组织革新案例，展示出随着互联网技术和数字化信息革命的深入，企业内部结构与信息流通模式经历了根本性变化，标志着传统基于雇佣合同的授权管理模式正向强调协作平等的赋能模式转型。该研究进而在个体和组织层面上，对赋能机制进行了细致解构。在**个体维度**，赋能策略关注于持续提升员工能力，及时优化组织架构与环境，依托组织深厚的资源与技术资本，建立了一个全方位、全流程的支持系统，为员工赋予增值能力，助力其在专业领域内不断激发创新潜能，有序且高效地推进个人职业轨迹的发展。转至**组织层面**，赋能策略集中于提高组织的总体效能，通过知识共享、决策引导、资源配置、技术辅助、互动协作及成果分配等手段，加强被赋能组织在日常运营中的资源配置与提高创新能力，为组织快速提升自身能力创造有利环境，确保组织在创新实践的道路上，能够培育出敏锐的市场洞察、精确的决策能力、高效的执行力度及高度的适应灵活性。

对于**赋能的效果**，现有文献主要围绕企业绩效增长和创新能力提升两个维度进行了探讨。周文辉（2018a）指出，创业平台通过运用多样化的赋能手段，能够更加有效地提升创业企业的运营表现，同时对推动平台自身的长期稳健发展也起到了积极作用。此外，朱勤（2019）基于动态能力理论，通过对 690 份跨境电商样本的实证分析得出结论，赋能对企业在跨境电子商务领域的绩效产生正面影响，具体表现在赋能过程促使企业获取新资源、掌握新知识，并以创新流程适应市场的瞬息万变、客户需求的多样性及技术的快速迭代，最终促成企业绩效的整体提升。

2.2.2　数据赋能的相关研究

通过深入研究阿里巴巴、滴滴出行、美团、58 同城、赶集网等规模化平台型企业的实际案例，我们可以看到，这些企业在构建的商业生态系统中正在进行产品、服务及管理体系的深层次数字化改革，进而凭借数据资源驱动业务的扩展与广泛应用。数据资源如今已被视作跨越组织、行业乃至国家层面上的战略性核心财富（Bertot et al., 2014），在平台开放机制的引导下，平台型企业成功实现了与政府机关、产业团体、社会团体等外部组织间的数据资源整合，通过对数据资源进行深度挖掘、有效整合、合理运用和协同处理，为平台本身及其所在的生态系统创造了巨大的价值（Gupta et al., 2019）。面对共享经济和平台型企业快速崛起的时代背景，赋能借力数字信息技术，逐步颠覆传统的产业链和价值链格局，成了推动价值创新的关键途径。尤其是在数字经济这种高度发达的经济形态中，**数据赋能**的角色显得尤为重要。

数据赋能集中反映了数据作为关键生产要素及全要素数字化转型升级对催生创新性和高效性可持续发展的强大驱动力（Stepanov, 2018）。究其本质，数据赋能代表着现代经济高质量发展的新动力、新形态、新模式，是信息化进步的必然结果。随着数字技术日新月异的发展和广泛应用，衍生出了共享经济、平台经济、智能制造等一系列新兴业态和模式，极大地丰富了产业结构的内容层次，并增强了经济发展的动力输出效果。以数据为根基运营的平台型企业，在其运营过程中积累了海量珍贵的数据资产，数据赋能的影响无处不在，贯穿于所有环节。应当指出的是，数据赋能并不是一个突如其来的概念，而是伴随着时代的变迁和科技的进步逐步孕育和发展起来的，最初的研究源头可以追溯到对大数据现象的探索和理解。

1. 数据赋能概念内涵

数据赋能可以分为**连接、智能、分析能力**三个维度（Lenka et al., 2017），可有效推动平台公司的价值共创（周文辉，2018）。源于数据赋能，大数据将原本离散分割的产品价值链扩散成网状分布，提高了科创性与交易质量（Bail, 2014）。由此可见，通过数据赋能，平台能够为用户提供更便捷的生活方式及更符合其偏好的产品，也可为企业提供用户体验及反馈等有价值的信息，对于新商业模式的构建起到了决定性的作用。

数据赋能作为一种新兴策略，融合了资源基础观和动态能力理论的核心思想，凸显了资源累积与能力塑造对于现代企业的战略意义。从资源观的棱镜观察，数据被视为企业内部的宝贵资产，构成了竞争优势的基石。企业应当致力于数据资源的积累与精炼，确保这些资源符合价值性、稀缺性、难以模仿及组织有序的高标准，以此作为支撑，在激烈的市场竞争中赢得先机（Prahalad and Hamel, 1990）。另外，在动态能力理论框架下，企业须锻造高效的大数据处理与应用能力，借助信息技术催化内部资源的高频互动与深度整合，将初始数据原料转化为知识资本、技能智慧等无形资产，使企业在面对市场波动时更加敏捷，准确预测趋势，稳固并增强其持续的竞争优势（谢卫红，2016）。周文辉（2018）在资源观的框架下阐述，数据赋能通过促进人、物、信息的高强度互联，达成了对用户需求的智能感知、资源的动态匹配及分层次的灵活管理，这一过程提升了信息的获取、加工和传播效率，推动了价值共创的阶段性、动态演进。胡海波和卢海涛（2018）则从实践角度补充，指出数据赋能通过联结内外资源，拓宽了价值生态系统参与路径，促进了多方利益相关者的协同价值创造，为企业的可持续发展注入了动力。**在能力视角下**，早期研究聚焦于数据赋能如何正面影响员工的信息交互与决策效率。例如，Kathryn（1999）强调数据赋能为员工提供了即时信息获取通道，直接提升了工作效能；而 Makinen（2006）将这一过程描绘为一系列递进阶段，通过运用大数据、移动互联网及人工智能等前沿技术，重塑了网络链接、沟通场景和合作平台，不仅限于企业内部，还扩展到社会更广泛的群体中，使这些群体能够掌握新的生存技能与生活策略，展现了数据赋能作为提升个人与集体能力的广泛影响力。

随着科技的进步，人们对于数据赋能的理解也在逐步深化。潘善琳和崔丽丽（2016）将数字赋能界定为一种通过数字技术动力驱动商业创新和社会创新，进而引发消费模式变革与系统性转变的过程。这一过程不仅能够利用数字化技术手段显著提升电子商务平台的运营效率与服务性能，使企业员工得以享受到技术进步带来的种种便利与技能提升，还能够有力地引导业务运作步入更具竞争力和可持续性的轨道。换言之，数字赋能借助数字技术的力量，激发并加速了商业模式的进化，创造了新的消费体验，引发了社会经济结构的深层次调整，同时确保了员工在数字化环境中不断提升工作效能，推动了企业业务持续优化升级。许明伦（2019）进一步阐述，企业在运营管理中运用大数据、云计算等新一代信息技术对数据进行收集、分析和共享，可实现企业创新能力的根本性、系统性提升。随着数字化技术的飞速发展，数字化赋能将广泛应用于更多业务流程和合作伙伴关系中，为探究企业数字化转型提供了全新的思考角度（Du，2016）。总的来说，数据赋能已成为现代企业创新升级和竞争制胜的关键手段，且随着技术的迭代更新，其影响和作用将会更加深远和全面。

2. 数字创新驱动的创业赋能机制

数据赋能植根于人力资源管理的授权赋能的概念，是指赋予企业员工额外的权利，这是企业组织从上到下、从集中到分散的积极的过程。孙新波等人（2018）指出，数据赋能可被理解为一个过程，即通过创新数据的应用情境和强化数据处理技术，以最大限度地发掘与实现数据潜藏价值。然而，目前理论研究与实践应用在这一领域尚未达到完全统一的认识。Lenka（2015）从智能技能、连接技能和分析技能三个维度分享了创业数据赋能技能，并指出这三者的协同效应提高了企业数据技能的获取、分析和应用，从而获得了潜在的价值。周文辉等（2018）指出，数据赋能是赋权领域中资源赋权的核心，通过提升人、物、信息的连接能力，增强数据分析技能（信息交换、信息处理和信息共享）和信息运用技能（对用户行为的感知、信息化、数据分配灵活地分析资源和服务），来促进平台型企业的价值共创。

孙新波等学者（2018）强调，制造企业要实现数据驱动的"黏性生产"（即提高生产灵活性和响应速度，降低转换成本），必须重视数据化、标准化和联网化这三个核心要素。首先，数据化要求企业有能力从复杂的运营网络中获取并整合各类数据，将其应用于精细化的管理优化和决策制定中（David et al.，2015）。其次，标准化意味着建立统一的数据格式、接口和交换标准，这对于加快数据流动速度，减少冗余和错误，以及确保数据在整个生产链中的无缝对接至关重要。最后，联网化则是指通过物联网、工业互联网等技术手段将生产设备、信息系统及其他实体连接起来，实现数据的实时传输和远程监控，最大化地释放数据价值潜力。另外，Leong（2015）在对 2011 年泰国洪灾应对措施的研究中发现，受灾群体通过社交媒体平台实现沟通与信息共享，这一过程展示了数据赋能如何在紧急情况下发挥重要作用。社群成员利用数据共享、联合识别技巧和协作式的危机管理，实现集体动员和有效响应，展现了数据在提升社区参与度和灾害应对效率方面的赋能功能。

总体而言，关于数据赋能的研究已普遍认识到两个要点：**一是数据本身虽是关键，但其存在并不自动带来附加价值，而是需要通过精心设计的数据采集、实时分析及适用的技术手段予以转化；二是数据赋权过程中必须重视相关技术和方法的运用，确保赋权的目标与获取或增值能力所需的适当知识（如识别机遇、调配资源等）相匹配，才能真正实现数据的赋能价值**。数据赋能更注重整体和系统，同时关注个别子要素和赋能系统的目的。结构性赋权侧重于合理利用外部环境，目的是优化资源获取或消除结构性障碍以满足需求。平台赋能是指通过数据收集、洞察数据和应用数据来提高兼容准确性、扩大业务覆盖面、推动业务交易的行为；该平台建立在使用智能和互联数字产品的能力之上，通过其 IT 系统和传感器连接和传输关键信息，从而提高运营效率并实现个性化应用（Cenamor，2017）。

3. 数据赋能的作用研究

大数据和其他数字技术对社会和经济产生了深远影响，学术界从多元视角探讨了数据赋能与企业互动关系，旨在为企业管理开辟新路径，提升企业整体管理效能。

在**价值共创**方面，胡海波（2018）采用探索性单案例研究方法，从数字化赋能视角下对价值共创模式进行深入探讨。研究结果显示，数字化赋能不仅是商业生态系统内价值共创机制构建的关键组成要素，而且在生态系统形成与发展的各个阶段，数字化赋能的表现形式与作用机制均呈现出鲜明的阶段性特征。这意味着，数字化赋能不仅在整体上驱动了商业生态系统的价值共创过程，而且根据生态系统的成熟度等因素，数字化赋能将以不同的形态和方式促进价值共创活动的开展，从而为商业生态系统的发展注入持续的动力。与此同时，周文辉（2018）则从数据赋能能力的角度出发，对"滴滴出行"平台进行了单案例研究。结果显示，在启动阶段，数据赋能能够帮助企业稳定调整资源结构；在复制阶段，数据赋能能够促进企业资源的精细划分和充实；而在扩张阶段，数据赋能能够推动企业资源的创新拓展，即数据赋能对平台型企业在各个发展阶段实现价值共创的资源整合具有不同程度的推动作用。

在**供应链管理**领域，Wall 等（2013）针对大数据和预测分析（BDPA）对供应链的设计与管理进行了深入剖析。后续 Jeble 等（2018）基于 Wall 的研究成果，揭示了 BDPA 对供应链可持续性（包括碳排放、社会可持续性和经济可持续性）的积极作用。李睿彬选取 HB 烟草公司为研究对象，分析了该企业在供应链管理中存在的问题，并针对此问题设计了一套适应企业运营的物流发展战略体系，这套体系在物流管理效果、客户满意度及营收增长等方面均取得显著成效。

在**企业绩效衡量**方面，钟苏梅（2017）通过严谨的实证分析，有力证实了大数据能力对企业财务业绩与市场表现的双重提升效应。全福泉（2018）则明确指出，大数据应用是零售企业探寻并激活增长动力的关键战略手段，尤其关注如何有效借助大数据工具以提升整体企业绩效，并据此构建了一整套针对零售行业的、基于大数据技术的绩效评价管理系统。此外，Ngai等（2009）的研究证据显示，大数据技术通过实施精确化营销策略及快速响应消费者需求的方式，对提升企业绩效产生了显著影响。Koksal 等（2011）的研究揭示，数据分析技术通过激发新型商业模式、有效降低成本支出、优化组织运作效能等多维路径，显著提升了制造业企业的经济效益水平。

2.3　价值共创的发展及维度研究

2.3.1　价值共创的维度研究

当前文献中关于价值创造的研究焦点主要集中在两个理论视角。从**客户主导逻辑的价值共创**角度来看，这一理论强调消费者在产品和服务创造、消费和使用全过程中的积极参与是企业创造价值的核心环节。Brown（2007）强烈关注以客户为导向的营销逻辑，主张关注客户在过往、当下及未来的体验感受，因为这直接影响企业的长期可持续发展。Heinonen 和 Strandvik（2015）进一步延伸了这一逻辑，提出了一种全新的组织角色观，强调组织应更多地关注如何融入客户的生活体验，而不只是简单地考虑客户如何参与到组织的服务活动中。李耀和王新新（2011）依据客户导向逻辑指出，企业生产的产品实际上构成了为客户创造价值的基础平台，而客户自身的互动和使用决定了产品的最终价值实现。

另外，遵循**服务主导逻辑的价值共创**理念，则突出强调企业与消费者在服务全生命周期中的共同参与，即通过服务流程的精心设计与双方的深度互动，来达成价值创新与增值的目标。这意味着，企业不仅需要关注产品或服务的功能性价值，更要重视与客户建立紧密的合作关系。通过倾听客户需求、理解客户痛点并引导客户参与，企业与客户共同塑造和优化服务流程，从而创造出超越传统交易关系的、更具个性化和情感化的价值体验。在这一过程中，服务主导逻辑的价值共创不仅关注企业内部的创新活动，更强调企业与客户之间的协同创新，双方通过共享知识、技能和资源，共同解决服务过程中遇到的问题，推动服务质量和客户满意度的持续提升。总之，基于服务主导逻辑的价值共创，是一种以客户为中心、以服务为载体、以共创为手段的新型价值创造模式，它将企业与客户的关系从单纯的供需关系转变为深度合作的伙伴关系，实现了价值共创的最大化。

王欣和徐明（2017）的研究补充了这一视角，他们认为客户主导作用能够通过组织在服务创新领域的努力来调适和提升企业的吸收能力，即企业如何有效采纳、消化和利用来自客户的反馈和参与，从而改进和创新服务，共同创造更大的价值。以 Vargo 和 Lusch（2014）为核心的服务主导逻辑理论框架认为，价值创造的核心在于服务的本质，消费者不仅是服务的接受者，更是积极参与企业价值创造活动的重要伙伴。在这种逻辑下，消费者不再仅是被动的购买者，而是价值创造过程中的核心主体和企业的平等共创者。价值共创的重要基础在于消费者将其自身的知识、技能、经验和情感等无形资源注入价值创造的全过程中，与企业共同塑造和提升产品和服务的价值。Gummesson 等（2010）进一步细化了价值共创的过程，将其划分为互动合作与资源整合两个相互交织的维度。互动合作体现在企业与消费者之间的深度交流和协同创新，企业通过互动更好地捕捉消费者需求，而消费者也能在企业的协助下，更加自如地参与到价值共创的具体实践中。而资源整合则是企业实现价值共创的关键步骤，它要求企业具备灵活调整既有资源结构的能力，能够通过已有技能深化和细化资源的利用，并能够创造性地引入新的资源与既有资源进行有效整合，以发掘新的价值源泉和创新机会（Sirmon，2007）。这意味着企业在服务主导逻辑下，不仅要关注消费者参与的程度，还要不断优化资源配置和提升创新能力，以实现真正的价值共创。

2.3.2　价值共创的演化路径研究

价值共创这一理念起初在**服务经济学**研究中崭露头角，随着理论研究的深化和实践需求的变化，其内涵和应用范围都在不断扩大和演变。当下社会，消费者的购物需求正朝着个性化与多元化趋势发展，企业所面临的市场竞争环境因此变得更加错综复杂且竞争烈度陡增。为了在市场角逐中独树一帜，企业除了提供高品质的产品与服务，更要深挖消费者真实需求，通过与消费者进行紧密互动与合作，共同发掘并提升产品或服务所蕴含的价值。这一价值共创不仅体现在企业邀请消费者参与到产品设计、制造、流通、售后等整个价值链中，还包括企业与消费者间资源共享、知识技能经验互鉴，通过双向交流和灵活调整，共同优化产品或服务的功能特性，以契合消费者的个性化需求。同时，这一共创过程也能提升消费者的归属感与忠诚度，从而为企业构建持久竞争优势与品牌影响力奠定坚实基础。随着人工智能等前沿科学技术的崛起，价值共创的实践形态与可能性迎来了空前的拓宽，它已然成为企业创新求变与价值增值不可或缺的战略选择。

传统的价值认知观念将消费者置于价值传递链中一个相对被动的位置，视其为价值的单纯接收者和使用者，价值创造的核心工作则由企业独立规划并实施。企业借助内部价值链机制，将价值逐步递送到终端消费者手中（Normann and Ramfrez，1993）。然而，随着消费者参与意识的觉醒及角色定位的变革，消费者已不再单纯地扮演价值接纳者的角色，而是日益活跃地参与到价值创造过程中，成为价值生成的重要参与者（Prahalad and Ramaswamy，2000）。特别是在网络经济时代的大潮下，价值创造的主体范围进一步拓宽，不仅包括企业与消费者，还涵盖了供应商、服务提供方、各类合作伙伴等多元角色，这些角色共同融入价值创造的全过程（Pinho et al.，2014）。因此，学术界对价值共创的关注焦点逐渐转向更为复杂、多方主体共同参与的价值创造模式。

在此背景下，关于价值共创的理论体系持续得到深化与丰富，涌现出众多崭新研究视角，如**服务科学**、**服务生态系统**等更为宽广且综合的领域。这些理论框架致力于探讨在多主体互动协作的环境中，如何最优化地创造并共享价值。这些研究强调了价值共创不仅涉及产品或服务本身的物理属性，更关乎各参与方之间的知识交流、资源共享、协同创新及情感连接，旨在揭示在一个开放、互联的商业环境下，如何通过集体智慧和协同行动推动价值的持续创新与升级。总而言之，价值共创理论的发展反映了在现代商业环境中，价值创造已从单一的企业主导模式转变为多方主体深度互动、共同塑造价值的新范式。

价值共创理论的发展历程反映了从传统的"**生产导向**"向现代"**顾客导向**"直至"**互动与合作导向**"的深刻变革。最初，消费者在价值实现过程中被视为价值的纯粹消耗者，其在价值链中的地位较为被动（Stephen et al., 2004）。随着市场环境的变化及信息技术的进步，消费者开始在价值创造活动中发挥更加主动和实质性的作用，这标志着价值创造范式从单一的企业主导转变为包括消费者在内的多方共同参与的过程。Prahalad 和 Ramaswamy（2004）在他们的竞争理论研究中强调了这一点，他们指出，企业若要获得并保持竞争优势，必须超越传统的产品和服务提供方式，转而通过与消费者的深度互动和合作来共同创造价值。这种转变有助于企业构建独特的战略资本，并以此为核心来培养和发展企业不可复制的竞争优势。Sawhney 等（2005）进一步扩展了这一观点，他们认为顾客的意见和建议不仅是改进现有产品和服务的关键输入，更是推动企业创新的重要催化剂。通过倾听和采纳顾客的见解，企业能够开发出更具创新性和适应市场需求的产品，进而提升其在市场上的竞争力。而张燚等（2017）结合中国本土实践，采用扎根理论研究方法，针对互联网环境下的品牌价值共创模式进行了深入探讨。通过对中国知名品牌小米的案例分析，揭示了在网络环境下，顾客积极参与品牌价值共创不仅能够直接促进品牌价值的增长，还能对提升品牌的网络口碑和顾客忠诚度产生积极且显著的影响。这一系列研究充分证明了价值共创对于现代企业经营战略的重要性及其在实际应用中的深远意义。

1. 基于顾客体验的价值共创

Prahalad 和 Ramaswamy（2000）在他们的研究中揭示了顾客在整个企业价值链，包括从原材料投入、生产加工到最终产品产出的各个阶段，通过情境化体验所发挥的显著影响，企业与顾客共同塑造体验的过程被视为价值共创的核心组成部分。他们认为，顾客不再仅仅是价值传递链上的被动接受者，而是主动参与到价值创造的各个层面，通过与企业的深度互动共同塑造个性化、差异化的体验。随后，Prahalad 和 Ramaswamy（2004）进一步明确阐述，差异化和个性化的互动是实现价值共创的基础手段，尤其强调互动在构建个性化体验中的决定性作用。据此，企业与顾客的关系超越了传统的供求关系，转变为更为密切的互动合作模式。他们将顾客体验提升为企业竞争优势的关键来源，并从竞争理论的角度剖析了价值共创现象背后的原因。企业通过构建互动体验环境，能更有效地捕捉顾客的个性化需求、产品反馈等信息，并以此为基础进行精准的生产和市场营销决策，从而提升经济效益。同时，顾客在与企业进行差异化互动的过程中，能够获得符合自身独特需求和期待的优质体验，从而实现个人价值的满足。Payne 等（2008）进一步巩固了上述观点，他们发现顾客在企业价值创造过程中发挥着重要作用。价值共创不仅贯穿于产品的生产和创新环节，更深深植根于顾客体验的塑造与发展中。企业与顾客之间持续的对话与互动构成了共创体验的基石，有力推动了价值共创理念的实际应用与持续演进。

2. 基于服务主导逻辑的价值共创

Vargo 和 Lusch（2004）提出了"服务是所有经济交换的底层基石"的全新观点。他们认为，在这个新的视角下，顾客不再仅仅是价值的被动接受者，而是通过积极地参与到与企业间的互动对话和服务交换中，成为价值的共同创造者。服务主导逻辑框架下的价值共创，实际上是对顾客体验价值共创理念的深化和延展。它颠覆了传统意义上对价值创造过程的认识，从一个新的角度审视经济交换活动及其蕴含的价值创造机制。在服务主导逻辑看来，价值不仅仅源自产品或服务本身，更是在顾客与企业之间通过互动与合作共同建构而成，顾客的主观体验、参与程度和互动质量对于价值的生成与传递具有决定性作用。因此，这一理论提倡企业从服务出发，关注顾客体验，与顾客共同创新，实现价值共创。Vargo 和 Lusch（2008）的研究将这一理论的边界进一步拓宽。他们指出，在现代社会经济活动中，不仅限于企业与顾客之间，还包括其他各类经济参与者，均可通过资源整合与协同，共同参与到价值创造的过程中。两位学者系统地构建了服务主导逻辑的十大基本命题，这些命题对商业管理理论与实践产生了深远影响。

3. 基于服务生态系统的价值共创

Spohrer 等（2007）的工作为理解服务领域内的价值创造提供了一个新的维度，揭示了价值共创并非局限于企业与顾客之间，而是涉及一个更广泛的利益相关者网络，包括供应商、服务商、政府等。这种多主体参与的价值共创模型强调了开放系统中资源整合的重要性，为"服务科学"的诞生奠定了基础。该学科旨在探索如何优化资源在不同服务系统内部及之间的流动与整合，以促进更广泛的价值创造合作，体现了对传统商业模式的超越。Vargo 和 Lusch（2010）在这一基础上的贡献则是引入了"服务生态系统"的概念，这是一个对现实世界复杂性更为贴切的模拟。服务生态系统不仅描绘了参与者之间的松散耦合关系，还突出了在高度网络化环境下，价值共创行为跨越了传统边界，形成了多层次、多向度的服务交换和资源共享网络。这一理论框架揭示了价值创造的动态过程，其中每个参与者既是服务的提供者也是消费者，通过不断地交互与协同，推动整个生态系统向前发展。服务生态系统理论从实践层面为我们提供了一个分析模板，帮助我们洞察在复杂、动态的社会经济网络中，各种主体如何通过灵活的服务交互和资源流动来共同创造价值。它强调了制度规范和协调机制的不可或缺性，这些规则和机制是确保生态系统内各参与方能够高效合作、避免冲突并导向共同目标的基础。简而言之，服务生态系统理论为我们理解现代社会中价值创造的复杂性提供了一套全面且深入的视角，指明了在日益互联的世界中，通过协同和服务创新来实现可持续价值共创的道路。

在前期研究基础上，Vargo 和 Lusch（2011）进一步阐明，服务生态系统通过持续的、网络化的、系统化的资源整合与服务交易，触发了一系列广泛且多层次的互动行为，从而共同创造出价值，这一研究深刻揭示了服务生态系统内部价值共创的内在运行机制。Chandler 和 Vargo（2011）进而将服务生态系统内部不同价值主体间的互动关系细分为微观、中观与宏观三个层次。微观层面主要关注企业与客户之间的直接互动及其价值创造活动，集中体现在一对一的服务传递与体验环节。中观层面则着重考察组织、产业群落、品牌社区等中等规模社会结构单元之间的价值创造互动，涉及多个企业与客户之间形成的互动网络。宏观层面关注的是更为广泛的社会经济参与者之间复杂的互动关联与资源联结，包括政策制定者、行业协会、科研机构等多元主体。值得注意的是，这三个互动层次并非孤立存在，而是相互交织、相互影响，随着时间的推移，其互动关系与范围也会不断演进与发展。郭朝阳等（2012）建议，面对转型升级的压力与挑战，我国制造型企业应积极借鉴服务主导逻辑，构建一体化的服务战略体系，逐步向服务生态系统的方向发展，以求在激烈的市场竞争中实现可持续的竞争优势。周文辉（2016）则具体阐述了生态系统中企业实现价值共创的三种互动层次："点互动"主要发生在企业与其所处同一价值链条上的客户之间；"面互动"是指企业在同一维度上，与其他多边组织或用户群体开展的互动；"体互动"则是指企业在同一空间范围内，与不同层次组织展开的立体、全方位的互动。这些互动方式共同构成了价值共创的演进路径，生动勾勒出企业如何在服务生态系统中通过多元互动实现价值共创的过程。基于价值共创不同的理论视角总结如表2-1所示。

表 2-1　价值共创理论视角比较

价值共创理论	价值特征
顾客体验	从交换价值转换为顾客体验价值，研究企业价值和顾客价值（简兆权等，2016）
服务主导逻辑	强调使用价值和情境价值，价值由顾客产生和决定（Vargo and Lusch，2008）
服务逻辑	顾客创造使用价值，企业只能创造潜在价值，关注顾客价值（Grönroos and Voima，2013）
服务生态系统	强调情景价值，并拓展到社会情境价值和文化情境价值，研究广泛的服务生态系统整体价值（Chandler and Vargo，2011）

资料来源：作者整理

2.4　赋能、平台型企业与价值共创的相关研究

2.4.1　赋能与平台型企业

随着信息技术革命带来的企业生产和运营模式的根本性转变，传统的企业组织结构的优势逐渐弱化，而平台型企业日益倚重于以当前数字化技术为依托的赋能过程，以应对与用户之间越发复杂且瞬息万变的互动关系。周文辉等（2018a）的研究探讨了连接能力、智能能力和分析能力这三方面赋能对平台型企业不同发展阶段的影响。他们的研究结果显示，数据赋能能够显著改善平台与用户的互动环境，有力推动平台型企业对资源的创新开拓，从而助力平台型企业构建并维持竞争优势。通过数据赋能，平台型企业能够更好地理解和把握用户需求，优化资源配置，促进服务和产品的个性化定制，进而提升用户体验和满意度，实现价值共创和持续发展。

学术界对赋能对平台型企业影响的研究主要集中在两个方面：一是对企业组织架构的变革与优化，二是对提升企业绩效及创新能力的助推作用。罗仲伟等（2017）在对韩都衣舍等平台型企业赋能实践案例进行深入剖析的基础上，构建了一个包括前提条件、赋能过程及赋能结果在内的完整赋能逻辑框架，并深入探讨了赋能型平台的赋能机制及其构建赋能型平台型企业所需的前提条件，可以总结为以下四个机制：**提供必要的资源和能力培训以提升员工和合作伙伴的创新能力**；**收益共享机制**，鼓励参与者共享成功的果实，提高其积极性；**自驱动机制**，赋予参与者一定的决策权和自主性，激发其内在动力；以及**共同成长机制**，强调企业与参与者共同发展，共同进步。构建赋能型平台型企业的必要条件主要包括三个层面：一是构建平等、合作的内在关系，打破传统的上下级界限，形成更开放、包容的合作氛围；二是完善良好的制度和机制设计，确保赋能机制能够有效运转，保障赋能过程的公平和透明；三是具备强大的动态能力支持，包括但不限于技术能力、资源整合

能力，以及快速适应市场变化的能力，推动企业不断创新和进步。此外，郭会斌等（2017）的研究也显示，互联网赋能提升了动态适应市场变化的能力和整体运营效率。在这一过程中，平台型企业的赋能行动与组织惯例重构形成了相互作用的因果关系，二者相辅相成，共同推动了平台型企业的发展与壮大。

2.4.2　赋能与价值共创

企业赋能的过程犹如一个双向的互动循环，**一方面**，它作用于赋能对象，如员工、合作伙伴或消费者，激发其创新潜能，提升其价值创造能力；**另一方面**，赋能过程又能够反哺企业自身，通过赋能对象的积极参与和创新行为，实现企业价值的创造和增值。现有研究文献已经证实，赋能如同化学反应中的催化剂，不仅能够加速价值共创的过程，而且还能够引发价值共创活动（周文辉等，2018a；Fucus，2010）。换句话说，没有赋能，价值共创往往难以自发且高效地展开。因此，赋能可以被视为价值共创活动得以顺利进行的前提条件。Parida 等（2015）的研究揭示，制造型企业通过运用赋能机制，能够构建与顾客之间的互动情境，在这个过程中，企业和顾客双方共同创造价值以提升产品及服务的创新能力，有效应对市场上产品同质化竞争的挑战。Lenka 等（2017）进一步强调，以数字化技术为依托的赋能手段能够调整组织结构，优化业务流程，改善互动环境，降低资源开放的成本门槛，最终实现价值共创效果的显著提升。周文辉等（2017）指出，战略创业本质上是一个基于赋能的过程，通过赋能手段促进价值主体之间的互动场景构建与优化，使企业快速提升市场竞争力，在市场上占据一席之地。此外，Benedict 和 Dellaert（2019）的研究进一步揭示，赋能不仅有利于消费者更高效地满足个人消费需求，还能够赋予消费者为其他消费者创造更高价值的能力，从而有效促进参与者间价值共创行为的实现与深化。综上所述，赋能作为一种重要的战略工具，对于促进企业与顾客、企业与商业生态系统内部各主体之间的价值共创活动，提升产品和服务创新能力，实现战略转型，以及推动消费者之间的价值共创等方面具有显著作用。

孔海东等（2019）在研究中深入探讨了赋能对价值共创活动跨层次影响效应，将赋能现象区分为赋能氛围与主体赋能两个维度。其中，赋能氛围被定义为企业内外部各种因素共同塑造的，有利于价值共创活动顺利开展的网络环境与情境条件集合；主体赋能则关注赋能行为对参与价值共创的具体主体（如员工、客户、合作伙伴等）实际效能与影响力的提升作用。研究结果显示，在涉及多个层次的价值共创活动中，赋能氛围与主体赋能之间存在着显著的交互作用。尤为重要的是，主体赋能扮演了中介角色：赋能氛围通过影响主体的赋能状态，进而间接作用于主体在价值共创活动中的实际表现与效果。基于这些发现，孔海东等学者构建了一套理论模型，用于解释赋能对价值共创跨层次影响的内在逻辑机制。陈剑等（2020）的研究进一步揭示，赋能通过诸如部署智能终端设备、搭建在线交互平台、构建虚拟设计环境等手段，赋予消费者参与到产品设计、生产和销售全链条中的机会，从而打破了传统制造业中企业与消费者、企业与企业间的信息隔阂与行动限制，实现了更为深入、广泛的协同创新与价值共创。借助数字化技术，制造企业能够持续优化产品设计与生产流程，更精准地对接消费者多元化、个性化的需求，推动了从单一企业主导的产品价值创造模式向多方协作、多维度价值共创模式的转型，这一转型过程在很大程度上受益于赋能的积极助推作用。

2.4.3　赋能、价值共创与平台型企业

在 2018 年的一项研究中，周文辉等人以"滴滴出行"作为一个实例，通过赋能的视角，详细解析了平台公司如何运用数据赋能策略来有效促进价值共创流程。该研究表明，在企业发展的过程中，由数据赋能引导的价值共创活动表现出一种动态变化的趋势，并因此建立了一个详尽的模型，描绘了数据赋能促动价值共创的演进路径。尽管如此，该研究主要停留在理论层面，探讨数据赋能对平台型企业价值共创的"激发"作用，而未充分探究其内在的作用机制细节。同年，郝金磊与尹萌在分析共享经济环境下的平台型企业商业模式革新时，将赋能概念细分为用户赋能、数据赋能及生态赋能三个核心方面。他们的研究表明，这三种赋能策略在平台型企业发展的各个阶段，对价值共创进程施加了不同力度的推动作用，促进了商业模式的演进与创新，并据此构建了一种平台型企业赋能、价值共创与商业模式创新相互作用的理论架构。此外，周力勇在 2019 年的研究中，特别关注了平台赋能与价值共创间的相互联系，强调平台型企业通过向其他企业分享资源、技术、运营知识及信息等优势，能有力地促进平台上众多企业与平台本身的协同价值创造活动，进而提升整个平台生态系统的价值。

朱勤等人在 2019 年的实证分析中，强有力地验证了赋能对平台型企业价值共创流程及发展绩效的正面效应，确立了其显著性。该研究揭示了价值共创在赋能与企业绩效间扮演的中介角色，说明通过促进平台型企业与多方面参与者间的服务流通与资源整并，价值共创成了触发产品及服务创新的关键机制，继而将赋能的潜能转化成企业实际的业绩增长。这一学术贡献为正面临转型挑战的国内中小企业提供了一个新视角，指明了通过策略性赋能来驱动创新与成长的道路。

随后，周文辉与张崇安在 2020 年的研究中，基于对知识付费平台的深入

案例分析，补充论证了赋能策略在激发双边与多边市场价值网络革新、增强平台网络效应、促成盈利模式迭代升级，以及提升平台总体盈利能力方面的积极作用。他们特别强调赋能对于适应知识消费者多样化需求、促成交叉价值共创的重要性。通过赋能，平台型企业不仅能够优化与所有参与主体的合作关系，还能够加速价值的共同创造与分配，从而确保平台的长期稳定与繁荣发展。

2.5　数字创新驱动的用户参与和价值共创研究

数字经济与数字技术对创业生态系统产生了较大的影响与冲击，也给予了创业活动利益相关者连接与互动的机会。通过用户参与，创业者与创业企业能够吸收用户的知识，从而真正了解顾客需求的细微差别，获得更多反馈、隐性需求及新见解。顾客参与不仅是竞争优势资源，更可能改变项目的短期结果并创造企业长期的竞争优势（Chang and Taylor，2016），因此应该将用户参与纳入创业过程，与创业者协同合作，以实现价值创造的最大化。本小节将通过对数字创新驱动的用户参与和价值共创的动机、互动机制和实践路径的研究进行梳理，总结归纳出现有文献的不足，并指出本研究的主要方向。

2.5.1　数字创新驱动的用户参与和价值共创的动机研究

用户参与也被视为顾客参与，是指消费者在服务生产和交付过程中，主动投入精力、专业知识、信息及其他资源，积极参与到服务的创新、设计、优化及享用等多个环节中的程度（Dabholkar，1990）。这一过程旨在通过顾客与企业或其他服务提供者的紧密合作，有效地整合和利用各种资源，共同创造更高的价值（Lusch and Vargo，2014）。在服务主导逻辑和服务生态系统中，用户参与被视为价值共创的核心组成部分，因为它改变了传统的价值创造模式，使得顾客从单纯的消费者转变为与企业并肩工作的合作者，共同塑造和提升产品或服务的价值。这种顾客参与的模式不仅能提高服务质量、增强满意度和忠诚度，还能激发企业的创新能力，从而在市场上形成独特的竞争优势。

数字创新驱动的用户参与改变了创新创业开放性程度、规模与范围，从谁能参与（参与者），参与者能贡献什么（投入/资源）、如何贡献（过程/治理），以及有何产出（结果）等方面，彻底地重塑了用户参与价值创造的整个流程。数字技术使得创业主体变得不固定且模糊，从传统创业模式的某一相对固定的个体或团体（创业者），转变为一个集合体（创业者、其他创业者、用户、潜在客户/投资者等）（Nambisan et al.，2017），社交化网络让用户甚至能以网络的形式参与创新创业。数字平台基础技术架构的开放性不仅吸纳更多类型的用户参与，并且允许他们共享资源、共同创造知识（Nambisan et al.，2019），给予了用户在参与创新过程时超越时间与空间边界的能力（Boland et al.，2007），参与者贡献的方式较之以往更加丰富，其资源的配置效率也得到了提升（李扬等，2020）。即时且经济高效的互动产生了更丰富多样的成果（Eiteneyer et al.，2019）。创业者能够更加便捷地了解目标客户和市场，从而增强创业者/团队的创业意向（Nambisan et al.，2018）；同时，诸如云计算、大数据等数字能力的嵌入使创新参与者之间的合作与协调更加高效，极大地提升了产品和服务创新的效率，优化了产品和服务的价值创造过程（Yoo et al.，2010）。产品/服务或想法的测试与验证过程更加简化，提高了数据收集与分析的效率，增强了资源配置和价值创造的能力，并降低了创业的试错成本（Amithe Han，2017）。对于有创新意愿的企业来说，用户参与价值共创的动机作为用户参与环节的源头则尤为关键。明确用户为何愿意参与及其参与的动因，将为企业如何协同用户实现价值创造的最大化提供理论参考。

2.5.2　用户参与和价值共创的互动机制

企业的价值共创是指企业所嵌入的创业生态系统成员——企业、上游供应商、下游用户等——之间，通过交互合作，协同演进，最终实现共同价值创造的过程（Adner，2017）。

用户参与影响企业价值共创。在新创企业价值创造过程中，一个重要的环节就是用户参与。价值创造的根本来源是用户资源（Tidhar and Eisenhardt，2020）。为了创造价值，生态系统依赖于企业从最终消费者不同的需求上进行补充投入（Adner，2006；Pagani，2013）。创业生态系统理论认为新创企业吸收能力低，内部能力有限，缺乏融入社会网络中的资源，参与生态系统并建立密集的、基于信任的社会网络的创业者们应提高其获取知识、融资、人力资本和市场引导等资源的能力，帮助他们提高生存和竞争优势（Spigel and Harrison，2018）。生态系统是多个成员围绕一个特定的价值主张结成的，具有共生共演特性的协同结构（Adner，2017；Adner，2012；Kapoor and Lee，2013；Nambisan and Baron，2013；Borgh and Romme，2012；Williamson and Meyer，2012），企业能够利用开放的协作平台共享知识和想法，吸引其他参与者加入，并塑造其创新活动的方向，加快互补创新的开发和商业化（Chesbrough and Garman，2009）。现有文献对企业与用户互动总结出了两类逻辑：强调企业通过用户参与提高决策准确性并降低创新不确定性的**决策逻辑**（Fredberg，2007）；企业通过用户参与形成多样化决策和创新以应对创新不确定性的**创生**

逻辑（Le-Masson et al., 2018）。两种逻辑都强调了用户参与对企业创新决策的重要性。但在数字创新驱动下，无论是哪一种用户参与逻辑，都面临一定的局限性。随着外部环境的快速变化，企业需要花费更高的成本来掌握全面的动态信息；随着更多利益主体的加入，企业在协调活动和利益分配上需要投入更多的精力。因此，探索数字经济背景下的创新逻辑是理论界亟须解决的问题（肖静华等，2020）。

价值共创影响用户参与。用户更倾向于参与拥有更多其他用户平台的价值（Cennamo and Santalo, 2013）。从数字创新的角度来看，数字技术为新的商业模式创造了更多机会，使得在线企业能够通过新的渠道与用户和利益相关者接触，以开展业务和创新过程（Elia et al., 2020）。创业生态系统以数字生态系统（Dini et al., 2011; Li et al., 2012）和数字商业生态系统（Iansti and Levien, 2004）为基础。在创业生态系统中，企业愿意与其他企业个体、资源提供者和连接节点建立创业文化和新的关系（Brown and Mason, 2017）。现有文献多从技术的角度来探索数字基础设施的建设和演化，而对数字平台和生态系统中的治理机制，以及数字驱动的开放式创新中的用户创新问题则少有研究（刘洋，2020）。

2.5.3　用户参与价值共创行为

价值共创是一个包含多元层面的概念，在不同情境下表现为不同的共创模式。**第一，内部价值共创**。这种模式主要聚焦于企业内部，强调企业员工通过内部创业活动实现价值创造。例如，Gawer 等（2007）指出，企业内部创业体现在战略更新与新业务单元的创立过程中，它对于企业的持续发展、战略创新及获取竞争优势具有决定性意义。在这个框架下，企业鼓励员工提出创新思维，推动企业内部的改革和新业务的成长，从而创造出新的商业价值。**第二，外部价值共创**。外部价值共创通常涉及企业与其外部利益相关者（如消费者、供应商、合作伙伴等）之间的互动和协同创新。Yoo S 等（2014）借鉴自然生态系统模型构建大数据生态系统的核心角色，并通过 Edward Curry（2016）的研究进一步完善了这个概念。Curry（2019）提出了大数据价值链，展示出数据从采集、分析、管理、存储到应用的全链条过程。在此基础上，他构建的大数据生态系统强调各参与者之间的互动与合作，通过共享和挖掘数据价值来共同创造新的商业机会和社会价值。**第三，内外价值共创**。内外价值共创则综合了企业内部与外部环境的资源和能力，特别是在网络多边平台环境中，这种模式得到了充分展现。随着平台经济的发展，价值共创的焦点逐渐转向了平台上的多边参与者之间如何整合资源，共同创造价值。王新新等（2021）强调平台生态作为一个整体时所产生的超越单个参与者价值之和的动态价值生成过程。在这种模式下，平台上的各类参与者相互作用和融合，其共同行动和交互的结果能够升级为全新的价值形态，这不仅仅是个体价值的简单叠加，更是系统层面的增值效应。

2.5.4　用户参与和价值共创的实现路径

关于价值共创的实现路径，学界主要以资源基础理论等为基础，集中从企业之间的合作、竞合等角度展开，探究企业如何通过构建合作网络等方式，整合生态系统或者网络资源，进而实现价值共创（Adner，2017；Adner，2012；Kapoor and Lee，2013；Nambisan and Baron，2013；Jacobides et al.，2018）。资源基础理论表明，资源和能力是企业创造经济价值的基础，新创企业通过对资源的有效配置和整合，能够带来竞争优势（Wernerfelt，1984）。对于如何获取资源，联盟组合理论中提到，同时嵌入多个联盟的企业须协调好伙伴关系，以实现整体的价值协同，从而获取价值创造所需资源（周佳等，2017）。Jiang 等（2018）利用网络多元化的方法，探讨企业围绕不同产业线的探索性网络与合作伙伴进行研发活动，根据用户所需价值的来源以向其提供相应的产品或服务；开发性网络要求企业以不同的方式与合作伙伴进行互动和投资（Tiwana，2008），其中用户在向企业提供资金的同时，也可获得所需要的信息或访问，或称之为增值服务（Jacobides et al.，2018）。

除对资源本身整合路径的探讨外，创业领域的相关文献还特别关注创业机会与资源之间复杂的交互作用。大多数文献围绕创业双元性理论展开，各自强调并完善了机会型创业和资源型创业理论。也有少量学者将机会与资源视为一个完整体系，从系统性视角提出了"机会资源一体化"概念（Ardichivili et al.，2003；Sirmon et al.，2007；王玲等，2017；高洋和叶丹，2017），强调创业是机会与资源的整合行为，包括内外两种成长方式（高洋等，2019；高洋和叶丹，2017），并探讨了机会与资源二者之间的交互关系，研究了社会网络、初始资源禀赋对其影响。

综上，数字经济使企业面临的环境发生了重大改变，赋予了企业新的战略资源和核心能力，并从新技术运用、破坏性创新、价值链及网络重构等方面驱动了商业模式创新，使新的商业模式具有极强的不可复制性。已有研究对企业价值共创的赋能机制、企业内外部价值创造过程进行了初步的探讨，但尚未深入分析数字经济时代新企业商业模式赋能和价值创造过程的微观机理，以及商业模式的设计及应用等问题。因此，研究数字经济时代企业的发展规律，解决商业模式的定位与设计问题，对企业核心资源、能力及环境动态作出理性判断，是平台型企业价值共创与商业模式研究领域亟须解决的问题。

第3章 数字创新驱动平台型
企业内涵及特征

数字技术的空前发展正在全球范围内产生深远影响，并推动跨学科应用。这种发展正在重塑全球竞争力和发展格局，同时，数字技术的进步也在驱动组织间互联关系的平台化转型。在此背景下，数字创新成为推动企业前行的核心动力，特别是在大数据、人工智能等前沿领域。以数字创新为依托的平台型企业持续与个体、组织、多元场景、数字元素、技术工具及数字平台进行深度融合。经济领域紧跟数字技术步伐，其迅猛发展既带来崭新机遇，也带来严峻挑战，从而催生数字经济的崛起。因此，在本章中，我们将探讨数字技术、经济发展和创新驱动之间的相互关系，以及它们对全球竞争力和发展格局的影响。

本章将以**数字创新驱动**为切入点，系统梳理平台型企业的发展脉络及其在我国的现况。我们将从政策环境、市场格局及技术水平等多元视角，剖析我国数字创新驱动平台型企业的独特特征。在数字经济的大背景下，供需结构的深刻变革、新型生产要素的不断涌现及供需关系的全新构建，催生了供给侧与需求侧在价值主张、价值创造与传递机制，以及价值捕获方式上的革新，进而催生出一系列新颖的商业模式。为深入揭示商业模式创新背后的深层逻辑，我们构建了一个以数字创新驱动能力为核心考量的分析框架。研究表明，数字创新驱动的三大支柱能力分别是数字化能力、数字机会识别能力及数字协同能力。这三项关键能力各自在企业的价值创造与传递流程、创新价值主张的设定，以及价值获取渠道上发挥着深远影响，最终共同驱动企业在数字经济能力引领下实现商业模式的全面创新。

3.1 数字创新驱动的内涵及特征

3.1.1 数字创新驱动的内涵

"创新"一词最早是由奥地利经济学家熊彼特（1912）提出的，他认为创新的本质就是生产要素的创新整合，从而引发经济系统的动态变革。熊彼特进一步提炼出了创新的五种基本形态：新产品创新、新生产方法、新市场开拓、原材料新供应来源及企业或产业组织的新形式①。随着传统农业和工业社会经济增长的主要生产要素——土地、劳动力和资本无法推动国民财富的持续增长，科学家们越来越强调技术进步的重要性，并认为技术进步源于创新驱动。以 20 世纪 50 年代的美国、德国等发达国家为例，这些国家显著提高了科技要素在总体生产要素中的比重，通过增加研发投入力度、培养科研人才、建设创新体系等方式，提升科技创新能力，以增强综合国力。这一趋势在全球范围内得到了广泛响应，特别是在数字技术飞速发展和全球化的双重推动下，科技创新的重要性越发凸显。近年来，许多国家都在加大科技创新投入力度，鼓励创新创业，推动科技发展与经济增长相互促进。创新驱动发展战略已成为各国政府与企业界的战略共识，其影响力辐射至数字经济、人工智能、生物技术等多个前沿领域。在这种背景下，创新驱动经济发展的理念不断被强化和推广，被视为实现可持续增长和提高国家竞争力的关键因素。因此，创新驱动已成为经济可持续发展的关键动力源。

随着人工智能、云计算、大数据、物联网等数字技术的快速发展和在各个领域的全面应用，现代经济和社会已经正式进入了数字化时代。数字化潮流正在深刻改变经济和社会结构，为创新驱动发展带来新动力。数据资源被纳入传统生产要素范畴，成为新经济动力培育的关键基础要素②。国家在数字基础设施方面的统筹规划将为创新过程的数字化提供基础支持。数字技术和数据资源逐渐成为各国产业创新发展的关键推动力，在国家层面上推动着具有突破性意义的创新发展。

首先，数据要素是数字创新驱动的核心动力。由于数据要素的特殊属性，需要加强数据资源开放和共享。数据量越大，分享程度越高，跨越的行业、地域乃至国界越广，其潜在价值就越显著。因此，推进数据开放共享，优化基础数据库管理，持续完善数据产权界定、交易流通、开放共享的相关规则与标准，鼓励数据资产的多人共用、反复使用、长期使用，以及部门和地区间的数据交换与共享，显得极为迫切。历史经验表明，不同时代的社会发展，其主导生产要素的投入有着显著差异。在传统农业社会，土地和劳动力是主要生产要素；而在工业社会，资本和技术则占据核心地位。如今步入数字化

---

① [美]约瑟夫·熊彼特：《经济发展理论——对于利润、资本、信贷、利息和经济周期的考察》，何畏、易家祥等译，北京：商务印书馆，1991 年，第 73—74 页。

② 中共中央、国务院于 2020 年 4 月发布的《关于构建更加完善的要素市场化配置体制机制的意见》。

时代，数据要素已与土地、劳动力、资本、技术并列，成为新的关键生产要素。数据资源增长异常迅速，作为一种生产要素，数据本身的价值是非常小的，只有经过数字化处理，才能激活其巨大的价值潜能。数字化就是依托数字技术将图片、声音、文字等信息转化为能够度量的数据要素并进行运算、加工、储存、应用的过程。在互联网与物联网的双重驱动下，数据资源已渗透到商品交易、生产决策乃至社会生活的方方面面，成为全新的管理工具与决策依据，驱动人们不断创造新的价值。因此，数字创新驱动的第一步就是要激活数据要素的潜能，推动数字化发展。

其次，**数字技术构成了数字创新驱动的基石**。数字技术又称数字控制系统技术，是实现数字化的核心所在。它由三个相互依存的核心组成部分构成：**数字基础设施、数字组件及数字平台/生态系统。数字基础设施**被定义为"一组用于提供协作、通信、计算能力以支持创新活动的数字技术工具系统"。诸如区块链、云计算、量子技术、人工智能、物联网、工业互联网等，均属此类。在数据已然成为关键生产要素的当下，数字基础设施立足于软硬件一体化架构之上，以知识产权为价值内核，以数据语言刻画新型生产关系与生产力结构，为构建数字中国提供了坚实的技术根基与底层架构。**数字组件**则是指那些内嵌于数字服务或产品中，具有特定功能与价值的媒体内容或应用程序单元。例如，电子芯片、智能手机应用程序（App）、汽车导航系统中的跟踪装置等，均属于数字组件范畴。**数字平台**或生态系统，被界定为"一种公共的、共享的服务集成体与底层架构，其内含各类数字组件及相关互补性资源"。以福特汽车搭载的 SYNC3 系统为例，它便是一个典型的数字平台/生态系统应用实例，集导航、通信、娱乐等多样化的应用程序于一体。

最后，**数字化转型将成为数字创新驱动的主要方向**。数字化转型是一种深层次的组织变革过程，借力于数字化转换和数字化升级，其能够深入触及企业的核心业务领域，并以构建全新的商业模式为核心目标。诸如苹果、优步、爱彼迎等企业，为了顺应新一轮科技革命和产业变革的趋势，纷纷在各自所在的传统行业中运用云计算、物联网、大数据、区块链、人工智能等新一代信息技术进行创新实践。这些举措使得企业的业务更具扩展性，市场覆盖范围得以大幅拓宽，战略响应速度显著提升，进而对整个行业格局产生了颠覆性影响。当前学者们关于数字创新和数字化转型已展开丰富研究，本文与学者们的研究相符，即都主张数字化转型本质上是数字创新驱动下的一种组织革新，其目的在于对企业的价值创造活动进行根本性的改变或重构。组织的数字化转型是一系列数字创新因素共同作用的结果，这一过程将广泛而深刻地影响组织的参与者（如员工、客户、合作伙伴等）、目标设定、组织架构、技术应用及其所处的外部环境，从而导致既有组织规则的变革、替代或补充，最终推动组织全面适应并引领数字化时代的商业竞争。

综上所述，本文认为**数字创新驱动**是以数字化数据信息为核心生产要素，以数字技术为支撑，在政府、企业和公民等多种主体协同参与下，不断推动新模式和经济形态的产生，最终实现组织的数字化转型。

3.1.2　数字创新驱动的特征

数据要素，作为承载真实或抽象信息的量化载体，具有极其重要的价值。究其本质，在于数据要素能够在生产活动的演变中发挥巨大作用，这一价值使其更具备研究意义。正是数字技术对传统经济模式与社会生活多维度的创新性重塑，赋予了数字创新驱动以鲜明的价值属性特征。**数字技术**是数字创新驱动得以实现的根本前提与基础，它在企业价值主张创新、盈利模式创新、关键业务流程创新、价值网络与外部关系网络的重构等多个层面发挥着举足轻重的作用。正是凭借这一特性，数字创新驱动才得以被赋予技术属性。除此之外，数字创新驱动颠覆性地更改了创新的全过程，包括结构、运行过程等，这一变革对创新活动组织形式具有重要意义，进而使创新的内外组织边界被模糊，在这一过程中，创新组织才得以发生重大变革。这种组织模式的革新，使数字创新驱动展现出强烈的社会属性特征。基于此，本文从三个属性方面更进一步分析数字创新驱动的特性，旨在更为清晰地梳理其演变过程，并通过实例阐述方式使数字创新驱动的特性更加具象化，如表 3-1 所示。

表 3-1　数字创新驱动的特征

类别	特征	事例
价值属性	开放性、模块化	搭建 Android 创新平台
技术属性	生长性、融合性	App 可根据用户反馈和运行问题进行迭代更新；商汤科技公司的开源算法平台 OpenMMLab 为人工智能创业者提供了低成本和高效率的算法模型
社会属性	收敛性、动态性	谷歌公司（Google Inc.）利用数字技术，吸引创新团体加入，产生持续创新

资料来源：作者整理

1. 价值属性方面：具有开放性、模块化特征

数据作为一种独特的生产要素，在经济活动中的作用日益凸显，与传统生产要素相比，展现出非竞争性和客观性特质。其价值不拘泥于预设用途，单一数据集能够满足多种需求，彰显其多功能性。在数字领域，现实世界的

实体被数字化映射，构建出对应的虚拟形态，提升了信息的对称性，深化了合作的维度。在此背景下，商业逻辑跨越地理限制、时间差异和社群隔阂，通过虚实世界的融合拓宽市场疆界，开放性成为推动数字化创新的关键驱动力。Android 平台即为一例，它促进了全球范围内跨越地域和知识壁垒的协作，加速技术迭代。

数据流的核心在于数据流动，它能够精准捕捉市场需求，通过优化资源配置促进全球技术、人才和资本的高效流动，并进一步为创新活动提供准确而又精密的导向，为传统产业转型升级奠定基础。从这个方面来说，数据流能够创造显著的经济价值。同时，创新链、人才链和产业链在数据的驱动下紧密融合，共同在市场中创造附加价值。具体而言，数据驱动在深化市场洞察、催生新产品与服务、快速响应市场需求、优化供应链和生产流程等多个维度展现出创新价值。通过构建虚拟实体，产品被全方位解析，揭示出传统方法难以发现的细节特征。数据的集成进一步促进了生产流程的标准化与模块化，使企业能敏锐地捕捉技术进步带来的机遇，即"机会利基"，并快速适应市场和技术的变动。不断演进的新技术为"机会利基"带来复杂性与多样性，企业利用实时数据洞察需求变化，迅速调整产品模块，实现创新性升级，以适应和引领市场变化。

数据作为流通中的生产要素，打破了传统要素的竞争格局，为数字化创新引入了新的变革动力和可能性。数据要素的协同效应激发了创新的新生机，帮助企业精准定位市场需求，指导研发方向。随着数字经济的渗透持续深化，数据要素的波动性正逐步重塑创新体系，推动创新生态系统的规则重构，形成新的稳定秩序。以微信为例，其开发者借助用户体验数据不断优化通信功能，随后在产品服务中逐步融入支付、资讯浏览、视频服务等功能，通过产品的迭代升级不断解决用户痛点，并在这个过程中不断创造新的需求点，体现了数据驱动创新的实践路径，也深受广大使用者的青睐。

2. 技术属性方面：具有生长性和融合性

要准确把握数字创新驱动的特征，首要任务是对数字技术本身的特性有深入的理解。数字技术具备数据**同质性**、**可重复编程性**和**自我参照性**三大核心特质，这三种本质属性赋予了数字技术极高的可用性，即不同组织和个人能够利用同一数字技术服务于各自的特定目标，从而使得基于数字技术的多元化创新活动具备极高潜力，具体形式体现为数字创新驱动的**自生长性和融合性**两大特性。**自生长性**即数字技术因其动态性、自我参照性、可扩展性和可编辑性，使得数字创新持续进行自我迭代、演变与改进。以移动应用程序（App）为例，根据运行情况和用户反馈，开发者能够对其进行持续更新优化。Autio 等人（2018）进一步强调了数字创新所具有的**解耦性**和**去中介性**特征。**解耦性**允许企业在很大程度上减少对专用资产的依赖；而通过**去中介性**，企业得以摆脱对价值链中间环节的过度依赖；实现产品价值更直接、高效地直达终端用户。例如，企业能够在全球范围内通过众筹和众包平台汇聚各类创新资源，跨越地域限制，实现资源的高效配置。数字创新的融合性体现在数字技术的应用不断推动数据要素驱动、品牌价值赋能、科技平台支撑、政府精准政策引导及生态系统的深度融合，合力推动产业创新与技术创新跨越传统边界，迈入跨产业链及跨界融合的新生态模式。以商汤科技公司推出的开源算法平台 Open M Lab 为例，该平台为人工智能领域的创业者提供了成本低廉、效率高的算法模型，大幅降低了人工智能创业的准入门槛和技术难度，生动展现了以数字化生产力为鲜明特征的创新过程如何孕育出大量新兴行业形态。Holmström（2018）持有类似观点，他认为数字创新驱动具有显著的可再结合性，即数字技术能够无缝对接并深度融合于传统产品之中。例如，数字技术与汽车、家电、家居等传统行业的深度耦合，有力地推动了这些行业在数字化浪潮中的创新升级与转型，实现了技术进步与产业升级的协同效应。

3. 社会属性方面：具有收敛性和动态性特征

数字创新驱动的**收敛性**体现在：凭借数字化工具和数字平台的去中心化特性，组织得以跨越领域和地域界限，实现跨界的资源整合与拼接，进而模糊了产品、组织、部门与产业之间的界限，降低了这些边界的重要性。**动态性**则意味着创新模式的多元化和数字技术的可编辑性，让组织创新过程存在不确定性。这既表现为创新活动能够在短时间内快速迭代，以适应市场变化；也表现为创新成果可能在短时间内被新的技术或模式取代，创新始终处于不断变化的过程中。这种动态性要求组织具备高度的灵活性和适应性，能够在快速变化的环境中快速调整创新策略，抓住创新机遇。以上汽大通为例，尽管其管理结构为传统的科层制组织结构，但基于用户的精准需求，其致力于为用户量身打造、一对一定制的数字赋能服务。在新的组织架构中，前、中、后端为一体，实现了从内到外的全流程数字化转型。该品牌开创性地推行 C2B（Customer-to-Business）模式，允许消费者直接参与产品设计和配置过程，通过"蜘蛛定制"平台，提供万亿种车型款式的选择，实现了大规模个性化智能定制。为解决用户隐性痛点，通过数字化手段直联用户与后端研发团队，加快产品迭代，提供"多快好省"的客户服务体验，推动企业与用户的共创、共生、共享。该举措不仅提升了上汽大通的产品竞争力，也增强了其在市场中的差异化优势，促进了企业的持续创新与发展。

3.2　中国情境下数字创新驱动平台型企业的独有特征

随着互联网与各产业深度融合的不断深化，平台的种类日益繁多，与产业的交汇领域日益广阔，平台经济正逐渐成为新经济时代举足轻重的产业经济形态，以其创新思维引领着新经济的发展走向。近年来，**平台型企业**异军突起，已跃升为经济发展舞台的焦点角色①。像亚马逊、优步、脸书、谷歌等企业，通过构建强大的线上平台，极大地激发并连接了个体生产活动的广泛参与，这一变革不仅颠覆了人们在社交互动、工作方式、价值分配体系及价值创造模式等多方面的传统范式，而且平台构建的多边市场结构正在深刻地塑造并引导着参与者的行为决策。平台型企业的崛起带动了平台经济的繁荣，使其在移动互联网时代成了主导性的组织形式，平台效应更是成为推动新一轮经济增长最为核心的引擎。

数字平台/生态系统是由多元异质的数字要素、数字要素的创造者、数字要素的使用者等数字主体及其复杂的相互关系共同构成的一个复杂适应系统。这个系统通过数字主体间的互动与交流，强化了系统的整体效能，促进了信息的共享，增强了主体内部及主体间的协同合作，以及整个系统的创新活力。创新驱动的数字生态系统，其核心目标在于促进数字创新的生成、应用与广泛传播。它具备创新生态系统通过创新实现价值创造与价值共享的基本属性，可被视为围绕数字主体构建的创新生态网络。值得注意的是，数字创新驱动生态系统并非孤立于技术层面，而应深深植根于社会情境之中。实际上，中国市场以其庞大的规模、明显的层级划分、高度的市场动态性，为数字创新提供了丰富多元的应用场景，为深入研究数字创新驱动提供了极其丰饶的研究土壤。因此，中国特有的市场环境、制度环境、技术环境、组织环境如何塑造数字创新平台型企业独有的特性，是值得我们进一步深入探索的议题。

3.2.1　平台型企业的概念及特征

1. 平台型企业的概念

起初，诸如银行卡业务、操作系统领域与媒介产业等行业，均借助平台的桥梁作用，实现了用户群体间的互动互联。随着平台经济的迅猛兴起，现

---

① 全球 15 大互联网公司均采用平台模式运行，全球最大 100 家企业中的 60 家，其主要收入和一半以上的利润源自平台商业模式。2020 年国内独角兽企业榜中，估值位于前 15 名的企业有 12 家采用平台模式运营。

今它们已演变成承载传媒、购物商城及线上商务等关键服务业的基石。从本质上讲，平台扮演着促进交易与交流的空间媒介角色。在全球经济一体化与环境快速多变的背景下，企业成功的根基在于协同其他利益相关方，经由构筑一个集整合、共创与共享于一体的平台生态系统，确保在时间和空间维度上达成战略协同与目标统一。

平台型企业，如淘宝、天猫、京东、百度、腾讯、沃尔玛等，这些企业在各自的领域内构建起强大的数字生态系统，扮演着平台提供商和运营商的角色。以百度为例，其"使用者"包括广大网民和广告商，两者对于搜索引擎平台的持续发展均具有至关重要的作用。平台型企业要保持生命力，就必须同时对信息的供给方（如内容创作者、供应商等）和需求方（如消费者、用户等）产生足够的吸引力，以确保平台上的供需两端活跃且平衡。平台型企业的显著特征主要体现在以下几个方面。

（1）**整合**。将不同类型的资源、服务、用户群体等集成到统一的平台上，形成一个多元化的价值交换网络。

（2）**开放**。对外界保持开放态度，鼓励第三方开发者、供应商、消费者等各类参与者加入平台，共同构建和丰富平台内容。

（3）**分享**。推动信息、知识、数据、创新成果等的公开分享，降低信息不对称，提升整体效率。

（4）**共创**。倡导用户、合作伙伴共同参与产品的设计、开发与优化，实现用户需求与创新资源的深度对接。

（5）**互动**。鼓励平台上的各类主体之间进行频繁、直接的互动，促进信息流动、需求匹配与价值共创。

（6）**溢出价值**。通过平台活动产生的外部效应，如知识传播、技术创新、市场扩展等，为参与者乃至整个社会带来额外的价值。

平台型企业的生态合作者与利益相关者通常并不具有产权上的直接关联，不同于传统的并购或控股关系。然而，它们之间能够形成一种"非组织的组织力量"或"非组织的超组织力量"，即通过平台规则与激励机制的协调，实现大规模、自发、高效的协同工作。对于平台型企业而言，不仅要重视与其他企业、供应商等商业伙伴的互动，更应把握机会加强与消费者的直接互动。苹果公司的 App Store 就是一个典型例证，虽然平台上拥有约 60 万个软件应用，但其中仅有不足 100 个是由苹果公司自身研发的，其余绝大多数均由用户个体或独立开发者上传，形成了丰富多元的创新生态。类似地，Threadless 平台上的 T 恤设计种类之多、受欢迎程度之高，远超任何单一的传统设计公司所能企及。再如维基百科，尽管只有 1 名专职员工、8 名兼职员工和一小部分定期编辑志愿者（约 8 万人）进行管理，以及大量的非定期编辑志愿者（约 1700 万人），却成功创建了涵盖 200 多种语言、超过 2000 万条词条的知识宝库，展现了平台模式在汇聚大众智慧、实现大规模协作方面的巨大潜力。

与传统的平台型企业相比，数字技术的飞速发展正在引发组织情境的深刻变革，使得更广泛、多元的主体得以连接并积极参与到组织活动中，推动了组织间联系向平台化方向发展。在这种变革中，数据要素的互动与流转尤为关键，它不仅推动了以平台业务模式为主导的企业在规模和影响力上持续扩大，同时也催生了大量专注于数字平台运营的新型企业。这些数字平台型企业，以其对数据资源的高效利用和创新应用，展现出强大的市场竞争力和成长潜力。本文所探讨的数字创新驱动的平台型企业，是在大数据、人工智能等数字技术浪潮驱动下，对新机遇敏锐捕捉与有效利用的产物。这类企业组织是社会个体、各类组织、多元社会场景、各式数字组件、前沿数字技术及数字平台之间深度交互与融合的实体，其内在逻辑、独特特征及关键形态与传统的创业活动存在显著区别，亟待我们进行细致入微的剖析与解读。

2. 平台型企业的特征

互联网平台型企业之所以能够在现代化经济体系中占据重要位置，其运行逻辑核心在于高效撮合供需双方。这些平台作为中间媒介，不仅促进了消费者与生产者之间的直接交互，还通过网络效应显著提高了自身的吸引力和市场覆盖度，进而扩大了企业影响力和市场规模。与遵循线性价值链的传统企业相比较，平台型企业展现出一系列独特的性质和运作规律，这些特性是其成功的关键所在。总结现有文献，互联网时代平台型企业的显著特点包括但不限于以下几个方面。

（1）网络性。平台服务价值共创的一大本质特征，在于其凸显的网络效应特性。平台在这里起着核心中介的作用，桥梁般链接起从生产端到消费端全链路上的各种行动主体，并在这一过程中整合了制造商、终端用户及众多辅助服务供应商等多样化的参与角色。没有平台作为媒介，这些价值共创的实体就如同分散在大海中的孤岛，相互隔离且交流甚微，信息流通受限，互动形式趋于简单、短暂且偶发。平台的诞生恰恰填补了这一空白，它构筑了一张密集交织的网络，赋予平台服务价值共创显著的网络化面貌，激发出参与者之间高频次的沟通与深层次的合作关系。

（2）数字化。在新技术浪潮下，以云计算、大数据、AI、物联网及移动互联网为代表的信息通信技术，正深度融入社会经济的方方面面，为平台经济的数字化转型注入了强大动力。例如，美团等领先平台通过自我数字化升级，不仅加速了其业务板块的革新，也引领生态内各参与方共同步入数字化轨道。在这一进程中，B 端与 C 端应用程序作为关键入口，广泛吸纳商家与消费者进入数字化生态系统，实现了产品与服务全链条——从供应、需求匹配到交易完成乃至售后反馈的全面数字化。数字化作为新时代平台服务价值共创的核心标识，深刻改写了传统服务模式，开创了服务创新与商业模式的新纪元。它不仅通过简化信息流与交易流程来提升整体效率，还借力数据分析与智能化工具，为用户精准画像，提供个性化服务、即时反馈等增值体验，提升了消费者参与度与满意度，促进了价值共创的深化与提速。此外，数字化平台凭借其开放性、高连通性及协同作业能力，打破了行业、地域与领域界限，促进了跨界资源整合与优化配置，激发了多主体间更深层次的合作与价值共创。在此基础上，共享经济、社群经济、订阅经济等新兴业态应运而生，不仅丰富了平台服务的内涵与外延，也为价值共创开拓了前所未有的广度与深度，展现了数字经济时代平台服务的无限潜能与广阔前景。

（3）社团性。社团性在网络平台服务价值共创中扮演着如同社会黏合剂般的角色，它强化了参与者之间的关系网，并促进了信息与价值的高效流通。这种基于虚拟社群的互动超越了物理空间的限制，形成了一个全天候、跨地域的交流与合作环境。在这样的社群中，用户的每一次互动、分享或评价，都是对平台价值的一次认可与传播，并逐步积累成平台的无形资产——品牌信任与忠诚度。社团性的增强还体现在平台能够更精准地捕捉用户需求与偏好。通过分析社群内的数据流，平台能快速响应市场变化，迭代服务，推出更加贴合用户期待的产品与功能，从而形成良性循环。此外，高度社团化的平台更容易孕育出独特的文化与身份认同感，用户因共享的价值观和兴趣而聚合，这种文化认同成为维系用户关系的强大力量，也是平台区别于竞争对手的独特优势。从营销角度看，社团性驱动的口碑传播是一种成本效益极高的推广方式。对产品和服务满意的用户自然而然地成为品牌的代言人，他们的推荐比传统广告更具说服力，能够有效降低获客成本，加速用户基数的增长。此外，新加入的用户往往带有较高的参与意愿和预期，为平台注入了新鲜血液，并带来了更多创新的可能性。

（4）实时性。实时性即时互动性，是现代平台服务价值共创不可或缺的组成部分，它依托于先进的数字技术支持，特别是大数据处理能力和移动互联网的广泛覆盖。平台通过高速的数据处理系统，保障了信息流在不同参与方之间近乎零延迟的传递，无论参与者身处何地，都能享受到全天候无缝衔接的服务体验。这一特性确保了从需求提出、服务匹配、即时沟通到最终交易及反馈的每一个环节，都能够迅速执行和完成，极大地缩短了价值创造周期。实时性不仅提升了用户体验，还促进了服务的灵活性和定制化水平。用户能够即时反馈意见，平台和商家则能根据这些反馈迅速调整策略，实现服务的快速迭代与优化。此外，实时数据分析让平台能够精准捕捉市场动态，预判趋势，为参与者提供更加个性化和贴近需求的服务，进一步增强了用户黏性，推动平台生态的正向循环发展。总而言之，实时性作为平台服务价值共创的关键要素，通过提升响应速度和操作便利性，不仅优化了服务流程，还有效激发了用户参与的积极性，为平台的活力与创新能力提供了强大支撑，是推动平台经济持续繁荣的重要驱动力。

本文认为，以上特征是普遍存在的。但从创新与平台型企业的视角看，数字经济时代的平台型企业还具有以下四点特性。

（1）双边性。平台作为一种中介架构，架设了桥梁，联通并激活了多元用户群体间商品、服务与信息的自由流通。其特异优势在于能够汇聚并服务于两个或以上具有差异性的用户群体，展现出明显的多边市场特性。以商品交易为例，平台同时拥抱寻求商品的消费端（需求侧）与供应商品的商户端（供给侧）；而在内容分发平台的场景下，则联结了内容的受众（消费者）与创作者（生产者）。通过与这些多边用户建立共生共荣的伙伴关系，平台构筑了一个自洽的生态系统，在其中扮演着核心枢纽的角色。此生态系统不仅构成了交易与交流的活动场域，平台还积极履行匹配供需、优化搜索机制等核心职责，旨在确保用户能够顺畅无阻地完成从搜寻、评估直至交易或交流的每一步流程。这一精心设计不仅催化了用户间更高质量的互动，同时也为平台本身创造了价值，形成了平台、供应商/内容创作者与消费者/观众三方共赢的局面，合力推动平台生态的兴盛与持久进步。

（2）间接外部性。自从庇古在 20 世纪初期提出间接外部性概念以来，它一直是解析经济互动复杂维度的基石。在当前平台经济的背景下，这一理论被赋予了新的意义和应用。平台经济的核心特征是其作为连接多方市场参与者的媒介，能够促成一种特殊类型的外部性—间接网络外部性，即平台一侧用户群的增长间接地为另一侧用户创造了额外价值。以社交媒体平台为例，随着平台内容（如多样化和高质量的文章、视频、评论）的丰富，它能够吸引更多用户访问。用户基础的扩张，继而又刺激了内容创作者和提供商（包括记者、博主、视频创作者等）的加入，他们被平台上的庞大潜在受众吸引，期望借此提高作品的可见度和潜在回报。新加入的内容创作者提供的高质量内容，使得平台的吸引力进一步提升，并形成一个正向循环：用户增长促进了内容增加，而内容的丰富又吸引了更多用户，这一过程持续为平台生态系统增值。这一机制不仅提升了平台的活跃度和用户忠诚度，还突出了服务与内容的多样化，从根本上推动了平台总价值的快速增长。它凸显了平台经济中用户相互依存的本质，以及平台作为价值交换核心枢纽的关键角色，是支撑平台经济迅猛发展和持续创新的核心动力之一。

（3）**规模经济性**。平台经济的规模经济效应主要依托两大核心机制发挥作用，彰显了其独有的经济优势。首先，**网络效应诱发的正向反馈环**是平台经济规模经济的基石。平台随着用户群的膨胀，特别是在消费者与生产者或供应商之间形成的间接外部性，吸引了更多新用户的加入。例如，在社交网络中，用户基数越大，新用户可连接的社交圈（亲友或潜在顾客）越广，从而使平台更具吸引力。类似地，电商平台随商品种类和评价数量的增长，吸引了更多的消费者，消费者的增长又反哺商家入驻，形成了积极的增长循环。一旦平台跨越了关键用户基数门槛，用户黏性会显著增强，平台市场主导地位得以加固，表现为"胜者全得"效应，即领头羊平台的优势自我增强，常导致市场垄断或寡头局面。其次，**极低边际成本与成本分摊效应**是平台经济规模经济的另一重要表现。相较于传统产业，许多平台公司，尤其是依赖数字技术的平台，享有近乎零边际成本的运营优势。一旦平台基础设施搭建完毕，增加新用户的直接成本几乎不增，有时甚至为零。以搜索引擎或云端存储服务为例，接纳一名新用户几乎不会增加任何成本，而平台的总体价值却随用户量的增长而大幅提升。这导致随着用户基础的扩张，平均成本不断下降，使平台能以更低廉的成本提供服务，从而提高市场竞争力。同时，这也为平台开辟更广阔的盈利空间，有利于将收益再投入于技术革新与服务改进，进一步加速平台的规模扩张。

（4）**价格非对称性**。价格非对称性是平台经济中一种策略性定价机制，它通过允许平台为不同的用户群体设置差异化的费用结构，旨在优化市场参与度并最大化整体价值。平台能够利用这种灵活性，为一边用户（如消费者）提供免费或低成本的接入，同时要求另一边用户（如供应商或商家）支付更高的费用，以此策略吸引大量用户加入，促进平台生态的繁荣。该模式背后的逻辑在于，通过补贴用户流量大的一侧，平台能迅速积累庞大的用户基础，创造网络效应，从而吸引更多付费用户的加入。在实践上，平台型企业广泛应用大数据分析、云计算等先进信息技术，实现资源的精细化管理和实时优化，进一步提升服务效率和用户体验。这些技术手段不仅帮助平台精准定位市场需求，还能定制化服务，满足不同用户群体的具体需要，从而增强用户黏性和参与度。以 eBay、天猫等著名电商平台为例，它们普遍采用对消费者免费开放的策略，允许用户无障碍地浏览、搜索商品，享受咨询和比价服务，甚至完成交易与支付流程，无须直接付费给平台。这一免费模式成为吸引大量用户流量的利器，为平台营造了一种高度活跃的交易氛围，累积了海量的用户行为数据。同时，这些数据反过来又成为平台优化服务、精准营销和制定策略的重要依据。相比之下，平台上的商家或卖家则须承担一系列费用，包括但不限于商品上架费、交易佣金、广告推广费及高级服务订阅费等，这些费用共同构成了平台的主要收入来源。通过这种非对称定价机制，平台不仅平衡了成本与收益，还成功构建了一个互利共生的生态系统，其中消费者享受便利与优惠，而商家则通过平台获得更广阔的市场机会和销售增长。这种策略安排正是平台经济中非对称定价策略的典型应用，体现了平台商业模式的独特优势。

3.2.2 平台型企业的发展历程

1. 平台型企业的起源——产品平台

平台型企业的起源可以追溯至第二次工业革命时期，当时出现了诸多革新性的生产技术，如流水线作业方法和通用零部件制造技术。在这样的技术背景下，产品平台的概念开始在机械制造企业中得到应用。产品平台本质上是一种由核心系统与相关接口构成的共享基础架构，它基于共通的核心技术，通过模块化的方式开发出一系列相关产品，具有封闭性和协调性特征。该平台的核心职能在于实现模块化生产，即以通用模块为基石，通过不同零部件的模块化拼装，快速、灵活地制造出一系列相关产品，其重点在于产品家族的批量生产和制造。这种生产模式极大地提升了生产效率，降低了单件产品的研发成本，使得企业能够快速响应市场需求，推出多样化的产品系列，满足消费者的多元化需求，同时也为后来的平台型企业提供了最初的理论与实践基础。随着信息技术的迅猛发展，尤其是进入21世纪以来，随着数字技术、互联网技术的广泛应用，产品平台的概念进一步演化，从单纯的物理产品平台扩展到涵盖数字服务、数据交互、用户连接等多元要素的现代平台型企业。现代平台型企业不仅关注产品的生产与制造，更强调通过构建开放的数字生态系统，连接多方参与者（如消费者、供应商、开发者等），实现价值共创、资源共享和利益共享，展现出更强的网络效应和创新驱动力。可以说，现代平台型企业是传统产品平台理念在数字时代背景下的升级与升华。本书采取的案例分析是以**机械制造企业和电子制造企业**为例。

（1）机械制造企业，尤其是汽车制造业，是产品平台策略应用的典型领域。美国福特汽车公司就是一个很好的例子。福特通过创建汽车产品平台战略，基于统一的底盘、动力系统和其他通用模块化组件，设计和生产不同型号的汽车。这种做法允许福特在确保产品可靠性、降低成本、加速新产品开发周期的同时，快速适应市场需求，推出多种车型以满足不同消费者的需求。通过大力推广标准化与模块化设计理念，福特成功地对研发投入和生产成本进行了有效管控，显著提升了生产效能。这一战略举措使得福特旗下各款汽车能够迅速响应市场中消费者的需求变化，实现产品的快速更新换代，保持其在激烈市场竞争中的领先地位。标准化设计确保了零部件的通用性与互换性，降低了设计复杂性，简化了生产流程，从而节约了研发成本和缩短了生产周期。而模块化设计则通过将汽车分割成若干个可独立设计、生产和组装的模块，实现了零部件的高度复用和灵活组合，进一步降低了生产成本，缩短了新车上市时间。标准化和模块化设计的实施，不仅有利于福特在内部实现规模化、精益化生产，还提高了其供应链管理的灵活性与响应速度，能够更便捷地调整生产计划以应对市场需求变化。此外，这种设计方式还方便了售后服务和维修，因为标准化和模块化的零部件库存更易于管理，且可快速替换，从而提升了客户满意度。

（2）**电子制造企业**，同样广泛采纳了产品平台策略并取得了显著成效。以日本索尼公司为例，其在 Walkman 随身听系列产品开发过程中，就巧妙地运用了产品平台策略。索尼以四个基本的产品平台为基础，衍生出超过 250 款不同款式和配置的随身听产品。通过共享核心技术和零部件，索尼能够迅速响应市场需求变化，快速推出风格各异、功能多样的随身听产品，全方位满足消费者在音质表现、外观设计、功能配备等多个维度的个性化需求。这一战略举措使得索尼在竞争白热化的电子产品市场中独树一帜，不仅巩固了其在便携音频设备领域的领先地位，也显著提升了品牌形象与市场占有率。产品平台策略的应用，不仅有助于索尼节省研发成本、缩短新品上市周期，还确保了产品线的连贯性和一致性，强化了消费者对索尼品牌及其产品的认知度和忠诚度。此外，通过持续的产品创新与迭代，索尼成功地保持其在随身听市场的竞争优势，成为电子制造企业运用产品平台策略取得成功的经典案例。

2. 平台型企业的分类

（1）**按照时间顺序分类**。本文将平台型企业大致分为三类：**网络服务平台型企业、技术服务平台型企业和创业服务平台型企业**。

①**网络服务平台型企业**。消费者生活方式的深刻变革始于 1989 年万维网的诞生。自此，伴随着大数据与互联网技术的飞速进步，互联网企业如雨后春笋般蓬勃兴起，其中网络服务平台型企业是最具代表性的平台型企业形态。**网络服务平台型企业**是指依托网络服务平台提供的虚拟空间，实现双边用户交易和互动的企业。这类企业具有开放性、中间性和跨行业性特征，其核心功能是销售，即为供方用户（如商家、服务提供者）与需求方用户（如消费者、服务需求者）搭建一个虚拟的交易场所，供双方在此进行信息交流、交易协商与价值交换。在这样的网络服务平台上，参与其中的企业主要聚焦

于销售活动的开展，它们通过平台提供的各项技术支持与服务，高效匹配供需，简化交易流程，降低交易成本；同时借助平台的规模化效应与网络效应，扩大市场触达范围，提升交易效率，创新商业模式，从而在数字经济时代中实现自身价值的最大化。这些企业通过平台聚合了大量的用户与资源，构建起庞大的商业生态系统，推动了商品与服务的流通，促进了社会经济的数字化转型，深刻改变了人们的消费习惯与生活方式。

②**技术服务平台型企业**。自20世纪四五十年代起，社会步入第三次工业革命时期，标志性事件是1946年第一台电子计算机的问世。随着科技企业对产品平台理念的引入，技术服务平台型企业应运而生。这类企业是指拥有专门的技术服务平台，通过该平台输出技术、服务，为外部企业提供经营所需的技术支撑。**技术服务平台型企业**具备开放性、捆绑性和行业指向性等特性。它们通常将自身的核心产品与关联企业提供的互补性产品进行捆绑销售，从而形成完整的解决方案。其核心业务职能在于技术研发，即为参与其中的企业提供核心技术服务，协助其进行技术产品的创新研发，并根据平台型企业所掌握的核心技术架构，引导合作企业调整优化自身产品，以更好地适配平台技术标准，实现技术资源的高效整合与利用。这类平台型企业通过提供先进的技术基础设施、工具及咨询服务等，赋能其他企业快速跟进科技进步，降低技术研发准入门槛，缩短产品上市周期，提升产品技术含量与市场竞争力。同时，平台型企业通过构建技术生态圈，吸引各类开发者、服务商、用户等多元角色加入，形成创新协同效应，推动行业技术标准的形成与迭代，加速产业技术升级，助力整个产业链条的数字化、智能化转型。技术服务平台型企业以其技术驱动、生态共建、资源共享的特点，已成为推动科技创新、产业升级及经济高质量发展的重要力量。例如，云服务提供商、开源软件平台、工业互联网平台、AI开发平台等，都是技术服务平台型企业的典型代表。

③**创业服务平台型企业**。20世纪下半叶，特别是在进入第四次工业革命的浪潮中，制造业与服务业深度融合的趋势日益明显，创业服务平台型企业顺应时代需求而诞生，通过平台化转型以更加灵活、高效的方式满足用户日益个性化的需求。这类企业是指将企业内部的部分或全部职能对外开放，构建服务平台，为内部员工或外部合作伙伴提供所需的支持，使得这些职能能够在平台化的环境中顺畅运作。**创业服务平台型企业**具有显著的自主性和开放性特征，甚至在企业内部管理与运营中也积极倡导开放理念，打破部门壁垒，实现资源与信息的高效流通。其核心功能贯穿产品研发、生产制造、市场营销等产品生命周期的各个环节，旨在通过科学规划与协调各方参与者（包括企业内部团队、外部供应商、合作伙伴、终端用户等），实现资源的优化配

置与协同创新，以更高效率、更精准地响应用户个性化需求，提升整体服务质量和用户体验。创业服务平台型企业通过构建开放、协同的创新生态系统，极大地降低了创业门槛，加速了创新成果的转化，推动了创新经济的发展，已成为新时代下推动创新创业、促进产业转型升级的重要力量。

按时间顺序分类将列举一些平台，如表 3-2 所示。

表 3-2　按时间顺序分类的部分平台举例

时间	平台	核心功能	分类	典型平台代表
20 世纪四五十年代（第三次工业革命阶段）	技术服务平台型企业	技术研发	（1）计算机操作系统平台 （2）移动设备操作系统平台	Windows 操作系统平台；安卓和 IOS 系统
1989 年万维网的出现	技术服务平台型企业	销售	（1）电子商务型平台 （2）社交平台型平台 （3）搜索引擎型平台	京东、淘宝、美团；QQ、微博；谷歌、百度
20 世纪下半叶（第四次工业革命阶段）	创业服务平台型企业	研发生产销售	（1）部分孵化型平台 （2）全员孵化型平台 （3）部分转移型平台	韩度衣舍；海尔；无限 T 恤公司

资料来源：作者整理

（2）按功能分类。 基于功能差异，平台型企业可以被划分为以下三类。

①市场制造者 是一种平台类型，其核心功能在于连接来自不同市场参与方的成员，为他们提供一个能够高效进行交易的场所。这类平台的存在使得市场参与者之间的互动、交易变得更为便捷，有效地解决了信息不对称、交易成本高等问题。随着平台上其他市场参与方成员数量的增长，平台能够提供的匹配机会随之增加，信息搜寻成本得以显著降低。这意味着对于任何单个市场参与方而言，随着平台上其他成员的增多，他们能在平台上更容易找到合适的交易对象，更快地完成交易，享受到更高的交易效率。这种正向反馈效应使得市场参与方对平台业务的依赖程度和重视程度不断提升，进一步促进了平台的活跃度和价值创造。

②受众制造者 平台专注于将媒体受众与广告商进行有效对接，其核心价值在于搭建起一座桥梁，使得广告商能够精准触达潜在消费者，同时为媒体受众提供有价值的信息内容。这类平台的运营成功与否，在很大程度上取决于能否吸引并留住大量的媒体受众，以及能否吸引广告商进行投放。当平台上的媒体受众人数增加，意味着广告信息能够覆盖更广的人群，受众对广告的积极响应度得到提高，广告效果得到提升。这样的服务自然更受广告商青睐，因为广告商能够在平台上实现更高的广告曝光率和潜在转化率，从而能

够实现更好的广告投资回报。同时，随着平台受众基数的扩大，平台对广告商的吸引力增强，能吸引更多的广告商进行投放，进一步增加平台的广告收入。另外，平台提供的有用信息越多，内容越丰富，就越能满足媒体受众的信息需求，受众在平台上的停留时间、互动频率等指标也就越高，他们对平台的满意度和忠诚度也会相应提高。这种正向反馈机制使得受众更愿意持续使用平台，从而形成稳定的用户群体，进一步提升平台的商业价值。

③**需求协调者**是一种特殊类型的市场参与者，其平台不仅创造和提供产品与服务，更重要的是，这些产品与服务能够在两个或多个市场群体之间产生间接网络效应。与单纯提供"交易场所"（如市场制造者）或专注于"信息分发"（如受众制造者）的角色相比，需求协调者更契合"平台经济"所特有的经济模式和运作逻辑。需求协调者的平台通过连接不同的用户群体，建立起一个多边市场，使得各群体之间的互动与交易得以发生。这些群体可能是消费者、供应商、服务提供者、内容创作者等，他们在平台上相互依存，一方的价值创造和使用体验往往受到另一方行为的影响，从而形成正向的网络效应。这种效应不仅体现在用户数量的增长上，更表现为用户价值的叠加和放大，即随着平台用户的增多，每个用户所获得的效用也随之提升。

综上所述，按照功能对平台进行分类，有助于更清晰地理解平台的核心优势，即通过提供便捷、低成本的实体或虚拟交易环境，有效地降低市场各方寻找交易伙伴的交易成本。在新兴技术的支持及部分监管制度创新的背景下，现今某些平台展现出功能的多元化特征，如电子商务平台既是市场制造者的典型代表，同时也兼具需求协调者的角色。按照功能分类，可以将各类平台整理如表3-3所示。

表3-3 按功能分类的部分平台举例

产业	平台	类别	甲方	乙方	平台收入来源
零售业	电商	市场制造者/需求协调者	买方	卖方（电商）	电商、甲方
媒体	报纸/电视/网站	受众制造者	读者/网络使用者	广告商	乙方，如网站的收入中约有75%～80%的收入来自广告商
软件	电脑操作系统	需求协调者	软件使用者	软件开发商	乙方的授权许可
电子游戏	电子游戏平台	需求协调者	游戏玩家	游戏开发商	对最终游戏使用者的支出，以及对第三方开发商的授权许可
移动电信	移动终端平台	市场制造者/需求协调者	消费者	软件开发商	消费者、软件开发者与终端平台

资料来源：作者整理

3.2.3　中国情境下数字创新驱动平台型企业的独有特征

1. 我国平台型企业的发展现状

中国平台型企业集群的崛起，确实在全球范围内展现了其多样性与规模性的独特优势。这些企业在"大众创业、万众创新"的国家政策推动下，不仅在国内市场迅速扩张，也在国际舞台上崭露头角，成为新经济形态下的重要推手。它们通过以下几个方面发挥了领航者的作用。

（1）**跨行业融合**。中国平台型企业善于打破传统行业的界限，通过技术驱动的解决方案，促进不同行业间的资源整合与服务创新。例如，阿里巴巴集团不仅涉及电子商务，还扩展至金融科技、云计算、数字娱乐等多个领域，展现了跨界的强大能力。

（2）**消费习惯重塑**。平台型企业通过大数据分析、个性化推荐等技术手段，深度了解消费者需求，提供定制化服务，改变了人们的购物、出行、餐饮、娱乐等生活方式。例如，美团、滴滴出行等平台已经成为人们日常生活中不可或缺的一部分。

（3）**商业生态颠覆**。平台型模式以其高效的信息匹配和资源配置能力，重新定义了产业链上下游的关系，降低了交易成本，提升了市场效率。例如，拼多多等社交电商平台通过拼团等创新模式，改变了传统零售的格局。

（4）**技术创新与模式创新**。在 5G、人工智能、物联网等前沿技术的加持下，中国平台型企业不断探索新技术应用场景，推动了诸如无人配送、智能供应链管理等创新，为流通和生产领域带来了革命性的变化。例如，京东物流的无人仓、无人机配送充分展示了技术驱动创新的成果。

（5）**国际化布局**。部分中国平台型企业正加快全球化步伐，通过海外投资、合作或设立分支机构，输出中国创新模式，参与国际竞争与合作。例如，字节跳动的 TikTok 在全球范围内的迅速崛起，展示了中国平台型企业在全球舞台上的竞争力。

中国平台型企业的分级与地域分布情况，清晰地勾勒出了这个领域内多元化、多层次的发展格局，以及区域经济的特色与优势。**首先，头部巨头引领**。腾讯与阿里巴巴作为第一层级的代表，不仅市值遥遥领先，更是凭借其全方位的业务布局和深厚的技术积累，成了全球互联网行业的领头羊。它们的成功不仅体现在市场份额和用户基础上，更在于对新技术、新业态的持续探索和引领，如云计算、人工智能、金融科技等，对推动行业标准和生态建设具有不可忽视的作用。**其次，中坚力量深耕细分市场**。第二层级的企业虽市值较首层有所减少，但它们在各自专注的领域内精耕细作，形成了鲜明的竞争优势。例如，美团在本地生活服务领域的深入布局、京东在电商物流的高效整合、拼多多在社交电商的创新尝试，都显示了中国平台经济在细分市场的蓬勃生命力和创新活力。**再次，新兴势力崛起。**第三层级企业市值虽小，但其成长性不容小觑，特别是在短视频、社交媒体、出行服务等新兴领域，这些企业凭借独特的创新模式和强大的用户吸引力，正在快速改变市场格局，成为推动行业变革的新势力。字节跳动、快手等企业在全球范围内的快速扩张，就是最好的证明。**最后，地域聚集效应显著。**北京、上海、深圳、杭州等城市，作为中国平台经济的集中地，凭借其良好的政策环境、丰富的人才资源、浓厚的创新文化和活跃的风险投资生态，为平台型企业提供了优良的成长环境。这些城市孕育出的大量独角兽企业，不仅为地方经济发展注入了强大动能，也成了展示中国创新实力和经济活力的重要窗口。中国平台型企业通过在不同层级、不同领域的广泛布局和快速发展，不仅推动了自身的创新与增长，更对中国经济的数字化转型、产业升级及国际竞争力的提升产生了深远的影响。这一景象不仅是市场活力的体现，也是政策支持与创新驱动共同作用的结果，预示着中国平台经济未来发展的无限可能。

随着各领域加速融合及高速发展的背景，中国平台型企业正展现出两大发展倾向。**一个趋势是强化跨界整合与多维度拓展能力。**这种整合被视为战略层面的顶层设计，意指多数平台型企业在实现稳定增长及稳固市场占位后，倾向于涉足相邻或产业链上下游的新领地。2015年，马化腾在多个重大事件中推广了"互联网+"思维模式，其目标直指促进中国经济社会的创新与融合式发展。该理念着重于互联网科技与各行业板块的深度融合及革新实践，而腾讯等互联网先锋企业在此转型进程中扮演了核心角色。同年，政府工作报告将"互联网+"策略正式嵌入国家发展蓝图中，它不仅成了驱动行业革新与经济结构转型的关键热词，还标志着互联网巨擘引领的企业界大整合与升级时代的到来。相较于仅限于电商、即时通信、搜索等垂直领域的初步整合，"互联网+"所勾勒的跨界融合图景，实则是互联网行业深度渗透并重塑社会经济结构的全面升级版本。具体而言，百度通过在搜索引擎领域（涵盖个人电脑与移动平台）占据约80%的市场主导地位，加之百度浏览器、百度糯米、百度财经、百度地图等一系列产品的矩阵布局，其业务已跨越至金融科技、电商、移动定位服务等多个新领域。小米科技，作为以智能手机和操作系统为核心竞争力的移动互联网平台，更是积极向智能家居硬件、虚拟现实、智能电视等宽泛领域迈进，有力例证了互联网公司如何借由跨界融合的策略，消除行业壁垒，打造一个包罗万象、层次分明的数字经济生态体系。

另一个趋势是中国平台型企业日益重视技术创新和自主知识产权的构

建。在经历了早期的模仿和跟随阶段后，中国平台型企业意识到原创技术和核心专利对于长期竞争力的重要性。企业开始加大研发投入力度，吸引顶尖科研人才，建立研发机构，致力于在人工智能、大数据、云计算、区块链等前沿技术领域取得突破。阿里巴巴达摩院、腾讯 AI Lab、百度 Apollo 自动驾驶平台等，都是中国平台型企业在核心技术研发领域的标志性成果，它们不仅提升了企业自身的竞争力，也带动了整个行业的技术进步和产业升级。同时，中国平台型企业也在积极推动国际化战略，向海外市场扩张。随着国内市场竞争的加剧，以及"一带一路"倡议等政策的支持，许多平台型企业开始将目光投向全球，寻求新的增长点。字节跳动的 TikTok、阿里巴巴的全球速卖通、华为的通信技术与设备等，都在全球市场取得了显著成绩，展现了中国品牌的国际影响力。国际化不仅意味着产品和服务的输出，还包括品牌理念、管理模式及中国式创新的全球传播，为中国平台型企业赢得了全球市场的认可与尊重。

此外，平台型企业展现出了另一个显著特征：**频繁发生的并购活动**。举例来说，在电子商务板块，2015 年见证了美团与大众点评的历史性合并，此番整合不仅汇聚了 4 亿本地商家和高达 6 亿的用户群体，还一举成就了中国顶尖的线上线下（O2O）综合服务平台。转观流媒体行业，2012 年，优酷以 10 亿美元的大手笔并购土豆网。随后，在 2015 年，优酷土豆又被阿里巴巴集团以 48 亿美元的巨额资金纳入旗下。同年，百度斥资 3700 万美元收购 PPS 视频，并将其与爱奇艺平台整合，共同构筑了全新的爱奇艺视频生态。在出行服务领域，2015 年快的打车与滴滴打车的联合，催生了滴滴出行这一崭新出行巨头；紧接着的下一年，滴滴出行又完成了对优步中国业务的全面收购，确立了其在国内网约车市场的"独角兽"地位，市场占有率达到惊人的 80% 以上。这些横跨不同行业的并购整合案例，实质上是对平台经济内在规律的直观反映。一方面，平台经济的逻辑驱使平台通过规模化扩张和资源优化配置，旨在减少单位成本、提升盈利能力。在此动机之下，许多平台型企业选择通过快速并购来扩充规模、抢占市场先机，并最终确立行业主导权，以此作为加速成长的核心策略。另一方面，平台借助补贴等灵活定价机制，有效吸引并留存用户，促使消费者在平台内部跨领域消费，促进服务供应商与商品的交叉互动，增强了用户的黏性，并为平台开辟了新的交易场景和利润源。平台由此演变为消费者寻求多样化、一站式解决方案的重要入口。概而言之，平台经济的固有属性促使平台型企业不断追求规模经济效益，以降低成本、增加利润，而并购则成为其实现该目标的强有力工具。同时，平台通过创新的定价机制和引导消费者行为的策略，不断丰富消费生态系统，进一步提高了其市场领导地位。

2. 中国情境下数字创新驱动平台型企业的独有特征

中国已经崛起了诸如百度、阿里巴巴、腾讯、网易等众多平台巨头企业，与其他国家相比，中国的数字创新驱动的平台型企业具有独有的特征。

（1）政策支持：平台型企业充分利用政府政策战略优势。制度可以比喻为"游戏规则"，中国制度的变迁过程实际上就是这套"游戏规则"不断调整与完善的历程。在全面深化改革的大背景下，中国企业置身于这样一套独具中国特色的"游戏规则"之中。一方面，政府作为强有力的调控者，通过提供关键要素来激发企业的创新活力。尽管中国正经历转型，但政府仍握有大量重要资源，如土地、资本、技术等基础要素。政府在掌握并引导这些创新要素的过程中，会根据市场需求的变化适时调整市场制度，以支持某些产业的战略发展。另一方面，制度间的差异为企业创新创业提供了机遇。转型期经济的一大特征是存在诸多尚不完善、执行不力的制度。这些制度上的漏洞或许会对企业创新形成制约，但同时也为创建制度型企业创造了条件。互联网产业的崛起便是一个生动的例证。初期，互联网行业在几乎无制度约束的环境下"野蛮生长"，随后逐渐面临挑战。为解决互联网产业快速增长中暴露的问题，相关制度体系逐渐完善，为互联网行业的持续健康发展保驾护航。中国的创业创新战略推动了大量多元化创业企业的崛起，为平台经济发展奠定了坚实基础。自实施创新创业战略以来，全国范围内在创新创业领域采取了一系列政策措施，着力优化企业制度环境，扶持小微企业和创意设计师等群体的发展。中国小企业数量的快速增长有力推动了互联网平台的迅速扩张与爆发式增长。各类初创企业和小型企业在平台上提供丰富多样的产品与服务，迅速响应并满足消费者的多样化、个性化需求，凭借其灵活、敏捷、专业化的特性，吸引了大量消费者加入平台。这种正向的网络效应进一步提高了平台的综合实力、竞争力和对经济的影响力。

（2）市场空间：庞大的网民规模成为市场的战略性资产。庞大的网民规模构成了中国市场的战略性资产。中国与新兴工业化国家和地区的一个显著区别在于其近14亿人口所蕴藏的市场潜力。一方面，中国互联网用户基数庞大，消费需求旺盛，市场规模既大且层次丰富，为创造充沛的市场客户流量提供了广阔的发展平台。截至2016年12月，中国互联网用户已达7.31亿，移动互联网用户达到6.95亿，互联网普及率达到53.2%，高出亚洲平均水平7.6个百分点，并比全球平均水平高出3.1个百分点。如此庞大的互联网用户群体为平台型企业提供了巨大的潜在客户流量，持久的消费需求孕育了各类细分市场，为多样化的参与者提供了参与平台及创造价值的机会。充足的客户流量为平台构建起生态系统奠定了坚实基础，有利于实现网络效应并开启自我增长的良性循环。另一方面，中国庞大的市场也呈现出显著的不平衡性。在这片 960 多万平方公里的土地上，30 多个省份和地区间市场成熟度存在差异，尤其是在东西部地区及城乡之间，这种差异尤为显著。根据国家统计局数据，2016 年中国收入基尼系数为 0.465，城乡收入差距为 2.72 倍。这种地域与城乡间的差距导致中国市场结构明显失衡，约 6 亿农村人口位于金字塔底部，其需求与城市人口存在显著差异。这种市场不平衡性为中国平台型企业带来了诸多挑战，不同客户群体的购买力和购买行为存在较大差异，要求企业具备精准定位、差异化服务和灵活运营的能力，以适应复杂多变的市场需求。同时，这也为平台型企业提供了广阔的发展空间，通过技术创新、模式创新和市场拓宽，帮助企业克服地域、城乡差异，实现市场的深度覆盖与价值挖掘。

（3）技术水平：中国发展平台型企业基础设施服务完善。数字平台型企业聚集了复杂多样且大规模的参与者，并在这一多样性中改变传统组织目标达成方式、寻求目标共识，构建高效结构以实现复杂参与者的多样目标，其关键在于数字技术的支持。技术能够拓宽平台的范围，为平台的构建和运营提供基础支持。中国在云计算、大数据、物联网、人工智能等前沿技术领域的快速进步，已深入渗透到经济社会的各个层面，为平台经济的发展提供了坚实的技术支撑。其中，云计算凭借其显著的成本效益优势，作为数据存储、处理、分析的核心技术，正逐步成为平台构建与运营的基石。大数据、人工智能等先进技术则赋予平台智能化能力，使其能够进行自主学习与进化，不断提升用户体验，拓宽业务边界。以"滴滴出行"平台为例，其凭借大数据、人工智能等技术的运用，能够精准匹配用户的出行供需，并进行深度数据分析，从而给出行市场带来革命性变革，实现乘客端高达 90% 的响应率。在过去的三十多年里，中国企业展现出卓越的学习能力，善于借鉴并吸收全球科技进步的成果。秉持着"反正底子很薄，怎么学、学什么都可以"的灵活学习态度，中国企业在创新追赶过程中积累了丰厚的知识基础。中国后发企业的创新追赶路径与其他新兴经济体，尤其是新兴工业化国家和地区，存在较为明显的差异。由于市场条件、制度环境和技术基础的不对称性，中国走出了一条独具特色的非对称追赶战略路径，形成了具有中国特色的创新模式。这种模式在面对国内外复杂环境和激烈竞争时，展现出强大的适应能力和持续创新力，为中国平台经济的崛起与壮大提供了源源不断的动力。

在中国政府独特的政策支持、庞大的市场规模及先进的技术水平的共同驱动下，中国数字平台型企业持续强化与各产业及国家互联网的深度融合，为平台经济的全面发展开辟了广阔的空间。一方面，中国互联网的高渗透率为平台经济的发展提供了广泛的产业应用场景。根据中国互联网络信息中心

（CNNIC）的最新统计数据，2016 年，中国企业中计算机、互联网和宽带接入的普及率分别达到了 99%、95.6%和 93.7%。这表明"互联网+"与传统行业的融合正不断加速，超过四成企业已开展线上销售与采购业务，六成企业已建立信息化系统并着手进行供应链的改造与升级。互联网与各个产业的深度融合不仅成为推动产业转型升级的重要途径，也在这一过程中催生了多种类型的平台，如开放研发平台、在线服务平台、行业大数据平台等，为平台经济的繁荣创造了丰厚的生态基础。另一方面，"互联网+"产业融合带来的全面数字化转型为平台经济的进一步发展奠定了坚实基础。随着数字化程度的不断提高，平台经济将产生海量数据，这些数据将成为推动平台商业模式创新、技术创新的重要驱动力，有助于平台拓宽业务边界、提升竞争力。通过对数据的深度挖掘和智能分析，平台型企业能够精准把握市场需求，优化资源配置，提供个性化服务，进而构建起以数据为核心、高度智能化的新型商业模式，进一步推动平台经济向更高层次、更高质量的方向发展。总的来说，中国独特的政策环境、市场规模和技术水平为平台经济的发展创造了有利条件，而产业与互联网的深度融合及数字化转型则为平台经济的持续繁荣注入了源源不断的活力，如图 3-1 所示。

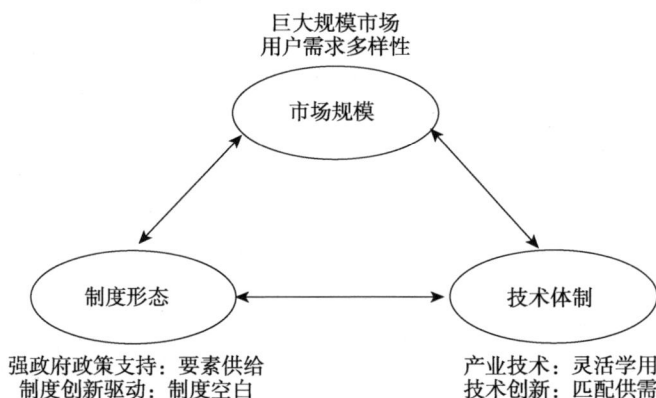

图 3-1　中国情境下数字创新驱动平台型企业特征框架

3.3　数字创新驱动平台型企业商业模式关键形态

被誉为"现代管理学之父"的彼得·德鲁克曾有精辟见解："当今企业之间的竞争，已超越单纯的产品与服务层面，而是商业模式之间的较量。"伴随着第四次工业革命的澎湃浪潮和数字经济时代的全面降临，数据作为企业的核心资产，正以前所未有的力度重塑商业模式。新兴技术如物联网（IoT）、云计算、人工智能（AI）及大数据分析等的迅速崛起，加之相关数字产业的蓬勃发展，使得数字技术在企业运营与管理中得到越发广泛的采纳和深度应用，特别是在商业模式创新领域展现出了强大的驱动力。因此，本节将聚焦探讨数字创新如何驱动平台型企业商业模式的关键形态演变。

首先，数字创新推动平台型企业商业模式的开放性与协同性增强。平台型企业依托数字技术，构建起开放式的生态系统，通过 API（应用程序接口）等手段实现数据、服务和资源的无缝对接与共享。这种开放性不仅使得平台能够吸引多元化的参与者（如消费者、供应商、开发者等）加入，形成丰富多样的服务组合；还促进了跨行业、跨领域的深度协同。例如，电商平台通过开放平台接口吸引第三方商家入驻，同时与物流、支付、营销等服务提供商深度合作，共同构建起一个集交易、配送、结算、推广于一体的完整商业闭环。

其次，数字创新促使平台型企业商业模式实现个性化与定制化服务。人工智能技术、大数据分析等技术应用，使得平台能够实现用户需求的精准洞察，提供个性化推荐与定制化服务。例如，音乐流媒体平台通过分析用户听歌习惯、喜好等数据，为每个用户生成个性化的歌单推荐；而在线教育平台则能够根据学生的学习进度、能力水平，推送定制化的课程内容与练习题。

再次，数字创新推动平台型企业商业模式实现价值共创与共享。平台型企业利用数字技术，构建用户参与、共创价值的环境，如用户生成内容（UGC）、众包、众筹等模式，让用户从单纯的消费者转变为价值创造者。例如，社交媒体平台鼓励用户创作并分享内容，形成内容生态，用户在参与过程中创造价值，平台通过广告、会员服务等方式实现商业变现，从而实现用户、平台与广告主等多方共赢。

最后，数字创新助力平台型企业商业模式实现智能化与自动化运营。云计算、物联网、人工智能等技术的应用，使得平台能够实现数据驱动的决策、自动化的工作流程及智能化的服务提供。例如，智能客服机器人通过自然语言处理技术，能够自动解答用户常见问题，提高服务效率，减轻人工客服压力；而供应链管理平台则通过物联网技术实时监控物流状态，利用人工智能预测需求，实现库存优化与精准配送。

综上所述，数字创新在驱动平台型企业商业模式的关键形态变革中起到了决定性作用，它推动商业模式朝着开放、协同、个性化、共创、智能等方向发展，为平台型企业构筑竞争优势、实现持续创新与增长提供了强大动力。

3.3.1　商业模式及创新

1. 商业模式及创新的内涵

阿米特（Amit）和佐特（Zott）的观点指出，商业模式本质上是企业精心设计的一种架构，旨在捕捉并利用市场机遇，通过组织内部及外部的交易活动来创造价值。他们强调商业模式的核心内涵涵盖了交易的内容、结构及治理机制，这些要素共同决定了企业如何识别、捕获、交付并最终从中获利。基于数据元素的商业模式的创新和数字技术的使用，属于熊彼特（Schumpeter）创新范畴，即基于新资源和新资源供应的产品、制造方法、市场和产业变革。这种创新基于数据资源的新概念，包括数据资源的价值、使用方法、获取方法的复核，以及受影响的其他企业资源、能力扩展和使用方法的复核。在数据元素的驱动下，企业业务模式创新可以分为三个相互关联的方面：**创建价值建议、提供价值和获得价值**。**创建价值建议和提供价值**是企业通过商业模式创新实现企业增值产品并将其还原给消费者的过程。**获得价值**是指企业如何通过定价策略、收入模型、成本结构等手段，从所提供的价值中获取利润，确保商业模式的可持续性和盈利性。这可能包括直接销售数据产品、通过数据优化传统业务的盈利能力或者利用数据构建平台经济，实现双边或多边市场的价值交换。

2. 数字创新驱动商业模式创新的维度划分及演化机理

数字化情境因其**无边界性、强互动性、开放性、不确定性**等鲜明特征，使得对商业模式进行重构成为企业在数字经济时代应对挑战、把握机遇的必然选择。具体而言，可以从**供给侧、需求侧及市场交易关系**三个方面来深入理解这一重构过程。

（1）供给侧视角。数字经济使传统实体产品供给形态发生改变，产品更多以数字化、虚拟化形式存在，如软件、在线服务、数字内容等。在成本结构上，企业的成本重心从传统的原料采购、生产加工等转向了数字化运营成本和知识成本，包括数据采集、处理、分析、存储、安全防护等，以及知识产权、研发、创新等知识密集型投入。这要求企业构建适应数字化生产的组织结构、流程体系和人才团队，以及相应的商业模式，以有效承载和转化这些成本。

（2）需求侧视角。消费者需求发生了深刻变革，由关注产品设计、外观等物理属性，转向追求体验、交互、心理满足感、行为刺激等精神层面的需求。消费者通过体验数字化产品来表达个人价值观，实现自我价值的彰显。这种转变催生了新的价值诉求，企业需要通过创新产品设计、提升服务品质、打造个性化体验等方式，满足消费者对数字化产品的情感、社交、身份认同等高层次需求。

（3）**市场交易关系视角**。面对数字时代商业创新模式的快速迭代与演进，传统企业面临着前所未有的挑战与机遇。为了适应这一变革，企业必须从根本上转变思维，树立以数字创新为核心的战略转型意识，并致力于提升其在商业模式创新方面的综合实力。正如Sivarajah等人在2017年的研究中指出，数字经济并非孤立地作为商业模式创新的直接驱动力存在，而是一种深度整合了"产业数字化"与"数字产业化"双重特性的经济形态。数字经济的真正力量在于它能够从根本上改变我们对于价值创造、资源分配、交互关系、组织结构乃至行业边界的认知与运作方式。在这个过程中，传统企业不应简单地将数字技术视为工具叠加，而应将其视为重塑商业模式的基石。这意味着，在实际操作层面，企业要进行全面的自我革新，不仅仅是技术层面的应用，更重要的是理解并内化数字技术背后所蕴含的思维方式和价值逻辑。企业应当深入学习数字技术的基础与应用，不仅要能够熟练掌握各类数字工具，如大数据分析、云计算、人工智能、区块链等；更要能够将这些技术有机融入企业的战略规划、运营模式、产品设计、客户服务等各个环节中，实现从内部管理到外部市场的全方位数字化转型。此外，企业还需要具备前瞻性，能够预见数字技术如何影响其所在行业的未来走向，主动探索和挖掘新兴技术带来的潜在商业价值。这意味着要在理解客户需求的基础上，不断创新服务模式和产品形态，利用数字技术打破传统行业的界限，开拓新的市场空间，构建跨界融合的生态系统。同时，企业应注重数据的采集、分析与应用，利用数据洞察来指导决策，实现更加精准和个性化的市场定位和服务提供，从而在激烈的市场竞争中脱颖而出。

企业在探索从发掘商业模式创新机遇到实现价值创造的全链条中，**数字能力扮演着核心支撑角色，具体体现为三大维度：识别数字机遇的能力、协同作业的数字化能力及全面数字化实施能力**。企业追求商业模式创新与数字经济发展的紧密结合与持续进化，须采纳适应数字化经济态势的"新思维模式"，秉持协作共赢及开放接受的态度，深化对数字经济本质及价值的认识，并将这种认识转换为捕捉数字化机会、认知其价值、加速数字化进程及整合数字资源的实践能力。企业应当依托数字技术的创新驱动，采取动态策略调整与逐步上升的发展路径，持续推动商业模式的革新，最终实现企业数字化转型的全面落地。此转型之路要求企业重视创新性思考的培育，主动寻找创造价值的新方式，建立与数字化生态相匹配的组织架构，合理调配资源，提高以数据为依据的决策效能，并构建一个反应敏捷、市场适应性强的数字化运营系统，确保在数字经济的蓬勃发展中稳固地位，保持竞争优势。

（1）**数字机会识别能力**。数字机会识别能力是指企业在面对快速变化的数字经济环境时，充分认识和即时响应变化，进而识别出对企业的开发、创新和变革存在价值的机会。准确地说，企业数字识别机会能力的决定因素包括产业机会识别、战略机会识别和消费者市场机会识别三个维度。战略机会识别是指预测未来发展方向，从而及时布局开发，主要包括洞察数字产业布局当前状况、技术进化、竞争状况、开发空间等，以及预测未来趋势。消费者市场机会识别是指数字经济，包括利润率、市场前景、组织消费者、消费者支出趋势、家庭消费者及个人消费者在内的竞争企业适用于相应的数字产业后，及时判断其他消费相关的预见因素，并实现未来发展趋势的预测。

这一"数字机会识别能力"的构建，可细化为三大核心维度。**产业机会识别**：这要求企业具备深入分析现有数字产业格局的能力，包括对技术发展趋势的敏锐洞察、竞争对手动态的全面掌握，以及对市场空白与潜力空间的准确评估。通过这些分析，企业能够预判行业的未来走向，及时调整战略方向，布局新兴领域或强化现有优势。**战略机会识别**：侧重于企业如何根据对数字产业的深刻理解，制定前瞻性的战略规划。这包括识别技术演进路径，评估新兴技术对业务模式可能产生的颠覆性影响，以及如何利用这些技术进步来开创新的市场或提升现有市场的竞争力。战略机会识别要求企业不仅要对现状有清晰的认识，还要有能力预见并准备应对未来的不确定性。**消费者市场机会识别**：关注的是在数字经济背景下，消费者行为与偏好的变化，以及这些变化如何为企业创造新的市场机遇。这涉及对不同消费群体（如组织消费者、家庭消费者和个人消费者）的细分需求、消费趋势、支付意愿等进行深入分析，从而预测未来市场走向，并据此开发符合消费者期待的产品或服务，或是优化用户体验。通过以上三个维度的综合考量，企业能够从宏观政策环境、产业趋势到微观市场需求等不同层面，全面审视数字经济中的机会空间，确保在制定策略时能够兼顾全局与细节，精准把握时机，及时布局，从而在数字经济的大潮中把握先机，推动企业创新和增长，实现数字经济环境下的可持续发展与框架性创新。

（2）**数字化功能**。在数字经济背景下，企业面临的挑战集中于如何实现持续性动态成长与商业模式的迭代创新。Xinxin等学者通过分析生鲜电商平台的数字化特性，借力KPMG零售数字化框架与"人—财—场"理念，从顾客互动性、商品创新策略、销售渠道最优化及经营效能提升四个层面上，设计了一套零售领域的数字功能交互模型，为洞察数字技术在新型商业模式中的角色搭建了一个综合分析框架。Mark的见解进一步强化了这一论点，强调数字化能力是企业运用革新模式整合资源、信息流及数字科技，旨在创造消费者差异化体验的关键力量，这涉及了数字化操作、业务流程革新及分销渠道的全面升级。结合外向型与内向型价值链理论，商业模式创新的数字化驱动机制可被精练为四大支柱：**供应链数字化、管理数字化、研发数字化和运营数字化**。供应链的数字化转型通过构建一体化数字平台，实现了供应链各节点的信息透明与智能化，提升了供应链的灵活性与成本效益比，加快了对市场变动的应对速率。管理层面的数字化，则利用大数据、人工智能等技术改造管理流程，如通过智能化工具来优化项目管理和财务控制，以及借助物联网技术改善生产流程，显著提升了管理效能和产品质量。研发活动的数字化聚焦于紧跟数字技术前沿，迅速将尖端科技融入产品与服务创新中，依靠科技创新力提高产品的市场竞争力，满足瞬息万变的市场需求，驱动业务扩张。至于运营的数字化，则侧重于创造沉浸式数字消费体验、推广无接触交易方式、提供个性化服务等，以提升顾客满意度，增强市场占有力，推动全渠道营销策略和精细化运营实践。这些构成企业从供应链到客户界面、自产品构思至市场渗透的全方位数字化战略体系，是企业改革升级与商业模式创新的根本。企业通过不懈优化和强化这些数字化能力，不仅能够在激烈的市场竞争中巩固并提升自身地位，还能够在数字经济的洪流中领航前行，确保长远的可持续性发展。

（3）**数字协同功能**。数字经济的颠覆性力量不仅体现在对传统时空限制的打破与价值创造体系的重塑上，还深刻改变了企业与消费者互动的方式、工作模式与组织结构，促进了商业模式的创新与优化。**在消费者互动与营销创新方面**，数字经济时代显著提高了消费者的主体地位，推动了从 B2C（business-to-customer）到 C2B 模式的转变。企业现在更加注重收集并分析消费者数据，利用大数据分析和人工智能技术，精准捕捉个体消费者的需求，实现个性化的产品设计、定制化服务与精准营销。这一转变不仅提升了消费体验，增强了品牌与消费者的连接，还促进了营销效率的大幅提升，帮助企业更好地适应市场细分和快速变化的消费者偏好。**在工作方式与组织形态的变革上**，数字经济极大地推动了工作灵活性与组织效率。远程办公、灵活工作制度和项目团队等新型工作模式的普及，不仅提高了工作效率，还提升了员工的工作满意度与生活质量。组织结构趋向扁平化和网络化，减少了管理层级，加速了信息流动和决策过程，使得企业能够更快地响应市场变化。此外，企业鼓励跨部门合作与知识共享，激发员工的创新潜能，形成了以团队合作和共创价值为核心的企业文化，这不仅提升了企业的创新能力，也增强了组织的适应性和韧性。Chen Chunhua 的观点强调了在数字经济时代，持续的动态适应、合作与创新对于企业和个人的重要性。企业和个人不再独立作战，而是需要通过广泛的内外部合作，共同应对复杂多变的市场环境。这种合作不仅体现在供应链上下游之间，也存在于企业与消费者、企业与企业，以及企业内部员工之间的紧密协作。通过构建协同合作的网络，企业和个人能够更智慧、更有效地应对挑战，共同推动社会经济的持续健康发展。

综合分析，数字创新功能构成了一个复合型系统，其中包括数字机遇辨识、数字化实施能力和数字协同作业等多个核心组件。这些要素相互交织，共同支撑起企业面向数字经济时代的战略部署。在当前的数字经济发展态势下，这些功能要素构成了企业探索和实施商业模式创新的基石。它们的强化与优化不仅对企业的市场定位、价值创造链的重构及价值捕获模式产生根本性影响，而且是推动商业模式全面革新的关键驱动力。本项研究致力于将数字机遇的识别、数字化能力的构建及数字环境下的协作机制这三大数字经济核心功能，与商业模式创新理论的三大核心维度——价值主张的创新（如何定义并传达独特的价值给目标客户）、价值创造与交付过程的创新（如何更高效、个性化地创造和传递价值）及价值获取机制的创新（如何设计盈利模式以实现价值回收）相结合，构建一套以数字经济功能为轴心的商业模式创新分析框架（见图3-2）。这一框架旨在为企业提供一个系统性的视角和工具，以指导其在数字经济背景下，如何有效地识别并把握新兴机遇，利用数字化手段深化价值创造，通过高效的协作模式加速价值流动，最终实现商业模式的迭代升级与持续创新。

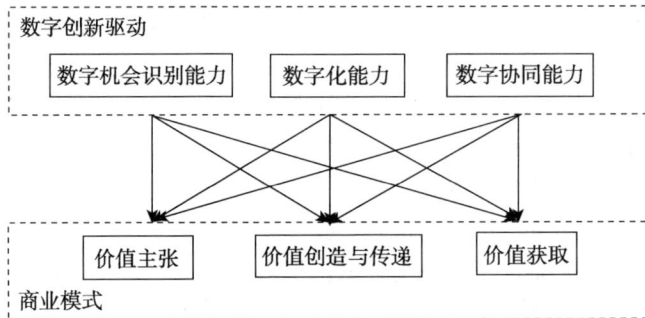

图 3-2　数字经济环境下数字经济能力驱动商业模式创新的框架模型

着眼于"数字经济环境要求数字经济力量的形成与培育→企业借助数字经济力量驱动商业模式创新→商业模式创新反过来塑造数字经济环境"视角，数字经济力量对于推动商业模式创新的重要性不言而喻。换言之，企业能否有效识别数字时代带来的机遇，是否具备将业务全面数字化并利用数字技术进行创新的能力，以及是否能够通过内外部协作实现资源的高效整合与价值共创，将直接决定其能否在数字经济环境中成功创新商业模式，从而在竞争中取得优势。而商业模式创新的成功实践，又将进一步塑造和优化数字经济环境，形成一个持续演进、相互促进的正向循环。因此，企业应高度重视数字经济功能的建设和提升，将其作为战略支点以推动商业模式创新，识别和抓住数字机会，实现业务数字化的全面推动，以及数字协作的强化，以优化价值创造与传递方式、创新价值主张、创新价值获取模式，从而在数字经济浪潮中实现商业模式的转型升级，赢得持续竞争优势。

3.3.2　数字创新驱动能力影响商业模式创新的路径分析

由上述框架模型可知，在商业模式创新路径中，数字创新驱动能力存在至关重要的影响，其主要体现在数字经济能力的三个核心维度上：数字机会识别能力、数字化能力和数字协同能力。它们分别与企业的价值主张构建、价值创造与传递过程及价值获取方式的创新发生作用，共同构成了数字经济能力推动商业模式整体创新的内在逻辑。**数字机会识别能力**影响企业的价值主张创新。具备敏锐的数字机会识别能力的企业，能够准确捕捉到数字经济环境中的市场趋势、技术革新、消费者需求变化等关键信息，并据此创新其价值主张，提供符合数字化时代特性的产品或服务，满足消费者对数字化体验、个性化需求、便捷性等的新期待。**数字化能力**影响企业的价值创造与传递创新。强大的数字化能力使企业能够将业务流程、产品服务、客户交互等全面数字化，通过大数据分析、人工智能、物联网等技术优化生产、运营与服务模式，提高效率、降低成本，同时实现个性化定制、实时互动等创新价值传递方式，提升客户价值感知。**数字协同能力**影响企业的价值获取创新。良好的数字协同能力使企业能够有效整合内部资源、外部合作伙伴及消费者，通过共建共享的数字平台、开放式创新、数据共享等方式，形成跨组织、跨行业的价值共创网络，创新盈利模式，如基于数据的增值服务、平台分成、订阅制等，拓宽价值获取渠道，提升价值捕获效率。

1. 数字机会识别能力对商业模式创新的影响

在数字经济蓬勃发展的背景下，商业模式的创新被视为一项充满探索与实验的动态旅程，而这一旅程的启航点，便是对数字机会的敏锐洞察与精准把握。企业要想在这股数字化浪潮中乘风破浪，必须具备一双洞察未来的慧眼，及时捕捉并分析数字技术演进的脉搏，积极响应政策导向，紧密跟踪环境变迁，深刻理解数字经济的发展趋势。这不仅要求企业做到对宏观趋势的宏观把控，还意味着要能微观洞悉消费者需求的微妙变化，利用大数据、人工智能等先进工具，实现对市场需求的精准预测与快速响应。更为重要的是，企业应致力于培养一种将外部变化与内部能力有效衔接的转化机制，即所谓的"数字机会转化能力"。这意味着企业不仅要对数字机会保持高度敏感，还要能够创造性地将这些机会内化为商业模式创新的源泉，通过不断地试错与迭代，将技术潜力、市场需求与企业核心竞争力巧妙融合，打造出既能满足市场需求又能引领行业潮流的新型商业模式。简言之，企业须在数字世界的广阔天地中，既做敏锐的观察者，又当勇敢的探险家，通过持续探索与实践，不断开辟商业模式创新的新航道。

（1）**数字机会识别能力对企业的价值主张创新起到关键作用，它能帮助企业敏锐地察觉到新市场需求，从而为商业模式创新指明方向。**在数字经济大潮中，商业模式的前端创新，尤其是价值主张的创新，成了企业转型升级和持续增长的关键引擎。随着新兴消费理念的普及、消费模式的多样化，以及消费者需求的日益个性化和快速变化，市场呈现出前所未有的复杂性和动态性。这不仅要求企业能够敏锐捕捉到市场中不断涌现的新机会，还必须灵活调整其价值主张，以满足消费者日益多元化和深层次的需求。数字机会识别能力在此过程中扮演着至关重要的角色。企业通过利用大数据分析、人工智能等先进数字技术，能够深入挖掘并实时监测微观市场需求波动、宏观产业趋势变化，以及中观行业政策导向，从而在纷繁复杂的市场环境中精准锁定创新机会。这种能力不仅帮助企业在众多数据中提炼出有价值的洞察，还能够预测市场未来趋势，为企业的战略决策提供科学依据。企业据此能够重新界定其目标市场细分，精确定位消费者的新需求，对原有的价值主张进行迭代升级，确保与消费者期望紧密契合。在精准识别与对接消费者需求的基础上，企业还需要通过产品和服务的持续创新，积极响应这些新期待。这包括但不限于开发个性化产品、提供定制化服务、优化用户体验，以及利用数字化平台提高用户参与度等策略。通过这些创新举措，企业不仅能够满足现有消费需求，还能预见并创造未来需求，引领市场趋势，构建起难以复制的竞争优势。最终，这将促进企业在数字经济时代下，实现价值创造与传递的高效循环，不断巩固和提高其市场地位，实现可持续发展。

（2）**数字机会识别能力对企业的价值创造和传递模式创新起着至关重要的推动作用。**在商业模式的中端环节，价值创造和传递作为连接前端价值主张与后端价值获取的桥梁，其创新性变革直接影响到整个商业模式的有效运转。价值创造与传递模式的创新焦点主要集中在以下四个方面。**主要资源：**识别并利用数字经济环境下的新型资源，如数据资源、数字技术、在线社区、用户共创等，以替代或补充传统资源，实现资源的高效利用和价值最大化。**主要活动：**运用数字技术优化或重构企业的核心业务活动，如研发、生产、营销、服务等，实现业务流程的数字化、智能化、网络化，提高运营效率，提升客户体验。**有价值网络和渠道**：构建开放、协作、共享的价值网络，通过平台化、生态化的方式连接多方参与者，形成共创共享的价值链。同时，利用数字化渠道（如电商平台、社交媒体、移动应用等）拓宽市场触达范围，实现精准营销和个性化服务。**营销渠道模式**：探索和实践新的营销渠道和模式，如内容营销、社交电商、直播带货、社群营销等，以适应消费者行为和媒介消费习惯的变化，提高营销效果和转化率。在数字经济环境下，企业通过数字机会识别能力，能够深入洞察和把握上述四个方面可能出现的变革趋势和潜在机会，有针对性地进行价值创造和传递模式的创新设计。

（3）数字机会识别能力在企业战略决策中占据核心地位，特别是在探索和利用新价值获取途径上。 这一能力不仅要求企业能够及时捕捉数字经济中涌现的新兴模式，如共享经济、平台经济及免费增值模式等，还必须能够深刻理解这些模式如何改变成本结构、减少成本支出，并开创多元化的收益渠道。通过这样的洞察力，企业能够灵活调整其商业实践，设计出既能吸引用户又能实现盈利的创新策略。以 360 防病毒软件的案例为鉴，该企业通过精准识别到数字时代用户对于安全软件的新型需求和接受度，创造性地采用了免费模式，颠覆了行业惯例，降低了消费者的进入门槛，实现了用户群体的迅速扩张。在此基础上，企业进一步利用庞大的用户基数，通过广告投放、增值服务和跨界合作（如金融服务）等多元化途径实现盈利，这不仅体现了数字机会识别能力在开拓新收入来源上的重要作用，也展示了如何在维持低边际成本的同时，创造和维护高价值的用户生态系统。因此，数字机会识别能力是企业应对数字经济时代挑战、抓住发展机遇的关键能力。它促使企业能够在成本优化与收入创新之间找到平衡点，构建起更加灵活、高效、可持续的商业模式。企业应当持续投资于数据分析、市场研究及战略规划，不断提升自身识别并利用数字机会的能力，以确保在快速变化的市场环境中持续领先，实现长期发展目标和价值最大化。

2. 数字化能力对商业模式创新的影响

数字经济的核心是数字知识和信息，而数字功能则扮演着企业有效驾驭这一新生产要素的关键角色。在推动商业模式创新的过程中，企业须借助数字功能，发掘新的价值主张、构建创新的价值传递方式、创造独特的价值，并通过识别数字机会能力，探寻适应数字经济环境的价值获取方法。要将商业模式创新理念转化为切实可行的实施方案并提升其实际效能，充分激活与优化数字功能显得至关重要。具体而言，数字功能在推动商业模式创新中的作用体现在以下几个方面。

（1）**数字化能力在商业模式创新中起着至关重要的作用，尤其是在数字经济环境中，它帮助企业迅速、准确地确定和实现价值主张。**在基于数字信息和知识的人工智能算法及大数据分析工具等先进数字技术应用下，企业能够实现以下方面。**精准洞察客户需求**：通过数字化功能收集并分析用户行为、消费偏好等数据，企业能够对目标顾客的需求实现深入理解，向客户提供定制化、个性化的产品、服务，进而完成独特价值的创造。**创新数字产品与服务**：利用数字供应链功能，企业能够快速迭代、优化产品设计，推出符合市场需求的数字化产品和服务。数字操作功能则确保了这些价值主张能够准确、高效地传达给客户，从而提升客户体验。**提升客户价值认知**：数字化管理功能带来的组织结构扁平化和信息透明化，有助于客户更好地认识自身价值，鼓励他们积极参与价值共创，主动分享价值。**动态监测与持续创新**：数字科学研究功能通过持续监测市场反馈、用户评价等数据，形成对价值提案和价值使用的动态评估。企业据此及时调整、更新和扩展数字化产品和服务，为顾客的价值创造和实现提供精准、有效的支持。

（2）**数字化能力在拓宽企业创造和传播价值途径方面发挥了关键作用。**在数字经济时代，数字技术的广泛应用正在对商业领域进行深层次的重塑，以数字平台为载体的价值共创与资源共享成为最具代表性的价值创造与供给模式。数字化能力帮助企业以全新的方式获取关键资源，开展创新业务活动，构建多元化的价值传递渠道，并构建起具有价值的新网络。**关键资源获取与价值共创**：通过数字化供应链能力，企业可结合移动互联网、大数据、云计算、开放式供应链平台等新技术与平台，使客户能快速、便捷地获取所需资源，共同参与到产品与服务的 C2B（customer-to-business）或 C2C（customer-to-customer）价值创造过程中。**营销渠道创新与客户体验提升**：数字化控制技术如 3D、VR 技术的应用，使得企业能够构建云展厅、在线直播等新型营销渠道，让客户在线即可参观展览并与主播实时互动。这不仅创新了营销方式，更显著提升了客户体验，强化了企业与客户之间的联系。**信息资产安全与价值传递追溯**：基于区块链加密技术的数字化管理功能，能够有效保护信息与资产的安全，同时在价值传递过程中建立起涵盖价值创造、传递、溯源的完整机制，确保价值流动的透明度与可信度。

（3）**数字协同能力在推动企业实现经济效益与社会效益双赢方面发挥着重要作用。**企业在传统市场竞争中以零和博弈为主导，过分关注经济效益而对社会效益有所忽视。然而，数字经济时代的到来革新了破坏性的收益模式和成本结构，使得企业与消费者之间的收益来源不再单一，而是吸引了更多合作伙伴共同参与，旨在降低成本、增加收益，并借助数字技术实现运营优化。以在线直播销售为例，通过直播的方式直接向消费者展示商品，企业得以省去传统模式下的线上线下协调成本和中介成本，使消费者以更优惠的价格购买到心仪的产品。此外，创新的价值供给体系，如基于平台经济的模式，不仅缩短了价值获取链条，而且通过运用数字化功能，如大数据分析、智能推荐、个性化服务等，企业得以优化服务流程、优化产品研发，实现服务效率和质量根本上的提升，使消费者满意度得到提高。这不仅使企业的市场份额和市场竞争力得到提升，更实现了企业价值的有效创造与获取。总体而言，数字化能力通过简化价值链条、革新收益模式、降低成本、提升服务质量和消费者满意度等多种途径，助力企业在数字经济环境中更高效、直接地实现价值获取，从而推动企业价值与商业模式创新最大化。

3. 数字协同能力对商业模式创新的影响

众多创新研究结果表明，协同能力显著地积极影响着商业模式创新。

（1）在重塑企业商业模式创新的进程中，数字协同能力担当了核心催化剂的角色，它能有效突破既定价值主张的框架，促进一个真正意义上的共同价值创造环境的建立。在数字化经济体系内，企业对外部合作的拓展达到了新的高度，促使其能跨越单个学科、地理界限及行业壁垒，搭建起一个多元化协同的网络。这样一种革新的相互依赖结构，淡化了传统商业边界的界定，从而使企业潜在的客户范畴不再局限于特定行业或领域，转而让每位个体均具备成为直接消费者、业务伙伴乃至增值主体的潜力，塑造出一个涉及多领域、多维度的目标受众群体。以"今日资讯"这一数字平台为例，其并未直接投身于内容创作，而是借助创新的互动策略，鼓励大量用户与多种媒介资源在平台上分享包括军事、娱乐等宽泛主题的信息。该平台凭借高超的大数据技术和人工智能运算手段，对用户活动展开深度剖析，进而在个性化内容推送方面取得了成效，开创了一种用户在内容消费与生产中双重角色并存的协同创新场景。在此框架下，用户非但能从平台搜寻到所需资讯，还能够积极参与到内容创新流程，贡献新奇观念。同时，用户的行为数据反过来进一步加深了平台对用户价值定位的理解，为商业模式的不断革新提供了宝贵的用户理解与策略指引。

（2）在数字化经济的浩瀚领域内，企业所具备的数字合作能力成了拓宽其价值创造与分配边界的首要推手。它既是开启新价值领域的关键，也构成了企业在数字化浪潮中稳固并提升竞争优势的核心策略点。时下，众多企业正致力于搭建数字桥梁，将客户、官方组织、终端用户及多元利益相关者紧密相连，促进信息与资源的无障碍流通，共同创造一个多层次、互动频繁的价值共创及传递生态系统。这种打破常规界限的协同机制，催生了一套新颖的协同管理模式，极大地扩展了价值创造的层次与跨度，同时强化了价值传递的效率与波及效果。实证分析揭示，数字协同在新兴市场经济体中展现出尤为积极的作用。例如，巴基斯坦等国家借助数字化转型与创新商业模型，实现了经济增长与社会福利的双重飞跃。在此发展路径中，金融机构、政府部门等外界伙伴的协同参与成为企业外部生态系统的关键支撑，为互联网金融、电子商务、政策引导、科技创新及小微企业管理等众多方面革新提供了坚实的后盾。数字技术与鼓励合作文化的深度融合，为提高协同能力提供了坚固基础，以确保商业模式创新的实效性与持续生命力。鉴于此，企业若想在全球一体化的数字竞争环境中脱颖而出，就必须破除传统观念枷锁，重塑价值观念体系，优化网络架构，更新经营策略，并且加强与所有利益相关方的协同互动。在这场转型升级的征途中，商业模式与价值网络的不断进化构成了企业动态创新的中心，驱使企业在全球化竞赛中拓宽更为宽广的价值创造与传递领域，共同绘制出数字经济新时代的宏伟蓝图。

（3）在数字经济时代，企业的数字协同能力成了促进其经济成果与社会影响力同步增长的关键力量。 过往以零和博弈为导向的市场环境促使企业偏重追求单一的经济利润，而牺牲了对社会福祉的关注。然而，现今评价企业价值的标准已超越了纯粹的经济尺度，涵盖了高效整合同步数字资本与资源的能力。通过协调多元利益主体，激活各参与方的积极性与创造力，企业能更有效地配置社会资源，培育一个共荣共生的生态系统，在确保经济效益的同时，也促进了社会效应的显著提高。尤其是新兴的数字企业模式，它们常采用核心服务免费开放，运营成本则依托赞助商与广告主分担的策略，有效吸引了庞大的用户群，为自身奠定了坚实的用户基数，并通过收益分享机制获得稳定回报。这一模式不仅支撑了企业的长久发展与经济自给自足，还确保了合作方及平台用户的多元化价值满足。新型的利益分配框架与成本构成机制，为企业从多种渠道、多个层面发掘价值提供了可能。此外，数字协同的深化运用、数字科技的嵌入，以及信息与数字资产的共享，使得这些企业能够深度整合供应链上下游资源，革新传统的价值链结构，破解价值创造与传递过程中的传统难题。这种模式转型不仅助力于行业痼疾的攻克与产业结构的升级，也与政府推动的现代化治理理念相契合，促成了传统产业布局的优化，整体上提升了社会福祉水平，达成了经济效益与社会价值的双重丰收。

通过深入的分析研究，对数字创新能力和商业模式要素进行了维度和级别的梳理，提取了数字经济能力对商业模式创新的影响路径，如图 3-3 所示。企业正在寻求新的价值创造、价值主张和交付模式，通过数字机会识别能力以实现价值获取的方法，从而缩短中间价值的获取过程。利用数字化协同能力打破壁垒的价值主张，实现联合创作、拓展创作模式的价值和传播，并建立获取共赢经济和社会效益机制，最终推动全面创新的商业模式。因此，数字经济中的资源配置因素正在转化为企业可持续发展的内部动态机制。

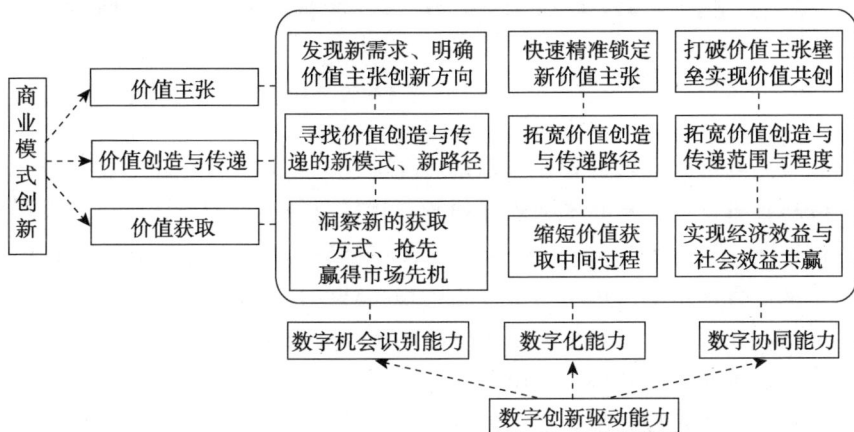

图 3-3   数字创新驱动能力影响商业模式创新的路径

3.4   本 章 小 结

本章从数字创新驱动的视角出发，首先定义了数字创新驱动是以数字化数据要素为核心，依靠数字技术支持产生新的模式和经济形态。从价值属性、技术属性和社会属性三个方面归纳出数字创新驱动的六大特征，分别是开放性、模块化、自生长性、融合性、收敛性和动态性。其次，通过对平台型企业的分析，结合中国市场的独特优势，系统介绍了中国情境下数字创新驱动平台型企业的特点，包括政策支持的战略优势、庞大市场规模的战略资产和优秀技术水平对创新研发的支持。最后，讨论环节揭示，这类平台企业在数字驱动下的创新模式，如何激发出新的商业实践形式，聚焦于数字机遇洞察力、数字化运用能力和跨组织的数字协作能力。这三者如何在企业价值提案的构思、价值创造与传播流程，以及价值捕获策略等三个层面上发挥作用，共同推进商业模式的全方位创新,实现了以数字创新为动力的商业革新目标。

第4章 平台型企业数字赋能机制分析

在探讨赋能机制的研究路径之前，让我们先回顾一下数字化时代背景下的关键点。近年来，互联网新媒体与数字化信息技术以前所未有的速度渗透至各行各业，极大地推动了我国数字经济的蓬勃发展。王冬彧和綦勇（2023）指出，这一进程不仅促进了组织环境的根本性变化，还拓宽了参与者范围，增强了他们之间的互动，加速了组织活动平台化的趋势。数字技术的应用不仅局限于经济模式的转换，更触及整个价值链，引领了一场深刻的数字化转型革命。它跨越物理界限，压缩时空距离，促进产业价值链各环节的紧密耦合，同时加速了产业集聚效应，引导企业向平台化与网络化转型。刘光强（2024）进一步强调了平台通过个性化服务、协同作业及模块化设计对新业务形态和模式的催化作用。平台企业因能高效整合资源，展现出独特的规模扩张能力，成为数据交换的关键节点（Veile et al.，2022），并在新时代经济版图中占据核心位置。如李兴申等人（2023）所述，它们是拉动经济增长的重要驱动力，激发了对平台商业模式内在逻辑的广泛研究兴趣。在此背景下，当前对数字赋能机制的研究主要沿循三条主线。

第一，组织结构权力配置与职责匹配。这类研究关注组织结构的权力分配与责任匹配问题，以促进员工自主决策、创新和责任承担。研究从组织赋能的视角入手，强调组织架构的制定应当以固定目标为中心，统筹各类别和职位间的权责安排，并利用职责划分来规定成员行为。通过精细的职责界定，不仅能够为员工提供清晰的行为导向，还能够激发他们的主动性，鼓励他们在规定的权限范围内自主作出决策，勇于创新并对其行为结果负责。这一做法有助于构建一个既有序又充满活力的组织环境。其中，每个成员都能在明确的职责框架内充分发挥潜能，共同推动组织朝向目标迈进，实现组织效能与个人成长的双赢。

第二，研究重点转向了赋能领导行为与员工心理感知之间的互动关系。这一领域主要围绕"关系赋能"的核心概念展开。一方面，研究深入探讨了领导者如何通过赋予下属更多的决策权限来实施赋能策略，这种行为模式旨在激发员工的自主性和责任感；另一方面，学界同样重视员工对于领导赋能行为的心理接纳和理解程度，即员工是否感受到被赋予权力和支持，以及这种感知如何影响他们的工作态度和行为。研究发现，当企业领导者积极展现赋能领导风格，如提供必要的资源、支持与信任，使员工感受到被授权和被重视时，这种行为与员工的主观认知形成了正向反馈循环。员工不仅在心理上感到更加被尊重和信任，还会在实际行动中表现出更高的团队承诺水平，工作投入度加大，以及在解决问题和创新思维方面展现出更强的能力。这是因为，当员工感知到领导的赋能意图并对此积极响应时，他们的自我效能感和工作满意度得到提升，进而促进了个人及团队整体的绩效增长和创新能力的释放。这种从领导行为到员工感知，再到组织效能提升的路径，凸显了在数字经济时代，赋能领导对于激发员工潜能、促进组织持续创新和适应变化的关键作用。

第三，消费者赋能。在大数据技术的驱动下，品牌企业正逐步利用社交媒体和其他数字化渠道，赋予消费者前所未有的参与权，让他们在产品和服务的价值创造链中扮演更积极的角色。与传统层级分明的组织架构相比，共享经济展现的是一种更为扁平、去中心化的组织形态，这自然减弱了对权力下放和严格权责划分的需求。在这里，企业与消费者（抑或是服务提供者）之间形成的是一种新型的"伙伴式"关系，而非传统企业内部的垂直管理结构，这从根本上区别于经典的权力分配逻辑。在共享经济模式下，企业与消费者的界限变得越来越模糊，两者在价值共创的过程中趋于融合，这一特点使得消费者赋能的概念超越了以往关系赋能理论的框架。传统理论往往聚焦于组织内部的赋能机制，而共享经济环境中的消费者赋能更多地体现为一种去中介化、去权威化的赋权过程，消费者在其中不仅是价值的接收者，更是共创价值的积极推动者。

因此，在探讨消费者赋能时，需要超越单纯赋予消费者参与权利的视角，深入分析在这一新的经济形态中，消费者如何通过自我学习、自我激励等内在动力机制，在产品或服务的创新与优化过程中实现动态成长，以及如何与企业共同进化，形成一种互动性更强、更为灵活的合作模式。这要求我们重新审视消费者在价值共创中的角色，理解他们如何在共享经济的生态系统中，不仅作为消费者，更作为创造者、合作者，实现自我赋权和价值提升的过程。本章基于对现有关于赋能机制文献的归纳总结，发现在数字创新驱动下，赋能机制主要分为数据赋能、结构赋能和生态赋能。在分析三种主要赋能机制的主要内容和过程基础上，本章将重点通过滴滴出行案例，来分析数据赋能在出行平台企业运营过程中所充当的角色，揭示数据赋能如何促进平台型企业与利益相关者共同创造价值的作用机制。

4.1 数字创新驱动背景下的三种赋能机制

数字经济的快速发展不仅推动了新技术的应用，也催生了企业运营和管理理念的深刻变革。其中，赋能机制作为推动企业数字化转型和价值创造的关键路径，其多元化趋势反映了数字化时代下组织适应性和创新能力的需求。

（1）**数据赋能机制**。数据赋能机制聚焦于如何有效利用数据资源，通过提高**连接能力**、**智能能力和分析能力**，为企业带来竞争优势。**连接能力**表现在通过数据技术打破信息壁垒，实现高效协同，为决策速度和精确度提供支持；**智能能力**则利用 AI、机器学习等技术深入挖掘数据价值，实现个性化服务和智能化决策；**分析能力**则侧重于数据的深度分析，提取关键信息，指导企业战略与运营。这三者共同构成了数据赋能的核心框架，帮助企业实现资源的高效配置和价值创造。

（2）**结构赋能机制**。结构赋能机制涉及企业内部组织架构和流程的数字化改造，旨在通过优化资源配置、提升决策效率和灵活性来提升企业的整体竞争力。这要求企业打破传统部门间的壁垒，构建更加灵活、敏捷的组织形态，如采用扁平化管理、跨职能团队等，以快速响应市场变化。结构赋能还强调了对数字技术的集成应用，如云计算、物联网等，重构生产和服务流程，实现效率和质量的双重提升。

（3）**生态赋能机制**。生态赋能机制关注的是企业如何通过构建开放合作的生态系统，整合内外部资源，形成协同创新的网络。在数字平台上，这一机制体现为协同赋能、生态赋能、场景赋能等。通过与不同合作伙伴的紧密协作，企业能够在特定场景下快速响应市场需求，共享资源和能力，互补优势，共同开拓新市场或深化现有市场服务。生态赋能机制强调的是一种共赢思维，通过构建平台和参与生态，实现价值共创与共享。

数字创新驱动下的赋能机制不仅仅是技术的应用，更是组织模式、思维方式和战略定位的全面革新。企业须灵活运用数据赋能、结构赋能和生态赋能等多种机制，以适应快速变化的市场环境，实现可持续发展和价值最大化。在这个过程中，对数字化能力的持续投资、跨领域的合作与创新，以及对客户需求的深刻理解，将成为成功的关键要素。

4.1.1 数据赋能机制

当前，学者们对大数据的研究主要聚焦于三大领域：一是深入探讨大数据本身的特征属性维度，二是从资源视角出发研究大数据，三是对数据价值的挖掘与探索。这三个方面共同构成了当前大数据研究的主体内容。数据赋能作为一种新兴的商业模式，已经在各行各业中得到了广泛的应用。它通过连接、智能和分析能力三个维度（赵文平等，2023），为企业提供了强大的支持和保障，从而推动了平台公司的价值共创和传统服务企业的转型绩效提升。

首先，基于大数据收集和分析的数据赋能能够精准地满足消费者的个性化和差异化需求。通过深入挖掘消费者行为、喜好和需求，企业能够预测消费者需求的变化趋势，及时调整产品和服务策略。拥有数据优势的服务企业不仅能够维持现有消费者的忠诚度，还能吸引更多潜在客户，满足其个性化需求。

其次，数据赋能对企业的运营优化与竞争力提升具有显著作用，能够提升产品质量与降低成本。通过实时监测和分析生产、销售、物流等环节产生的数据，企业能够精准识别流程中的瓶颈、浪费或质量问题，及时采取措施进行解决，从而提高产品质量，降低生产成本。数据驱动的精细化管理有助于企业实现精益生产和高效运营。降低信息获取与交易成本：数据赋能使得企业能够更便捷、高效地获取市场信息、消费者反馈、供应链动态等关键数据，降低了因信息不对称带来的决策风险和成本。同时，数字化工具，如电子合同、在线交易平台等能够简化交易流程，降低沟通成本，提升交易效率。提高环境适应性与战略响应速度：数据赋能使企业能够实时感知市场变化、竞争态势、政策导向等外部环境信息，快速作出策略调整。通过数据分析并预测市场趋势，企业能够提前布局，抓住商机，规避风险，确保在复杂多变的商业环境中实现预期绩效目标。推动传统服务企业数字化转型：数据赋能为传统服务行业提供了转型升级的抓手。例如，金融、教育、医疗等行业能够利用大数据、云计算、人工智能等技术，实现服务的线上化、智能化、个性化，满足消费者日益多元化、个性化的需求。远程线上办公、数字化管理和智能化服务等新模式，不仅有助于传统企业提升服务质量，拓宽服务边界，还能实现业务的快速拓展，提升整体绩效。

最后，数据赋能通过一条"赋能—价值共创—商业模式革新"的轨迹，激发了全新的业务形态和经济活动模式。这不仅要求企业深挖其内部数据资源与技术潜力，还强调了与外部伙伴，包括合作伙伴、供应商、消费者等建立深度协同的必要性，共同促进价值的联合创造。数据作为核心驱动力，不仅促进了单个企业内部的创新跃迁，也引领整个行业向更高效、更智能的方向发展。大数据技术的广泛应用，不仅革新了企业传统的运营模式，更为技术创新开辟了前所未有的路径。具体到技术创新的促进层面，数据赋能的影响可从几个核心维度观察。首先，**研发效率的显著提升**。数据赋能通过整合与解析跨渠道数据，极大地提高了企业对市场动态和消费者需求的敏感度，使企业能够快速校准研发方向，减少研发成本浪费，实现研发资源的精细化配置。例如，通过深入分析社交媒体和用户行为数据，企业能够迅速响应消费者偏好的细微变化，加快产品更新迭代的速度，缩短产品上市周期。其次，**技术创新成本的有效控制**。数据赋能打破了传统技术创新高成本、高风险的壁垒，通过云端平台和开放式创新社区等数字化工具，企业能够跨越地理和行业的界限，实现知识与技术的共享，减少重复研发的投资。同时，数据技术的普及降低了创新的门槛，使小型企业和初创企业也能利用丰富的公共数据资源进行低成本创新尝试，推动了技术创新的普及化。最后，**创新过程的彻底转型**。数据作为新型生产要素的核心，促使企业创新模式由线性封闭向开放协同的网络化模式转变。数据贯穿产品生命周期的每一个阶段，促进了敏捷生产和个性化服务的广泛应用。例如，大数据驱动的预测性维护技术能够预先识别并处理生产中的潜在故障，缩短停机时间和降低维护成本；个性化推荐系统的应用，则让企业能够更精准地满足消费者个性化需求，提升用户体验感和忠诚度。

由此可见，通过数据赋能，平台能够为用户提供更便捷的生活方式及其偏好度较高的产品，也可为企业提供用户体验及反馈等有价值的信息，对于新商业模式构建的成败起到了决定性的作用。**数据连接机制**是指企业利用网络来连接数字化产品，将同类型数字产品的数据集中到平台数据库，并在平台内各企业实现数据的有效共享；**智能机制**是指对由数字产品和互联网所生成的大量数据进行数字化加工并生成有价值的信息；**数据分析机制**是指从用户行为感知、动态资源分配和灵活分级服务三个子层面对数据智能的解析和应用。

4.1.2 结构赋能机制

结构赋能是指利用数字技术改善组织、机构、社会、经济和文化等外部客观环境，以增强行动者获取资源的权利和能力（Christens，2012；Leong et al.，2015）。聚焦于对外部环境的合理利用，利用数字平台与其他创新主体实现对接，以优化资源获取方式或消除满足需求的结构性障碍为目标。在新商业模式下，企业如何精准定位、如何锁定目标客户、设定怎样的价值主张对企业在激烈的竞争环境下保持并提高竞争力至关重要。为了实现这一目标，企业需要充分利用结构赋能的优势，进行以下几个方面的改进，如表4-1所示。

因此，构建高效运转的结构赋能机制是新商业模式取得成功的关键。结构赋能基于数据驱动的视角，改善外部条件及内外部资源的结构配置，如组织、制度、经济和文化条件等，以排除体制上的障碍，避免企业因障碍而无法获得资源或满足其需要。通过合理设定长远发展目标，形成多方之间的监督、共赢牵制机制；以利益分配合理比例为关键点，依托数据赋能，通过形成有机的企业内部结构，如内部沟通的扁平化、外部人脉的数字化、工作流程的无缝化，从而提高创业资源的供需各方互动合作动力。

表 4-1　改进方式及具体措施

改进方式	具体措施
数据驱动	企业应充分利用大数据、云计算、人工智能等技术手段，对市场、消费者、竞争对手等各方面的信息进行深入挖掘和分析，从而实现精准定位和目标客户的锁定。通过对数据的实时监控和分析，企业能够及时了解市场变化和消费者需求，从而调整产品和服务策略，提高市场竞争力
创新合作	企业应积极寻求与各类创新主体的合作，包括供应商、合作伙伴、政府机构等，共同开发新的产品和服务，以满足市场需求。通过合作，企业能够共享资源、降低风险，实现互利共赢
优化资源配置	企业应充分利用数字平台，实现资源的高效配置和利用。通过数字化管理和智能化服务，企业能够降低运营成本，提高运营效率。同时，企业还能够通过数字平台与其他创新主体实现对接，共享资源，实现优势互补
价值共创	企业应积极推动价值共创，与合作伙伴、供应商和客户共同创造价值。通过价值共创，企业能够实现商业模式的创新，提高盈利能力。同时，价值共创还有助于提高企业的品牌形象和社会责任感
持续学习与改进	企业应建立持续学习和改进的机制，不断提升自身的核心竞争力。通过学习先进的管理理念和技术手段，企业能够不断优化组织结构和业务流程，提高企业的适应能力和创新能力

资料来源：作者整理

4.1.3　生态赋能机制

　　生态赋能机制基于对影响自身获利的生态系统的数据分析，使平台型企业能够与其合作伙伴开展合作创新。这种赋能模式要求企业对以往固定的合作或竞争关系作出适应环境的改变，以实现生态环境内以往独立关系的企业之间的价值共创，从而打造出一个可持续发展的共赢生态环境。生态赋能着重强调了在生态系统中，各层级的企业通过构建错综复杂的网络化联系，跨越企业边界进行大规模的社会化协作互动。这种协作互动有助于企业获取可持续发展能力，提高市场竞争力和盈利能力。在这个过程中，企业能够通过数据驱动、创新合作、优化资源配置、价值共创等方面的改进，实现生态创新优势。对于平台型企业而言，生态赋能具有明显的阶段性特征。生态赋能初始范畴及证据援引如表 4-2 所示。

· 75 ·

表 4-2 生态赋能初始范畴及证据援引

范畴	初始范畴	典型证据援引
实现生态资源整合	业务资源协同	企业能通过外部联系人、智能办公电话等功能增强与上下游伙伴的连接，同时通过开放平台增强与第三方服务商的连接，实现生态层的资源协同
获得构建生态能力	数据资源协同	企业能通过自主研发或引进智能硬件设备，打破企业内部各部门、各系统间的数据孤立状态，实现数据的互联互通

资料来源：作者整理

在**试点阶段**，企业主要通过与合作伙伴的初步合作，探索生态系统内的合作关系和价值共创模式。在**复制阶段**，企业将试点阶段的经验和模式推广到更多的合作伙伴和业务领域，实现规模化发展。在**拓展阶段**，企业将进一步优化生态系统内的合作关系，拓展新的合作伙伴和业务领域，实现生态赋能的全面覆盖。生态赋能有利于整个平台生态系统中不同价值共创主体之间实现价值共创的转化。通过生态赋能，企业能够抓住新的组合机会，实现生态创新优势。同时，生态赋能还有助于提高企业的品牌形象和社会责任感，为企业赢得更多的市场份额和客户信任。生态赋能作为一种新兴的商业模式，为平台型企业提供了在激烈竞争环境下保持并提高竞争力的新途径。企业应充分利用生态赋能的优势，进行数据驱动、创新合作、优化资源配置、价值共创等方面的改进，以实现可持续发展。同时，企业还应关注生态赋能的阶段性特征，逐步推进试点、复制、拓展三个阶段的工作，以实现生态赋能的全面覆盖和持续优化。

生态赋能的主体已经不再局限于单一的平台或产业链上的某个特定个体，而是更加强调广泛的社会经济主体共同参与到一个协作融合、互为赋能的生态系统中。这种赋能模式重视全方位开放平台边界，构建起资源互补、共生共荣的联盟机制，所获得的能力是基于整个生态系统的协同发展与可持续性。在这一生态中，不同的平台型核心企业之间存在着既合作又竞争的关系。这种竞争并非简单的个体企业间的竞争，而是标准之争、规范之争、系统之争。当某一平台型核心企业在竞争中处于劣势时，付出的代价可能是其所推崇的技术标准的边缘化、平台框架结构的失效，甚至整个生态系统整体活力的下降。因此，平台型核心企业不仅要关注自身的发展，更要注重与生态内其他主体的良性互动，通过建立开放、公平、共赢的生态环境，实现整个生态系统的健康、可持续发展。

4.2 基于滴滴出行平台的数据赋能机制的案例研究

在数字化的背景下，数字技术能够促进新企业和消费者快速赋能，使得企业和消费者有更广泛的能力、更多的关系和体验；价值创造的主体正在发生转变，不再仅仅由企业单独主导，而是转变为由企业与消费者共同主导的新格局。在这种转变下，核心企业不仅与需求侧的消费者紧密合作，还与供给侧的利益相关者共同构建一个协同作用的服务网络，这一网络结构体现了服务产业链的整体性和互动性，产生了消费者、企业、数字平台等多元的价值共创网络结构。考虑到本章的重点是平台型企业的赋能机制研究，而在数字创新的驱动下，数据赋能发挥了巨大作用，对企业的多方面运营机制、互动机制都有彻底性的改变，因此本章主要探讨数据赋能对平台型企业的促进作用及对价值共创的重构作用。

4.2.1　案例选取

　　北京小桔科技有限公司，作为知名出行品牌"滴滴"的拥有者，由程维、吴睿和李响三位创始人共同创立于 2012 年 6 月。公司最初名为"滴滴打车"，并于次年正式更名为"滴滴出行"。2015 年 6 月 1 日，滴滴顺风车业务正式上线，旨在为用户提供经济实惠的共享出行服务，通过移动应用程序为用户带来便捷的出行体验。滴滴顺风车定价相较于滴滴快车更低，主要面向寻求成本节约的乘客和愿意分享空座资源的车主。自 2012 年 9 月起，滴滴出行在北京出租车市场启动了试点运营。随后，在 2014 年至 2023 年期间，滴滴出行业务版图迅速扩张，陆续在全国 400 多个城市推出了包括网约车、出租车、顺风车在内的多元化出行服务，覆盖了广泛的出行场景和用户需求。截至 2023 年，滴滴出行在中国网约专车及网约出租车市场上占据了超过 99% 的市场份额，牢固确立了其在国内出行市场的绝对领先地位。2023 年 6 月，滴滴出行平台进一步拓宽服务范畴，新增了快送业务，并与达达快送、闪送、UU 跑腿等三家企业建立了战略合作关系。这一合作旨在共同为用户提供小件物品的即时配送服务，包括"经济帮送"和"专人直送"等多种选择，以满足不同用户的配送需求，以及用户在日常生活和工作中对于快速、便捷配送的需求。此举标志着滴滴正式进军即时物流领域，进一步丰富和完善了其出行服务生态。同年 12 月 14 日，滴滴出行通过其官方微信公众号宣布，与亿通行和微信支付合作，在北京地区推出地铁乘车码服务。用户只需通过滴滴出行App 或微信小程序即可生成地铁乘车码，实现一键扫码过闸，享受无缝衔接的公共交通出行体验。这一举措不仅提升了用户乘坐地铁的便利性，也标志着滴滴出行在公共交通领域实现了重要布局，进一步完善了其出行服务生态，构建起涵盖私家车、公共交通、即时配送等多元出行方式的一站式出行服务平台。

　　选择滴滴出行作为案例研究对象，主要基于如下理由。

（1）**平台型企业典型性**。滴滴出行作为在线出行平台，能够直接连接乘客与司机，其平台角色显著，是典型的平台型企业。对滴滴出行赋能机制的分析，对于理解平台型企业如何通过赋能提升运营效率、优化用户体验具有较强的代表性。

（2）**现实意义**。滴滴出行专注于解决人们日常生活中"衣、食、住、行"四大基本需求中的"行"问题，对其研究有助于深入了解此类平台如何通过技术创新与模式创新，有效解决社会出行需求，具有鲜明的现实意义。

（3）**行业权威性与代表性**。作为移动出行领域的独角兽企业，滴滴出行在市场份额、品牌影响力、技术创新等方面均展现出行业领军者的实力。因此，以滴滴出行作为研究对象，所得出的研究结论具有较高的权威性和行业代表性，对其他同类企业乃至整个出行行业具有重要的参考价值。

4.2.2 案例描述与分析

本章基于赋能理论，根据滴滴在线出行平台运作模式划分服务层次，分析不同服务阶段的数据赋能推动企业价值共创的全过程，本研究致力于深入探索数据赋能如何提升在线出行平台的服务质量，并揭示其内在作用机理。我们的目标是，为平台企业在数据赋能的推动下，实现价值共创、共赢，以及服务品质的全面提升，提供具有实际意义的参考和指导。

1. 赋能理论

（1）**连接能力**。在滴滴出行的**试点阶段**，连接能力主要指小规模的司机与乘客群体与滴滴平台之间的初步连接，其划分依据为互动的频繁程度。此时，人与物、人与人之间的连接被视为一种相对弱化的连接形式。具体来说，**人与物的连接**体现在滴滴出行软件通过移动客户端将乘客与出租车资源间接地连接起来，打破了以往路边招手叫车的低效模式。乘客只需在智能手机上操作滴滴 App，即可发出乘车请求，系统将自动匹配附近的空闲出租车，实现供需对接。这种数字化连接方式极大地提升了叫车效率，改变了乘客与实体出租车之间的传统交互模式。**与人的连接**则体现在随着智能手机的普及，人们能够随时随地保持在线状态，随时发起或响应服务请求。在滴滴出行场景中，人与人之间的连接表现为"手机对手机"模式，即通过滴滴 App，供应方（安装并使用滴滴软件、愿意接单的出租车司机）与需求方（安装并使用滴滴软件、有打车需求的乘客）建立起间接的联系。尽管司机与乘客之间并未进行面对面的交流，但通过滴滴平台的中介作用，双方能够迅速匹配、完成交易，这种连接方式在试点阶段虽然相对简单，但已为后续大规模扩张和连接能力的强化奠定了基础。在试点阶段，滴滴出行的典型证据如表 4-3 所示。

表 4-3　试点阶段：滴滴出行的典型证据

二级构念	类型	典型证据援引
连接能力	人与人	过去司机满城空跑，现在滴滴将司机与乘客智能连接，提高了效率，节约了时间与成本
	人与物	滴滴在注册登录界面，注册烦琐
智能能力	用户行为感知	滴滴对于顾客的信息，包括用车的行为轨迹都是有记录的，能够为用户提供最佳匹配对象
分析能力	信息交换	在司乘双方订单结束后，司乘二人进行双向评价打分，滴滴由此判断用户使用滴滴打车过程中的行为，对不同等级的用户推行差异化服务与营销
互动合作	完善平台	注册登录界面，用户在这个页面的流失率是 90%
	优化服务	司机追求满分
资源整合	稳定调整	传统的出租车打车已经积累了大量的忠实用户群体，在出租车领域进行试点，因存在大量的司机群体，软件推广传播速度更快

资料来源：作者整理

　　复制阶段的**连接能力**在以下几个方面得到了显著体现。人与物：滴滴成功将出租车领域的运营模式横向复制到专车、快车、顺风车等六大业务中，从单一的出租车——司乘连接拓展为六大业务——司乘多维度连接，为不同用户提供多样化的出行服务，增强用户黏性。这一阶段，滴滴实现了从单一车型到多元车型的拓展，满足了不同层次用户、不同场景的出行需求，构建了全方位的出行服务体系。人与人：司机与乘客之间的关系经历了从单纯的交易关系向价值共创的转变。随着司乘群体的快速增长，打车成为更普遍的出行方式，优质的服务体验使得用户对滴滴平台产生高度认同感。尤其是对于兼职司机而言，打车服务不仅提供了额外收入，更带来了人脉的拓展，甚至可能蕴藏潜在的合作机会。通过打车服务形成的社交网络，滴滴培养了一大批忠诚的司乘群体，形成了强大的用户黏性与口碑效应。人与信息：随着司乘数量的急剧增长，滴滴平台积累了海量的用户行为数据与出行信息。平台利用大数据分析技术，将用户与这些信息有效连接，为用户提供个性化的信息服务，如智能路线规划、实时路况更新、个性化推荐等，进一步提升了用户的出行体验。**信息与信息**：滴滴通过大数据技术对平台上的信息进行深度挖掘与整合，实现信息与信息的高效连接。例如，通过分析用户的出行习惯、偏好等数据，平台能够精准匹配司乘需求，优化调度效率；通过分析交通流量、路况等数据，平台能够预测并缓解交通拥堵，提升城市出行效率。

　　在**扩张阶段**，滴滴的连接能力进一步深化，不仅在本领域内（如豪华车上线）拓展了服务类型，更在人与物、人与人、人与信息、信息与信息四个层面实现了全方位的连接。**人与物**：滴滴继续深化与各类出行工具的连接，如公交、豪华车等；并实现纵向扩张，将轿车、公交、自行车等出行方式全面打通，几乎覆盖了所有主流出行场景，实现了出行工具与用户的无缝对接。**人与人**：司机与乘客之间的连接依然是滴滴的核心属性。除复制阶段的六大业务外，滴滴在试点阶段还推出了豪华车服务，对司机与用户进行更精细化的细分，为高端用户提供高品质的出行服务。司乘与乘客之间建立的深厚连接效应持续发酵，形成了高用户黏性与忠诚度。**人与信息**：滴滴在试点阶段进一步扩大了人与信息的交互范围，用户能够获取更丰富、更精准的出行信息，如实时公交信息、个性化推荐等，大幅提升了出行效率与用户满意度。

（2）**智能能力**。在**试点阶段**，滴滴出行充分展现了其强大的智能能力，致力于提升用户体验与服务效率。用户注册滴滴后，通过设定起点位置，滴滴后台系统能够精确分析乘客与附近司机之间的实时距离，从而为乘客推荐最为合适的乘车类型（如快车、优享、专车等）及最优的乘车路线。这种智能化推荐不仅基于当前的交通状况，还考虑了不同车型的计费规则、预计到达时间等因素，确保乘客获得高效且经济的出行选择。在后续乘车过程中，滴滴的智能系统能够记忆用户的上下车地点，并根据上次行车轨迹，智能感知并主动为用户推荐可能的上下车位置，极大地简化了用户的操作流程，提升了出行的便利性。同时，从司机端来看，滴滴通过实时监测司机的 GPS 导航系统数据，精准预估并监督司机的起始点距离和预计乘车时间，有效防止了司机绕路行为，保障了乘客权益，也维护了平台公平、透明的运营环境。

进入**复制阶段**，滴滴的智能能力主要体现在"动态资源分配"上。面对车辆与乘客群体的流动性特点，滴滴的六大业务线及其细分客户群体对资源匹配提出了更高要求。滴滴依托其海量的数据存储与先进的算法技术，能够实时、动态地将乘客需求与周边大量可用司机进行精准匹配。系统不仅能考虑当前的供需状态，还能预测司机未来可能的行驶路径，以毫秒级的速度计算出从 A 点到 B 点的最佳路径，力求实现总行程时间最短，从而最大化平台运营效率，确保用户获得精准、及时的出行服务。

到了**扩张阶段**，滴滴的智能能力进一步体现在"灵活分级服务"上。在此阶段，滴滴在原有业务基础上，更加注重填补服务空白，将业务触角延伸至移动出行的各个细分领域，以全面满足不同用户群体的多样化出行需求。例如，智能公交服务优化了中低收入群体及中短途出行者的出行体验，提供经济、便捷的城市公共交通解决方案；而共享单车服务则为短途出行者，尤其是解决"最后一公里"问题提供了绿色、轻松的选择。通过这样的布局，滴滴成功实现了对用户收入水平（高、中、低）和出行距离（长途、中途、短途）的分级出行服务覆盖，构建起一个立体化、全方位的移动出行服务体系。这种精细化、差异化的服务模式，既彰显了滴滴强大的智能技术实力，也体现了其深入理解市场需求、持续创新服务模式的企业精神。

（3）**分析能力**。在**试点阶段**，滴滴出行早期，司机、平台与乘客之间的信息交换是产品设计与迭代的关键。具体表现在以下方面。**即时信息推送**：乘客实时了解司机位置与到达时间，减少等待，优化出行体验。**预约加价功能**：乘客以合理价格预约未来车辆，司机提前规划行程，避免空驶，实现司乘提前匹配。**呼叫等待功能**：高峰期或拥堵路段，系统反馈车辆调度需求，确保高效出行。**乘车互评机制**：通过司乘互评，滴滴后台分析司机评分，优先推荐高分司机；同时，根据乘客评分，优先推荐优质服务给高分乘客，形成良性互动。

复制阶段的主要特征体现在以下几个方面。**信息处理**：在与竞争对手的"补贴大战"中，滴滴订单量短时间内剧增近 50 倍，在海量用户交互和数据积累背景下，对数据信息的高效分析处理至关重要。**路径规划**：滴滴利用海量用户行驶数据，研发出先进的智能路径选择算法，从最低出行成本、最高司机效率和最优交通系统运行等多角度提升预估精度。**动态调价**：根据城市、时段、天气、交通状况及用户订单价值等因素，滴滴后台计算出订单加价数额及订单被接收的概率。当系统判断用户叫车成功率较低时，会基于历史数据和实时路况计算合理的加价金额，作为标准车费之外的调价，以提高订单吸引力。**奖励激励**：滴米调度系统运用大数据将乘客订单量化，并均衡分配给司机。同时，针对不同城市和时段的需求差异，采取精细化定向补贴策略，对需要补贴才能成交的订单进行适当补贴。**合乘拼车**：在顺风车服务中，乘客可选择是否拼车并输入人数，系统自动匹配顺路拼友。找到匹配拼友后，系统将合并订单推送给愿意接单的司机，实现资源优化利用。

在**扩张阶段**，滴滴的分析能力主要表现在"信息共享"上。**滴滴快送业务**：2023 年 6 月，滴滴出行新增滴滴快送业务，已接入达达快送、闪送、UU跑腿等多家公司，提供"经济帮送"和"专人直送"的小规模物品即时配送服务。**地铁乘车码服务**：12 月 14 日，滴滴出行，在微博上宣布与亿通行、微信支付合作，在北京推出地铁乘车码服务。目前，滴滴公交地铁乘车码已在北京、深圳、珠海、哈尔滨和贵阳等地上线运行。这些举措显示了滴滴在复制阶段取得成功后，持续进行业务纵向扩张，不断尝试涉足新的出行领域，以实现平台价值的最大化。

2. 价值共创

在试点阶段，滴滴平台致力于通过互动合作机制满足乘客实时、个性化和安全的出行需求。平台充分发挥智能能力和分析能力，构建起司机、用户与平台之间的紧密互动合作关系。**司机层面**：滴滴鼓励司机对出行软件进行积极反馈，如指出注册流程是否烦琐、抢单界面是否稳定等实际操作中遇到的问题，这样司机可以直接参与到软件的改进和完善过程中，不仅提升自身使用体验，同时也为平台优化服务提供了宝贵的"一线"意见。平台通过快速响应并解决司机反馈的问题，提高司机对平台的信任感和归属感，从而提高司机的活跃度和留存率。**乘客层面**：乘客同样可以就软件使用过程中遇到的问题进行反馈，如非就近原则导致的较长等待时间、高峰期难打车等痛点问题。这些反馈信息会被滴滴平台悉数纳入软件优化的考量之中，使乘客直接参与到提升平台服务质量的进程中，感受到自己的声音被重视，进一步提升乘客的使用满意度和忠诚度。**持续收集反馈与精准匹配需求**：滴滴平台持续收集用户多样且不重复的反馈信息，通过大数据分析和智能算法，精准匹配用户需求与软件设计，实现用户与平台之间的共同价值创造。这种模式不仅确保了平台服务始终贴近用户实际需求，而且形成了用户驱动的持续创新机制，使滴滴能够在激烈的市场竞争中保持敏锐的市场嗅觉和快速的响应能力。**双向评价机制与激励**：滴滴引入了双向评价机制，乘客可以对司机的服务进行评价，司机也可以对乘客的行为进行反馈。对评价高的用户给予奖励，如优惠券、积分等，以此激励司机提供优质服务，同时引导乘客遵守乘车规定，共同营造出一个高效、舒适、文明的出行环境。这种机制有助于形成良性的服务生态，促进平台、司机与乘客之间的和谐共生。

到了**复制阶段**，滴滴出行在初步验证互动合作机制的成功后，开始大规模推广其模式，主要通过细分用户管理和分享传播等手段强化互动合作。**细分用户管理**：滴滴运用大数据技术深度挖掘用户行为数据，构建精细化用户画像，了解用户的出行习惯、消费偏好、地域特征等信息。基于此，平台能够实现动态调价，根据供需关系、时段、地理区域等因素精确调整车费，既保证了司机收入，又维持了乘客接受度；同时，滴滴还能实施定向补贴策略，对特定用户群体或在特定场景下提供定制化的优惠，以吸引和保留各类用户，提升用户黏性。基于用户画像的分析结果，滴滴提供个性化的出行服务选项，如针对商务人士的预约专车服务、面向家庭用户的多人拼车服务、面向短途通勤者的顺风车服务等，满足不同用户群体的多元化出行需求，提高用户体验的满意度和平台使用的便捷性。**分享传播**：滴滴大力推行分享传播策略，通过发放大量补贴和优惠券，激励用户邀请好友注册和使用滴滴出行。用户在给亲朋好友分享折扣券的同时，自己也能获得额外奖励，如乘车金、积分等，从而形成用户自发的口碑传播效应，迅速扩大用户基数，培养用户的使用习惯，并建立起高度忠诚的用户社区。滴滴不仅强化了司机与乘客之间的连接，还通过产品设计和活动策划，促进不同行业、不同类型的司机与乘客之间，甚至乘客与乘客之间的高频率互动。例如，通过拼车功能，乘客可以在同一行程中相遇，增进社交体验；通过企业合作项目，将平台服务延伸至企业员工福利体系，增加用户触点。

到了**扩张阶段**，滴滴出行在巩固核心业务的基础上，全方位提升服务质量，拓宽业务边界，以实现全球一站式出行平台的战略目标。**优化乘客体验：** 滴滴推出一系列措施保障乘客利益，如取消"建议调度费"、设置动态调价双重封顶等，旨在确保价格透明合理，避免因临时性供需失衡导致的价格过高，提升乘客对平台公正性的感知。为解决"最后一公里"出行难题，滴滴推出了共享单车业务，无缝衔接公共交通系统，提升了整体出行解决方案的完整性，提高了产品竞争力。**多元化业务布局：** 滴滴进军公交领域，推出滴滴公交服务，整合城市公共交通资源，提供实时公交查询、定制公交等服务，丰富了出行选择。同时，上线滴滴豪华车服务，瞄准高端出行市场，提供尊享级乘车体验，满足不同层次用户的高品质出行需求。滴滴不断探索除轿车、公交车之外的新型出行模式，可能涉及电动滑板车、自动驾驶出租车、空中出行（如无人机、飞行汽车）等领域，旨在打造涵盖地面、空中等多元交通方式的未来出行生态系统。

4.2.3　滴滴出行平台运营机制分析

在线出行服务的三个主体，主要为**车辆供给方（司机）、出行需求方（乘客）和第三方在线出行平台**。平台在整个服务过程中充当为司乘双方提供信息和资源的中介角色，从而促进司乘双方达到各自需求的效果。拥有线下车辆（无论是否为自有车辆）并提供出行服务（即劳动提供者）的一方既是接受平台服务的对象，还是为其延伸、实现其价值的服务提供者，出行过程中的体验会影响司乘双方对平台的印象、评价，也会影响到在线出行服务的整体感知；从乘客角度来看，平台更像是司机的雇佣者，司机代替平台完成出行服务，于是司机与平台往往被视作不被区分服务的提供方，而乘客自身是纯粹的消费者。因此，本章将整个在线出行服务过程分为两大层次，即**线上连接服务层次和线下载客服务层次**。**线上连接服务层次**是指平台为有载客需求的司机和有出行需求的乘客提供信息匹配连接服务，平台是信息资源的提供者，在这一层次，司乘双方均被视为平台的用户，即平台的使用者。**线下载客服务层次**是指司乘双方均是主体，主要由司机为乘客提供服务完成并满足乘客的出行服务，而平台在此期间充当服务过程中的监督者，如提供监督车辆、导航等间接性的服务。同时，司机在完成载客服务的期间也会不断收到平台的派单任务，以便司机在完成手中的订单后能在短时间内再次接单，降低司机车辆的空载率，因此，司机在载客期间完成了为乘客的线上、线下的"双线"服务；乘客也接受了来自平台和司机提供的线上、线下的"双线"服务。根据上述分析可知，无论在何种服务层次上，乘客都扮演着纯粹的服务接收方；而作为有载客需求并提供劳动的司机具有平台用户和服务者的双重身份。

在线出行服务是指从乘客在移动设备端发起订单到实际乘车再到下车后对整个出行服务的评价，可将整个过程大致分为**线上匹配阶段、线下乘车阶段和后评价阶段**。**线上匹配阶段**属于线上连接服务层次，该阶段一端是乘客选择不同的端口进入滴滴出行平台（如平台的 App 或第三方提供的小程序接口等），将订单需求发布到出行平台再到订单被接收等待上车的整个过程；另一端是司机通过平台派单到移动设备 App 上再到确认订单、行驶到乘客等待地的整个过程，在这一阶段，平台为其用户提供直接服务，是服务流程价值创造的直接推动者。**线下乘车阶段**属于线下载客服务层次，该阶段是司乘双方完成线上连接司机接到乘客的出行过程。在此过程中，平台无法提供直接的监督，因此一直属于监管薄弱环节。然而，在这一过程中，用户感知会对用户出行体验及满意度产生直接影响。**后评价阶段**是指司机为乘客提供完乘车服务后，司乘双方对彼此作出评价的阶段，也是某次出行服务的终结点。可以看到，平台技术在整个在线出行服务过程中至关重要，起着监督、维护和调配等多重作用。由此可知，对于滴滴在线出行平台而言，技术和数据是形成核心竞争力、抢占市场份额的关键；同时，平台应用数据的能力也是决定用户满意度的重要因素。

4.2.4 数据赋能促进在线出行平台价值共创过程分析

在线出行服务平台作为一种典型的数字经济应用，其运行机制高度依赖于乘客的主动参与和即时互动，这就要求我们在分析其价值共创过程时，采用一种动态且细致的视角。遵循"行为—过程—结果"的分析逻辑，本章针对在线出行服务中各参与方的互动深度和频度在不同阶段的变化，将焦点放在三个核心环节：在线匹配、实际乘车体验及行程后的评价与反馈，以此来深入解构数据赋能如何在这些关键节点促进平台与用户之间的价值共创。

1. 线上匹配阶段数据赋能在线出行平台价值共创的作用机制分析

在这一初始阶段，数据赋能主要体现在通过算法优化供需匹配效率。平台利用大数据分析乘客的出行习惯、地理位置、时间偏好等信息，与司机的实时位置、服务历史等数据进行智能配对，不仅提升了匹配速度，还通过个性化推荐提高乘客满意度，初步构建起价值共创的基础。数据的深度挖掘和分析能力，让平台能够预判需求热点，动态调整价格策略，平衡供需，从而在源头上优化乘客体验，为价值共创的启动提供动力。

（1）**数据赋能**。基于技术支持，线上匹配阶段对于司乘双方而言都较为简单：乘客仅需打开滴滴出行平台，输入目前所在地和目的地并发起订单，等待司机接送即可；滴滴平台改进后，司机无须手动抢单，平台会根据司机的实时位置为司机推送距离司机较近的乘客订单，司机只需选择是否接送乘客，一旦确定便赶往乘客所在地。而平台在这一环节中要做很多准备工作，即平台需要为用户提供预测性分析并持续到乘客实际乘车之前。数据赋能影响线上匹配阶段主要体现为以下三种能力。

①**连接能力**。滴滴大脑通过其先进的数据处理和人工智能技术，展现了强大的连接能力，主要体现在以下几个方面。**预判与个性化服务**：滴滴大脑通过深度学习乘客的行为模式和出行习惯，能够在乘客实际发出请求前预测其出行需求，从而提前调度车辆，提高服务的响应速度和个性化程度。这种超前的场景化思维不仅提升了用户体验，也优化了车辆分配，减少了等待时间，确保了出行服务的即时性和便捷性。**深度挖掘出行场景**：平台深入分析各种出行场景，如上下班高峰期、节假日出行、特殊天气条件下的出行需求等，通过这些分析来优化服务策略，提供更加贴合用户需求的出行选项。例如，雨天自动推送带有雨具的车辆选项，或者在大型活动结束后，提前部署车辆在活动场馆出口，以应对可能出现的打车高峰。**强化司机与乘客的连接**：滴滴通过构建高效的匹配算法，不仅考虑距离和时间，还综合考虑司机的服务质量、乘客的偏好等因素，实现供需两端的最优匹配。同时，不同的业务线（如专车、快车、顺风车等）针对不同用户群体的需求，构建了多层次的服务体系，增强了司机和乘客之间的信任和提高了满意度。**信息交互与供需平衡**：通过实时分析大量运营数据，滴滴大脑能够动态调整价格策略、优化路线规划，确保在不同时间段和区域内的供需平衡。同时，平台提供丰富的信息交互渠道，包括行程分享、即时通信等功能，提高了乘客的安全感和司机的接单效率，实现了信息的高效流通和供需双方的有效沟通。

②**智能能力**。其主要表现为"用户行为感知"，从平台角度出发，司机和乘客均为平台的用户，平台设计的相关技术须满足双用户的需求。从司机的角度分析，平台根据城市各场景、各时段、各区域的交通情况，运用滴滴大脑加以预测，通过智能运行系统与精确计算，形成实时、动态、可预测的供求关系，为司机指明一条相对客流量大且交通堵塞情况较好的道路，并为

司机在这一路上进行派单。从乘客角度分析，滴滴出行平台根据用户多样化、个性化的需求，复制并推出八种不同类型的业务模式供乘客选择，在乘客选择了不同的出行产品后，不同类型的产品界面都有滴滴地图可显示乘客上下车地点、乘客预估的到达时间及所需花费的费用，给乘客以充分的心理预期。每个订单在行驶过程中会动态展示路径规划，防止乘客因不熟悉路段而被司机绕路的情况发生。

③分析能力。分析能力在滴滴平台的运营中扮演着至关重要的角色，具体体现在以下几个方面。**场景预测与供需匹配**：通过分析历史数据和实时数据，滴滴平台能够预测特定时段、区域的出行需求，结合司机分布情况，实现供需的精准匹配。这有助于缓解高峰时段的用车紧张，确保乘客在需要时能够快速找到合适的车辆；同时也确保司机能够高效接单，降低空驶率。**最优路径规划**：平台利用先进的地图数据和实时交通信息，为司机提供最优行驶路线，避免拥堵路段，缩短行程时间，提高行车效率。这对于提升乘客体验和司机满意度至关重要，同时也有助于节能减排，优化城市交通流。**智能调度系统**：基于大数据分析的智能调度系统，能够根据实时供需变化、天气状况、特殊事件等因素，动态调整派单策略。这不仅提升了乘客的乘车体验，减少了等待时间，也确保了司机的工作效率和收入水平。**服务信用管理**：滴滴平台通过分析司机的服务记录、乘客评价等数据，建立了完善的服务信用管理体系。高评分司机将获得更多的派单机会，激励司机提供优质服务。同时，乘客也能通过查看司机的信用评级来作出更安全、更放心的选择，提高了对平台的信任度。**信息共享与透明度**：平台为乘客和司机提供了一个信息高度透明的交流环境。乘客能够实时查看司机的位置、预计到达时间、费用估算等信息，而司机也能获取乘客的详细行程需求，这种信息的高效共享促进了双方的有效沟通，提升了整体服务体验。

（2）价值共创。通过上述分析可知，平台在线上匹配阶段充当着重要的角色，包括前期准备后期实行，平台既要为用户提供 App 交流平台及重要的线上信息，也要深层挖掘用户需求，多方面考虑如何提高用户匹配、连接的效率，是连接服务的提供方和价值共创的主要促进者。这里所指的用户包括上述提到的具有出行需求的乘客和具有以提供出行服务为生的司机。在在线匹配阶段，他们在服务方面都是需求方、主导方和受益者。因此，乘客在价值共创中扮演着主导角色，而司机则依附于乘客的需求和平台提供的便利。平台则基于用户主导逻辑提供服务，实现了价值共创。

2. 线下乘车阶段数据赋能在线出行平台价值共创的作用机制分析

进入实际乘车环节，数据赋能通过实时监控和通信技术，确保行程的安全与顺畅。例如，GPS 追踪、路线优化、实时交通信息推送等功能，不仅提升了行车效率，也为乘客带来了安全感。同时，车内环境、司机服务态度等数据的收集与分析，为持续提高服务质量提供了依据。这一阶段的价值共创更加侧重于通过技术手段保障服务质量和乘客体验，确保价值传递的顺畅进行。

（1）**数据赋能**。线下乘车阶段属于线下载客服务层次，该阶段是在线出行服务的核心环节，然而在这一阶段平台对用户体验和线下监管存在比较薄弱的问题，平台只能为用户提供间接的信息服务。对于平台型企业而言，这一阶段关系到用户的满意度和忠诚度，如何实现线上线下的联动，将线上的信息化运营与线下的精细化管理结合起来，形成相互促进、相互支持的局面，就成为平台的中心工作。从数字化转型和数据赋能的角度看，这也是传统信息型平台向智能型平台升级转型的关键，更是数据赋能未来出行的重要手段。

①连接能力。连接能力可总结为以下两点：一是，滴滴平台通过"滴禹"系统实现了与外部交通环境的紧密连接。"滴禹"系统作为滴滴平台专门开发的一款以解决城市交通拥堵问题为核心的智慧交通信息系统，通过规划、诱导等方式不仅为城市公交系统和市民提供了一站式出行解决方案，而且能实时对城市异常拥堵点进行报警和评测，为相关部门"治堵"问题提供数据支撑。基于"滴禹"系统，司机在提供载客服务过程中，能够随时通过移动设备看到前方路段的拥堵状况，从而提前做好准备，告诉乘客耐心等待或者换路而行。二是可以丰富司乘之间的连接对象。司乘双方面对面接触主要集中在乘车期间，该期间又是平台干预相对较少的阶段。为避免再次出现滴滴"抢劫案"等丑闻事件，提高安全保障和顾客体验感，平台为乘客专门设置了安全风险保障体系，包括语音提示、一键报警、全程录音、行程分享、添加紧急联系人等功能，不仅拓宽了乘客线上连接对象，提升了顾客的安全感，也增加了司乘之间的信任感，促进了双方的相互理解。

②智能能力。基于数字要素的智能能力，其能力的根本表现在对平台内外部资源的动态分配。在线出行服务与传统的出租车服务不同，平台在经历线上匹配阶段后，在出行过程中仍然提供精准、实时的路线规划和引导服务。另外，平台通过逐步开放功能来探索多元渠道的信息交互。平台通过与相关监管部门、客运物流公司、行业协会及专业科研机构等对接和共享资源，将资源与"滴禹"系统的数据进行开放集成，并与公共城市交管部门的指挥调度系统相互连接，强化数据赋能的外溢效应和辐射效应，从而加强城市交通通行，提升管理能力，重塑平台生态圈，提升数据赋能的社会与经济效益。

③分析能力。滴滴平台在为司机行车过程中提供的主要服务，集中体现在对路况实时信息的精准监测上。借助滴滴的"大脑"系统，平台能够实现

对潮汐车道、匝道控制及智慧信号灯等关键出行环节的实时监控。例如，平台能够利用数字技术对整个城市的路口进行全面扫描，进而自动分析道路的通行状态、缓行情况及拥堵路段的信号灯运行状况。通过对拥堵状况与信号灯控制之间的关联进行深入分析，平台能够提供实时分析功能，从而协助优化信号灯的控制策略，确保道路交通的流畅与高效。此外，在行车过程中，后台系统利用大数据分析，能够实现对车辆的实时控制，提高调度能力和路况分析能力。如果出现路线偏离、异常停车或乘客投诉等异常情况，滴滴会自动发出提醒或进行干预，以确保乘客的安全。同时，平台还会对司机的状态进行深入和实时监控，包括是否存在酒驾、疲劳驾驶或超速等问题。

（2）价值共创。在线下乘车阶段，司机和乘客进入具体服务层次。在此服务过程中，司机与乘客直接接触，司机和乘客的互动方式从线上迁移到线下，是完成出行服务的中心环节。司机在这一过程中成为出行服务的主要劳动者，乘客仍以消费者及需求者的身份存在。由此，平台的角色发生转变，成为间接服务方，如提供实时路况信息与车辆监控等服务，从而强化安全服务能力，为司机出行及乘客安全提供了保障。由此可见，在本阶段，价值共创主要由用户主导逻辑引领，司机与乘客直接参与并推动价值的创造过程，而平台则扮演着间接促进的角色。对于在线出行行业而言，未来的关注焦点应在于如何通过数据赋能有效介入这一阶段，以实现对乘车过程及路径的更好监督，进而提升服务质量和用户体验。

3. 后评价阶段数据赋能在线出行平台价值共创的作用机制分析

行程结束后，乘客的评价与反馈成为数据赋能的又一重要环节。平台通过分析用户评价、投诉记录等反馈数据，不仅能够及时调整服务策略，改进不足，还能通过正面评价激励司机提升服务质量，形成正向激励机制。这一阶段的价值共创在于促进平台服务的持续优化和用户忠诚度的提升，从而构建长期的信任与合作关系。

（1）数据赋能。后评价阶段是司机完成载客需求、乘客完成出行需求、司机、乘客和滴滴平台三方彼此分离的阶段，司机将进入下一个订单服务，而平台会为司乘双方提供费用计算服务、在线支付、在线评价反馈及投诉处理等服务。该阶段是单次在线出行服务的闭环，也是乘客感知、反馈、评价平台服务优劣的终点。

①连接能力。其主要表现在以下几方面。一是线下服务体验与线上评价的连接。随着移动支付技术的普及，在线支付使得在线出行的支付过程更加安全和便捷。乘客在抵达目的地时，能够随时利用滴滴平台提供的微信、支付宝或银行卡等第三方支付方式来支付出行费用。支付成功后，平台会自动

弹出评价界面，乘客可以选择是否评价，以及给予好评或差评。乘客的评价对平台和司机都非常重要。对平台来说，乘客的评价反映了他们对出行服务体验的感受，平台能够根据评价意识到自身在技术或制度方面的不足，并加以改进，以提升客户满意度。此外，现有乘客的评价也会对平台的潜在用户产生一定影响，一致的好评会对潜在用户有吸引作用，从而提高平台用户的黏性。对司机而言，乘客的评价会直接影响其工作时间、工作环境和工作方式等，平台实施的奖惩行为实际上是在行使解雇权（赵大伟和景爱萍，2019）。二是将消费和社会功能相结合。通过引入微信和支付宝等支付工具，平台不仅能够将支付能力和社交能力结合在一起，还能够通过支付服务来提高用户的黏性，进而提高支付环节的产品创新，或者帮助平台获得更多的银行服务。

②**智能能力**。智能能力在滴滴平台中体现的"灵活分级服务"，是通过先进的数据分析和智能算法来实现服务质量和用户体验的精细化管理。具体来说，这一机制在几个重要方面展现了其影响力。**动态服务评级**：平台利用复杂的算法模型，结合乘客的实时反馈和历史评价数据，对司机的服务水平进行动态分级。这种机制超越了简单的"好评"或"差评"，而是通过多维度评估（如准时率、服务态度、驾驶技能等）来形成更为精准的司机信用评价体系。**双向反馈循环**：通过乘客与司机之间的双向评价，建立了闭环的反馈系统。这不仅让乘客的声音得到重视，也使司机能够了解自己的服务表现，促使双方共同参与到服务质量的提升中。相较于传统单向评价，这种机制鼓励了更积极的互动和持续的改进。**激励与约束机制**：智能分级系统与司机的激励措施紧密挂钩，高信用等级的司机不仅能获得更多优质订单，还可能享有更高的奖金、补贴或其他奖励，这直接激励了司机提供更优质的服务。相反，低信用等级的司机面临更少的派单机会或需要通过提高服务来恢复等级，这构成了有效的约束机制，促使整体服务水平不断提升。**用户体验优化**：这种灵活分级服务机制确保乘客能够更频繁地接触到高质量的服务提供者，提高了乘车的安全感和舒适度。乘客能够根据司机的信用等级作出更符合自己期望的选择，提升了其对平台的信任和忠诚度。**持续学习与优化**：智能算法会持续学习和分析评价数据，不断优化评价体系和派单策略，以适应市场变化和用户需求的演进。这保证了平台服务的智能化、个性化水平持续提升，适应数字经济时代对服务质量的高要求。

③**分析能力**。后评价阶段作为某单次出行服务的最终阶段，从某种程度上也意味着下次出行服务的起点阶段，其结果会影响后续出行服务的线上匹配结果。事实上，滴滴平台司机每完成一单，都会形成一个评价结果，这些评价结果是海量的，必须借助数字能力对其进行重新划分等级，因为真实、

完整的服务体验对平台的信息反馈具有最贴切和最有价值的效果。

（2）**价值共创**。通过上述分析可知，在后评价阶段，司机和乘客遵循平台制定的规则行事，平台重新充当主导用户行为的角色，这主要体现在费用计算、在线支付及评价反馈、投诉处理等方面。平台利用数字技术对用户提供的反馈信息进行整合和重新分类，这是今后服务匹配、改善、提升的现实基础。因此，该阶段是平台主导的价值共创。

4.2.5 案例总结

基于政府政策及数字技术的支持，在线出行行业红利逐渐显现，吸引跨界资本不断涌入。在此背景下，高德打车、曹操出行等强有力的竞争者应运而生。挖掘市场需求、提高服务质量是在线出行企业的首要工作，数据赋能为解决这些挑战提供了新思路。

本章基于对滴滴出行平台发展的梳理，分析了滴滴出行单次订单从接收到完成的整个服务过程，并将整个出行过程分为两个服务层次：**线上连接服务层次和线下载客服务层次**。同时将这两个服务层次分为三个具体的服务阶段：**线上连接阶段、线下乘车阶段及后评价阶段**。在每个阶段，数据赋能分别在**连接能力、智能能力和分析能力**三个方面为出行服务提供便利，且在不同阶段遵循不同的价值共创逻辑。此外，本文认为，上述分析的三种赋能机制在平台运营过程中存在交互作用，平台型企业利用数据赋能将数字资源转化成数据资产，利用数据的可获得性和海量性，通过数据赋能的智能能力和分析能力对获得的数据进行结构调整，即结构赋能，为后续企业可持续发展提供强大驱动力，进而推动合作企业、竞争企业等利益相关者形成的生态系统发展，即生态赋能。而生态圈的繁荣会促进平台企业获得跨边作用，吸引更多用户、顾客加入平台生态圈，同时增强已有用户的黏性，用户使用过程中将会获得更多的数据资产，从而赋能平台发展。

一是**线上连接阶段**，用户根据各自需求在移动端发起订单，平台为其提供预测、信息匹配等线上服务，感知用户行为并对用户进行画像，深层挖掘用户需求，实现产品创新和接触点创新，这一服务阶段遵循的是用户主导逻辑。二是**线下乘车阶段**，司机为乘客提供直接服务，而平台利用大数据等技术将外部交通环境与司机线上设备连接、丰富乘客连接对象，进行实时监测，间接为用户提供服务，这一服务阶段遵循的是用户主导逻辑。三是**后评价阶段**，平台实现了线下体验和线上评价相连，根据评价划分司机服务等级，逆向推动在线出行服务的灵活分级，这一服务阶段遵循的是平台主导逻辑。后评价阶段既是单次服务的终点，也是下次服务的起点，其产生的海量数据，对平台型企业改进服务模式和提高用户体验、满意度都至关重要。平台型企业能够利用数字技术将积累的海量数据资源转化成数据资产，对其进行结构性剖析，获得数据的结构性赋能，提升平台型企业绩效，最终推动平台生态圈的繁荣。

4.3　数据赋能机制总结及建议

本章通过对现有研究成果的梳理，以及对典型平台型企业——在线出行平台企业的案例分析，得出以下几点有关数据赋能机制的总结及建议。

数据赋能不仅是企业边界的模糊，更是推动企业实现创新优势的重要动力。在数字经济的背景下，平台型企业需要充分利用数据赋能的优势，通过对企业运营流程、内部关系，以及利益分配机制等的重新构建，创造出可持续发展的强大动态能力。

首先，平台型企业须明确自身在产业链或业务流程中的独特角色。 这首先要求企业深入理解市场需求动态、竞争对手格局及自身核心竞争力，从而在高度竞争的市场环境中找准定位。清晰的定位有助于企业精准聚焦用户需求，提升市场竞争力。其次，平台型企业须深度探析并精准满足用户的多元化、个性化需求。在大数据时代背景下，用户需求呈现复杂多变的趋势。企业应善用数据分析工具，对用户行为模式、兴趣偏好及深层次需求进行深度剖析，并以此为基础提供更精准、个性化的商品与服务。精准满足用户需求有助于提升用户满意度与忠诚度，为企业的长期稳健发展奠定基础。最后，平台型企业须营造有利于服务创新与价值创造的组织环境。这涵盖了优化企业内部的组织架构、激励机制及人才队伍建设等多个层面。通过构建高效灵活的组织结构与激励制度，激发员工积极性与创新精神，提升企业运营效能与创新能力。同时，企业应高度重视人才培养与引进，构建优质人才梯队，为企业长远发展注入持久动力。在此过程中，平台型企业可扮演系统内资源整合者的角色，为供应链上下游的合作伙伴提供共享化、集约化的增值服务。这意味着企业可通过与各利益相关方的深度协作，实现资源共享、优势互补，共同提升整个生态系统的综合竞争力。通过推动产品与服务的协同创新，企业可强化在生态系统中的主导地位，实现规模效应与创新优势的双重叠加。

其次，数据赋能与价值共创之间存在着紧密的相辅相成关系，它们共同促进了平台型企业的持续成长。 在企业的不同发展阶段中，数据赋能通过资源供给、技术支持、知识共享、互动协作与服务创新等多种方式，有效地推动了平台型企业价值共创的进程，并帮助企业更好地识别商机、塑造竞争优势。为了充分发挥数据赋能对价值共创的转化作用，平台型企业应当积极构建与平台系统内各经济参与者之间平等、共享的合作关系，以实现共同发展和共赢的目标。这意味着企业须摒弃传统的零和竞争思维，转而建立互利共赢的伙伴关系，倡导资源共享与优势互补。通过深化与合作伙伴的紧密协作，企业不仅能更好地迎合用户需求、提升市场竞争力，还能通过共享经济理念，实现价值共创的深化与拓展。同时，平台型企业还须精心设计公正、透明的收益分配机制，持续创新制度与规则设计，构建平等合作的企业生态。这样既能确保各方在价值共创过程中得到合理回报，激发合作方的积极性与创新潜力，又能共同推动企业快速成长。在这一过程中，构建"共创价值、共享成长"的企业文化至关重要，它能鼓励员工积极参与价值共创，为企业发展贡献力量。此外，企业还须不断完善制度架构，为价值共创提供有力的制度保障，确保其顺利推进。

最后，**数据赋能行动在突破资源瓶颈、实现资源重构方面发挥着至关重要的作用**。在传统商业模式下，企业往往受制于自身资源限制，面临发展速度受限的困境。然而，数据赋能使得企业能够超越原有资源边界，将视角延伸至整个平台生态系统，推动不同价值共创主体间的协同互动与资源整合，构建起资源互补的生态格局。一方面，数据赋能助力企业发掘新的资源获取途径。通过对海量数据的深度分析与挖掘，企业得以洞察潜在的合作伙伴、市场需求与商业机遇，实现资源的低成本、高效率获取与整合。这种数据驱动的资源获取方式不仅降低了企业的搜寻成本，而且显著提升了资源的利用效率。另一方面，数据赋能有助于优化企业资源配置。在数据赋能过程中，企业能对既有资源进行全面审视与精细评估，识别资源配置中的短板与浪费，进而作出针对性的优化调整。优化资源配置不仅能够提升资源利用效率，降低运营成本，还有助于提高企业的盈利水平。此外，数据赋能还激发企业对既有资源进行创新性改造的动力。在数据赋能的引导下，企业能运用新技术、新模式、新思维，对既有资源进行适应市场需求与用户需求变化的创新升级。这种资源创新不仅有助于提升企业的市场竞争力，更能为企业开辟新的增长点。因此，面临资源瓶颈与资源冗余双重困境的企业，尤其是初创企业，实施数据赋能实践显得尤为重要。这一实践能够帮助企业突破资源限制，实现资源的高效重构，为企业的生存和发展注入强大动力。值得强调的是，相较于仅从单一维度进行赋能实践，采用多维度赋能组合的方式更能显著提升企业资源整合与重构的效率，进而有效推动企业绩效的提升。

第5章 数字创新驱动平台型企业价值共创的实现机理

数字经济技术的迅猛发展深刻塑造了平台型企业的发展格局，同时也在根本上改变了传统产业链和价值链的生态模式。这种深刻的影响不仅在于丰富了产业的内涵和层次，更在于其为经济发展注入了新的动能，显著提升了推动效率。在这个数字经济时代，平台型企业通过更高效的数字化运营和创新模式，成功地将各个环节串联起来，形成协同合作的生态系统，为产业链和价值链的发展带来了前所未有的活力。这种变革不仅是对传统业务方式的全面升级，更是对整体经济体系的积极推动，为社会创造了更为广泛和持久的利益。本书在梳理了数字创新驱动平台企业的内涵和特征，以及数字技术在平台型企业中的赋能机制之后，需要深入研究数字技术的应用。其中，借助价值共创理论是实现平台型企业创新的重要手段之一。数字创新驱动平台型企业实现价值共创主要包括用户参与、合作伙伴协同创新，以及企业内外部的协同和创新等过程。通过数字技术的引导，平台型企业能够有效吸收用户知识和反馈，理解用户需求的微妙差异，从而获得竞争优势资源。数字化合作平台和工具提高了与合作伙伴的高效沟通和协同创新效率，加速了创新的速度和广度。企业内部的数字化沟通和协同工具促使各部门更紧密协作，提高内部创新效率。这些因素共同推动了平台型企业通过数字技术实现与用户、合作伙伴和内部的良性互动，共同创造和分享价值，进而推动企业的持续发展。

为此，需要研究价值共创在平台型企业中的实现机理。首先，通过用户参与，创业者和企业能够吸收用户的知识，真正了解用户需求的细微差别，获得更多反馈、隐性需求及新见解。用户参与不仅是竞争优势资源，更有可能改变项目的短期结果并创造企业长期竞争优势。因此，应将用户参与纳入创业过程，与创业者一起最大化价值创造。本部分的**创新之处**在于，没有将理论知识作为主要内容，而是将理论与案例相结合，内容生动易懂。本文针对提出的内容进行了实证分析，证明了内容的真实性。综上所述，本部分将通过对数字创新驱动的用户参与和价值共创的动机、行为，以及价值共创在企业内部、外部及内外部的实践路径研究进行梳理，总结目前价值共创在平台型企业的实现方式，为新型平台型企业的发展提供建议。

5.1 用户参与价值共创的动机与行为分析

5.1.1 用户是价值共创的主体之一

自 20 世纪 80 年代中期以来，利益相关者理论在西方资本主义国家引起了广泛的关注。传统的价值评估理论主要将股东利益置于至高无上的地位，将其视为企业价值的主要驱动因素。然而，利益相关者理论则主张更广泛地考虑所有利益相关方，其中也包括股东。这些利益相关者为企业的生存和发展作出了特定的投资，承担了经营风险或作出了牺牲，因此应该分享企业的所有权。自 1963 年斯坦福研究所首次提出利益相关者概念以来，已经涌现出了许多对该理论的阐述。其中，弗里曼和克拉克森的观点颇具代表性。弗里曼（1984）将利益相关者定义为能够影响组织目标实现或受到组织目标实现过程影响的人员。他的定义包括了广泛的参与者，如股东、员工、供应商以及公众、社区和媒体等，这些参与者都具有影响企业活动的能力。克拉克森（1994）则强调了利益相关者在企业中的实际和人力资本投入，以及所承担的风险，从而突显了其专门的投资性质。这两种概念的对比表明，利益相关者定义的趋势是向着更加具体和集中的方向发展的。

利益相关者理论强调企业由各利益相关方组成，这些利益相关方通过投资自身特有资本参与企业的活动，并承担相应风险。不同于主流观点的股东价值最大化，利益相关者理论强调统筹管理各利益方的关系以实现可持续发展并最大限度地满足各利益相关方的需求。企业的核心目标已经从单一的股东价值转向各利益相关方的共同利益实现，这是因为企业的价值创造活动依赖于各种利益相关者的专有投入。因此，企业不应只关注单个利益相关方的利益需求，而是整体上满足利益相关者的需求，以实现企业的长期价值。

在当今的商业环境中，用户不再仅被视作需求的提出者，而已逐渐转变成为参与和创造过程的重要角色。此种转变源于对用户角色深层次的理解和重定义，强调了用户在商业交易中的主动性和创造性。随着用户与传统企业之间的边界逐渐模糊，一种全面参与的模式开始显现，这不仅促进了供需双方的高效匹配，而且在共享平台的背景下，众多参与者的汇集大幅度扩展了供需规模，增加了资源与需求的多样性。这种模式不仅优化了资源分配，还能够实现资源利用的倍增效益，进一步创造更多的社会和经济价值。

　　价值共创的过程主要涉及企业与用户的协作，特别是在本文研究的平台型企业背景下，这类企业与传统的制造型企业存在显著差异。平台型企业专注于为用户提供一个交易的场所，而不直接参与产品的设计、开发和生产过程。从服务生产的角度出发，本书将参与价值共创的各方归类为服务提供者、服务消费者及平台企业本身，进而深入探讨了各方在价值创造过程中扮演的独特角色。此分析框架强调了在现代商业模式中，尤其是服务和平台经济背景下，价值共创过程的复杂性和多元性。

　　现代平台型商业模式的核心在于其能够促进多方参与、价值共创的生态系统。在这个系统中，消费者和供应方的角色变得更为灵活和多元，远远超越了传统商业模式的界限，展现出以下特点。**消费者与服务供应者身份的融合**：消费者不再是单纯的商品或服务接受者，他们能够通过评价、推荐、内容创造等方式参与到产品和服务的改进中，成为价值创造的一部分。例如，淘宝的用户评价、Uber 的司机评价系统，都是消费者反馈直接影响服务提供者声誉和市场地位的例子。同时，一些消费者也可能在不同场合成为服务提供者，如兼职的 Uber 司机或偶尔出租房间的 Airbnb 房东，体现了用户身份的双重性。**服务供应方的自主性和多样性**：共享经济平台降低了市场准入门槛，使得个体能够更自由地提供服务，从而促进了服务的多样化和个性化。这种模式赋予了供应方更大的自主权，使他们能够根据自己的时间、兴趣和能力灵活选择服务类型和工作时间，同时在多个平台间流动，寻求最有利的市场机会。这种灵活性不仅增强了市场的活力，也促进了服务的不断创新。**平台作为价值共创的中介与促进者**：平台企业通过技术手段，如智能匹配算法、信用评价系统、安全支付保障等，降低了交易成本，增强了交易双方的信任，为价值共创提供了基础设施。平台通过整合信息资源，实现了供需高效匹配，同时也通过数据分析深入了解用户需求，指导服务的优化和创新。此外，平台还承担着规范市场行为、保护用户权益的责任，确保交易环境的公平与安全。**从去中介化到再中介化的转变**：尽管共享经济最初被视为对传统中介的挑战，但实际上，平台自身成了新型的、更为高效的中介。这种中介不仅没有阻碍市场效率，反而通过技术手段优化了资源配置，使得交易更加透明、便捷。平台通过提供信任机制、标准化服务流程、技术支持等，实际上重构了传统市场的中介功能，促进了更广泛的社会参与和经济活动。

　　服务消费方，即用户，在价值共创的过程中扮演着至关重要的角色。他们的参与不仅对服务供应方产生影响，同时也对企业平台本身的运营和发展产生着深远的影响。通过平台，消费者主动搜寻和分享关于产品的信息和个人体验，这种行为在决策过程中起着关键作用。为了更有效地聚合这些信息，许多企业、品牌忠实粉丝或第三方机构创建了以特定品牌或产品为核心的社交网络平台，目的是构建一个围绕相同兴趣或品牌的社群。在这样的社交网络中，消费者不仅是信息的接收者，更是信息流通和扩散的关键节点。

企业和品牌能够利用这些社交网络平台与消费者进行直接互动，从而收集宝贵的建议、反馈及产品设计的灵感。这种消费者之间的互动和信息共享，为企业提供了获取创新思路和品牌创意的重要途径。通过这种方式，消费者的角色从被动的信息接收者转变为积极的价值共创参与者，对产品和服务的发展方向产生了实质性的影响。通过企业平台，如小米米柚社区等，企业能够进一步了解消费者的需求，解决消费者的难题。而服务供应商也能够根据用户在平台上的需求，做出用户喜欢的产品，提供给企业平台。企业平台利用用户信息反馈影响购买决策和产品使用。在数字化消费中，社交网络商务为顾客和企业共创价值提供新平台，企业通过社交媒体转化品牌认知为购买行为。社交电商模式增强平台交互性，让用户推荐产品，与品牌合作获得利益。所以用户参与在平台型企业中发挥着极大的作用，用户是参与价值共创的主体之一。

5.1.2 用户参与价值共创的动机

动机是驱动个体行为的关键因素，特别是在用户参与行为中的作用至关重要。在价值共创过程中，理解和满足用户的动机是推动创新和合作的关键。近年来，用户参与价值共创的作用得到越来越多行业的认可。举例来说，惠而浦公司采用了移动产品实验室的创新方法。该实验室不同于传统的研发中心，能够移动到目标客户的家中，与客户直接交流，了解他们的生活方式和需求。通过与客户共同开发新产品，惠而浦公司成功地维持了行业最低水平的产品失败率，提高了产品的市场适应性和用户满意度。类似地，在阿迪达斯公司的 MIAdidas、苹果公司的 iPod 及 Google 的在线产品测试中，用户也扮演着关键角色。用户的反馈和参与帮助这些公司更好地理解市场需求，优化产品设计，并提供更贴近用户期望的解决方案。这些例子突显了用户参与新产品开发过程所发挥的重要作用，从而推动了创新和行业发展。因此，分析用户参与价值共创的动因就显得十分重要，本书便从以下几个方面分析用户参与价值共创的动机。

首先，消费者对产品的期望便是用户参与价值共创的动因之一。消费者在使用某种物品时，发现某种物品可能在某方面存在缺陷，那么消费者就会对该物品有某方面的期望。这种物品有可能是某种产品（如 Apple iPad）、产品类别（如汽车），或者是他们感兴趣的产品类别的各种创新项目。这取决于消费者参与的类型、品牌、产品或任务。他们可能对他们感兴趣的产品的特殊性有更明确的期望。品牌爱好者，如奥迪粉丝，可能会参与奥迪提供的共同创造项目，但不会为宝马或奔驰作出贡献。例如，对汽车产品类别感兴趣的消费者可能会参与涉及汽车开发而非运动器材的创新项目。参与创新的消费者可能会参与所有类型的创新项目，但并非所有的共同创造任务。对手机产品类别感兴趣的消费者会参加手机展等活动，并能够得到不同手机的优缺点，但不会参加美食等共创活动。消费者的期望也可能因创新任务和他们感兴趣的创新过程的阶段而异。一些消费者可能对产生新的想法和解决方案更感兴趣，而另一些消费者可能更喜欢对产品概念的评估和选择。所以说消费者的期望是用户参与价值共创的动机之一。

其次，获得激励也是用户参与价值共创的动机之一。 消费者可能会因为某些奖励，而积极地参加价值共创。激励可以分为非金钱激励（如反馈、热情的感谢或官方命名为共同开发者）和金钱激励（如根据所付出的努力、参与产品成功、特别优惠、赠品、彩票或抽奖）。激励措施可能会激发已经具有内在动机的消费者做出更多甚至更好的贡献或吸引更多对该主题感兴趣的消费者。江小白公司在 2018 年年初借助社交媒体热潮发起的"柠檬气泡酒"共创案例，展示了用户参与动机在价值共创中的作用。当江小白与雪碧混合饮用的方式在抖音、快手、微博等平台走红，并被网友命名为"情人的眼泪"时，江小白公司捕捉到了这一用户创新趋势，并主动邀请社交媒体上的用户参与"柠檬气泡酒"产品的共创过程。公司制定了一个包含 200 多人的用户名单，向他们发送邀请，最终 115 位用户响应了邀请参加了品牌创造者大会。在这次大会上，江小白公司不仅公布了新产品在天猫平台上前两个月的销售业绩，还以实际利润的一部分作为回馈，向参与共创的用户每人发放了1833.86 元的红包，同时还推出了其他激励机制以促进用户参与到产品设计中。

但是，提供有吸引力的激励措施也是有弊端的，消费者可能会因为激励措施而突然参与虚拟共创项目，但没有作出实际的贡献。另外，金钱激励可能会排挤用户的内在动机。例如，最初将虚拟共同创造视为一种有趣且有益活动的消费者可能会突然开始隐藏他们的想法，认为可以通过出售它们获得一些经济利益，或者可能会感到自己的想法被公司滥用，因为所提供的外部激励措施并没有为他们的贡献提供公平的补偿。

参与强度涉及消费者愿意参与虚拟共创活动的频率和小时数。一些消费者可能准备只进行一次短时间的共创活动，而另一些消费者则有兴趣持续合作，花费大量时间。例如，虽然有些消费者只参加了一次施华洛世奇手表设计比赛来提交他们的设计，但其他人参加了多达 50 次比赛以提交多个设计、投票和评论他人的设计，并与其他参与者建立关系。这样参与一次的消费者可能没有得到奖励，但是参与多次的消费者得奖的概率就大大提高了，从而也会破坏公平。所以激励措施的合理构建对用户来说至关重要，良好的激励措施不仅能够提高企业的创新动力，也能改善企业与用户之间的关系。但是如果激励措施设置得不够得当，那么就会起不到什么作用。

最后，**社交动机作为用户参与价值共创的关键驱动力，揭示了数字经济时代企业与消费者互动的新模式**。它强调了消费者在品牌生态系统中的主动角色，以及他们通过社交互动共同创造价值的重要性。主要包括以下几个方面。**社交互动促进深度参与**：社交动机鼓励消费者在品牌社区中不仅作为被动接收者，也作为积极参与者，与品牌、其他消费者，甚至创新者进行互动。这种参与超越了交易层面，建立在共同兴趣、信任和归属感之上，形成了一种更加稳固和有意义的连接。**知识共享与问题解决**：社交驱动的社区促进了知识的自由流动和集体智慧的发挥，用户在这里共同解决难题，分享最佳实践，推动了创新和产品改进。这种开放式的合作模式加快了问题解决速度，提升了产品或服务的迭代效率，也提升了用户对最终产品的满意度和认同感。**品牌忠诚度与口碑效应**：基于社交动机的互动搭建了消费者与品牌之间的情感纽带，提升了品牌忠诚度。满意的用户往往会通过口碑推荐给亲朋好友，进一步提升品牌影响力和扩大市场份额。在社交媒体和在线社区的放大效应下，这种正面口碑的传播尤为迅速和广泛。**个性化与定制化**：社交参与使企业能够更直接地了解消费者需求和偏好，从而提供更加个性化和定制化的产品或服务。这种个性化不仅满足了消费者的独特需求，也提升了产品的市场竞争力和差异化优势。**市场适应性和创新性**：顾客参与缩短了企业对市场反馈的响应时间，使产品能够更快适应市场变化，提高创新速度。顾客作为产品开发过程的共同创造者，他们的直接反馈和创意输入，为企业带来了宝贵的市场洞察，降低了错误投资的风险，提升了产品上市的成功率。**信任与合作机制**：社交互动增强了消费者之间的信任，同时也加深了消费者对品牌的信任。这种信任基础上的合作，不仅减少了监控成本，还促进了更为健康和持久的市场关系，为持续的价值共创奠定了基础。

5.1.3 用户参与价值共创的行为分析

Yi 和 Gong（2012）构建了价值共创三级因子模型，将顾客公民行为与参与行为作为价值共创行为的二级因子，且每个因子包含四个三级因子，如图5-1 所示。

根据 Borman 和 Motowidlo（1993）提出的员工绩效模型，将其应用于消费者消费情境，特别是将工作环境中的任务绩效和背景绩效概念转化为消费者的参与行为和公民行为。任务绩效关联于工作任务、个人能力、任务完成的熟练度和工作知识，是衡量工作是否有效完成的标准。在消费环境中，这转化为消费者在服务提供过程中所展现的行为，如信息搜索、分享、承担责任和人际交往等，这些行为构成了参与行为。而背景绩效，与组织特性紧密相关，涉及员工基于个人意愿进行的额外行为，对消费者来说，则体现为反馈、推荐等超出责任范围的行为，即公民行为。在数字平台企业中，人际互动特别突出，用户行为更为多元，也更频繁地涉及角色之外的行为。

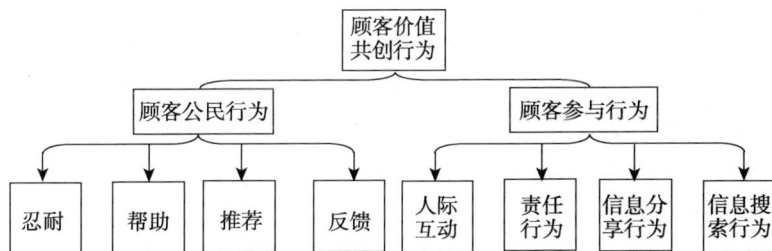

图 5-1　顾客价值共创行为三级因子模型

本章的分析揭示了数字平台如何通过促进资源用户的**参与行为**、**互动行为**和**推荐行为**来构建一个充满活力的价值共创生态系统。这一过程不仅提升了平台的竞争力，还深刻改变了用户参与经济活动的方式。**参与行为**作为价值共创的基石，强调了资源用户在平台上的基础贡献——分享闲置资源并承担相应责任。这种行为的动机具有多元化，既包括经济激励，也涉及社会影响的考量。资源用户通过高质量的内容呈现，如丰富的图片、详尽的描述等，吸引消费者注意，为价值共创奠定了物质与信息基础。**互动行为**的三个阶段（消费前、中、后）说明了用户参与的深度与广度。在这一过程中，资源用户不仅是服务的提供者，也是体验的共同创造者。他们通过个性化交流、线下互动和在线评价，与消费者建立起深层次的连接，不仅丰富了消费者的体验，还通过反馈机制促进了服务的持续优化，体现了共创过程中用户间关系的密切与互动性。**推荐行为**作为价值共创的延伸，是用户对平台认可度的直接反映。资源用户的自愿推荐基于其在平台上的积极体验，这种口碑传播对平台而言是一种低成本、高效率的市场推广方式。它不仅加速了用户基础的扩张，还通过信任传递，增强了新用户的信心，促进了平台资源的进一步聚集和价值提升，形成正向循环。综上，数字平台通过激发和优化资源用户的参与、互动与推荐行为，构建了一个由用户主导的价值共创环境。这一模式不仅提升了平台的市场竞争力，还促进了社会资源的有效利用，体现了数字经济时代共享经济的潜力与魅力。平台需要持续优化机制，鼓励和奖励用户参与,同时保障用户体验,以维护这一生态系统的健康与活力。

从消费用户价值共创行为出发,分别从**参与行为、互动行为**和**推荐行为**进行分析。**参与行为**关注消费者如何基于成本节约或个性化体验的需求,选择并利用平台提供的共享资源,这是价值共创过程中的基础行为。消费者的这一行为不仅反映了他们作为平台和资源提供方的双重角色,而且是推动价值共创的关键动力。在数字平台上,消费者通过比较和选择供应方的共享资源,进而作出消费决策,体现了协同消费的特点。消费者的**互动行为**包括与平台及资源提供者之间的交流和反馈。这种互动旨在提供对平台功能的建议和对资源的线下体验反馈,有助于平台提升服务质量并加强对供应方的监管。消费者与资源提供者之间的互动可以是线上的,如即时通信和评价系统;也可以是线下的,如在服务接触阶段的直接沟通。这种互动的社交性和互动性是共享型消费的核心吸引力,使消费者能够获得丰富和个性化的体验。**推荐行为**则是指消费者在体验结束后向他人推荐资源或平台的行为。这种推荐既可以基于对特定共享资源的满意度,也可以是对共享消费模式本身的认可。消费者的推荐行为对于平台来说是至关重要的,它有助于扩大用户基础,从而促进价值的创造和良性发展循环。

5.2 内部价值创造

本节首先从新企业内部和外部两个角度来研究数字创新驱动的新企业商业模式的价值创造过程。其次,由于数字化的无边界特征,使得企业内部要素和外部系统联系更加紧密,新企业价值创造是新企业内外部共同作用的结果,最后研究新企业商业模式内外整合的价值创造过程。利用数字技术实现数字赋能、结构赋能,来驱动产品和服务创新、内部流程创新,从而获取实现企业内部价值创造。本节主要从产品和服务、价值链成本控制等方面来研究数字创新驱动的数字创新驱动平台型企业中的内部价值创造过程。

5.2.1 研究数字创新驱动的产品和服务创新过程

在外部客观条件和内部因素的双重约束下,传统市场的定位受到相对的局限。对需求与客户情况的及时准确把握存在以下几个方面的不足。**首先,**传统企业在生产个性化方面存在问题,产品同质化较为普遍,未认识到产品定位应致力于创造个性突出、特色鲜明的产品;同时,企业未能明确界定自身品牌形象,选择目标市场和目标客户缺乏精确性,导致业务开展时缺乏定位，最终失去市场份额。**其次**，许多企业在选择产品市场时忽视了细分下沉活动，仅推出大众型产品，结果可能不尽如人意。同时，企业它们未深入研究竞争对手，未根据对手战略制定相抗衡的定位战略，盲目走自己的路，最终被市场淘汰。**最后**，传统企业缺乏对消费者心理的深刻了解，未能把握客户真实需求和消费偏好，未使产品在消费者心目中留下深刻印象，从而无法形成良好的产品形象以提升用户黏性。

在大数据时代，随着消费者个人消费意识的提升，传统市场定位面临着更大的困难。随着互联网和计算机的普及，消费者对个性化消费的欲望日益增强。他们期望消费的是独特的产品，以此表达个性品位，展现自我理想主义的消费形象。这要求企业进行更为精准的市场定位和活动，向消费者传递产品内涵。然而，传统的定位活动难以满足这些需求，主要有两个原因：第一，无法准确识别每个消费者的个性需求；第二，受到生产成本的限制，难以为每个客户生产符合其不同喜好的高品质产品。因此，只有充分利用大数据技术，才能弥补传统市场的不足。

首先，要研究大数据在数字创新驱动中的作用，需要厘清大数据的基本特征。当前对大数据的定义尚未形成统一认识。[①]大数据分析作为现代信息技术的核心领域，其价值发掘和应用范围日益广泛，对学术研究和企业决策均产生了深远影响。从不同的研究视角出发，大数据分析的目标、范围和过程各有侧重，同时也需要多样化的工具和技术支持。**分析目标视角**：李金昌的观点突出了大数据分析在揭示历史数据规律、预测未来趋势方面的重要性。通过整合流媒体数据与环境变量，大数据分析能够为各行各业提供科学决策的依据，帮助企业和研究者更好地理解并预测市场动态、环境变化等。**分析范围视角**：大数据分析的应用范围从回顾性总结扩展至前瞻性预测，为企业的战略规划提供数据支持和趋势建议。这种全链条式的分析覆盖了从历史数据分析到未来趋势预测的全过程，强调了大数据在提升企业洞察力和决策效率上的关键作用。**分析过程视角**：李光坚等学者强调了大数据的特性和分析过程，指出通过分析海量、快速、多样化的数据，企业能够发现与决策密切

---

① 张凯（2023）从宏观视角论述了大数据的概念，将其定义为描述信息化时代产生数据的主要工具，这些数据每日成倍增长，蕴含着丰富的信息。而宁纪瑞（2021）则将大数据界定为一种数据集合，其规模、速度和多样性表现出爆发性增长，无法通过常规软件工具在特定时间内获取、存储、管理和分析。Gartner 研究机构将大数据视为海量多样的信息资源，其"4V"特征包括海量性、高速性、多样性和真实性。而 Gabriel Dall'Alba（2022）从数据的本质出发，指出可用数据量不断增长，这促进了大数据概念的形成。美国 NIST 则从整体系统角度指出，由于大数据的容量、增长速度和数据表达超出了传统数据库的范畴，分析处理能力需要进一步提升，建议采用水平扩展机制以提高处理效率。

相关的宝贵信息。Kansai Law 的研究则突出了模式识别和规律探索的重要性，表明大数据分析是通过技术手段从海量数据中提炼知识的过程。**分析工具与分类**：大数据分析工具的多样化和分类标准的丰富性体现了这一领域的发展深度和广度。Raghathiw 和 Raghathiv（2014）关注分析工具在流程中的应用，从查询报表到数据挖掘和可视化，形成了完整的分析链条。李志杰等（2015）提出的批处理与流处理区分，强调了处理不同类型数据的技术差异，如 Hadoop 适合批量数据处理，而在线学习算法则更适用于实时流数据处理。刘智和张泉灵的分类方法则涵盖了技术发展的不同维度，从传统方法到云计算和可视化技术，展现了大数据分析工具的全面性和先进性。

但学者们对大数据的特征达成了共识，那就是大数据具有非常明显的 4V 特征，即 **volume（大体量）、velocity（高速度）、variety（多种类）、value（低价值密度）**。而以小数据和大数据为载体的数据本身并没有特别的意义和价值，它的真正价值是基于数据的信息。因此，我们不是研究大数据本身，而是在寻找更好地利用大数据、发挥大数据作用的方法。因此，大数据的核心思想是发现、发掘和利用我们隐藏的信息，并有效地应用于日常生活、公司管理和国家社会的发展。在了解了大数据是什么之后，我们需要知道，数字驱动的创新平台使用的数据不是结构化数据，如包含姓名、性别等基本信息的个人简历。它是动态数据，如看什么视频、浏览什么网站、买什么东西、去过哪里等。只有掌握了动态的用户数据，才能了解消费者的兴趣和偏好、他们的行为和习惯，以及他们的位置信息。因此，大数据时代的正确营销，不是依靠基础的消费者信息数据库和基于消费者行为样本的研究数据。相反，它依赖于由所有实际消费者行为数据构建而成的行为数据库，以精确定位消费者，并准确确定其布局和资产。

其次，平台型企业利用大数据技术进行内部管理和产品开发的优化。在内部管理层面，大数据分析能够帮助平台监测运营效率，识别供应链中的瓶颈，优化库存管理，以及提升物流配送的时效性。通过分析大量交易数据，平台能够预测销售趋势，调整库存策略，减少过剩库存，同时确保热门商品的充足供应，提高整体运营效率。

在产品和服务创新方面，平台型企业运用大数据分析发现新的市场机会和潜在的创新点。通过对市场趋势、竞争对手分析、消费者未满足需求的洞察，企业能够设计出更加符合市场需求的新产品或服务。例如，结合社交媒体上的讨论趋势和消费者反馈，平台可能发现对某一功能或服务的强烈需求，从而快速响应，推出创新功能或改进服务。通过分析产品使用数据，平台能够识别产品的性能瓶颈或用户体验问题，为产品迭代和优化提供数据支持。此外，平台型企业还会利用大数据进行跨界合作和生态系统建设。通过分析合作伙伴和第三方服务提供商的数据，平台能够识别协同效应，推动跨界融合创新，如结合金融科技、健康科技等领域，为用户提供一体化的生活解决方案。同时，构建开放的数据共享平台，吸引开发者和创新者利用平台数据开发新应用和服务，进一步丰富平台生态，实现共赢。

5.2.2　研究数字创新驱动的价值链成本控制

总结来说，大数据技术在平台型企业的供应链管理中扮演着核心角色，助力企业在多个环节实现效率提升和成本降低。以下几点概括了其关键贡献。**智能采购决策**：通过分析历史销售数据，企业能建立精确的需求预测模型，确保采购量既能满足市场需求，又能避免过度库存，同时自动补货系统依据实时需求进行调整，提高了库存管理的灵活性和效率。**精准营销与广告投放**：大数据分析使平台能深入了解消费者行为，实现广告的个性化和精准投放，减少了无效广告支出，提高了营销投资回报率（ROI），同时优化了宣传内容和时间安排，增强了营销效果。**优化物流与配送**：利用大数据优化物流路径规划、包装方案和运输方式，不仅降低了运输成本，还减少了货损，提升了客户满意度。通过智能化物流监控系统，实现了物流全程透明化管理，提高了响应速度和问题解决能力。**高效售后服务与逆向物流管理**：构建的互联网反馈机制结合大数据分析，使企业能快速响应消费者退货和取消订单的需求，降低了处理成本。智能物流系统的实时监控功能帮助预防和及时解决物流问题，降低了逆向物流带来的额外成本。综上，大数据技术通过提供深度洞察、自动化决策支持和流程优化，使平台型企业能够在保持供应链高效运转的同时，不断提升产品与服务质量，降低运营成本，最终提高市场竞争力和消费者满意度。

5.3　外部价值共创

数字创新推动的新型企业商业模式在外部价值创造方面主要依赖于数字技术，以促进企业与其所处生态系统中各个主体和要素之间的联系和互动，进而形成价值网络，实现价值创造的功能。外部价值过程主要从生态系统视角来研究核心平台型企业如何利用数字技术赋能行业上下游，与供应商、合作伙伴、行业组织、消费者等构建价值网络和共赢生态圈，实现生态价值的最大化。

大数据生态系统超越了传统数据库的概念，构成了一个复杂的网络，涵盖了广泛的数据主体和多元的环境要素。数据主体不仅包括社交媒体平台、个人用户、各类企业和政府机构，还涉及环境要素，如政策框架、技术基础、经济条件和法律规范等。这些组成部分通过持续的互动和相互影响，以及协同合作的机制，共同推动大数据生态系统的持续进化和发展。

5.3.1　数字技术形成新的商业生态系统及其成员构成

平台企业构建的商业生态系统相较于传统价值链模式，展现出显著的优势和特征，主要体现在以下几个方面。**价值共创共享**：生态系统内各成员不再只是单一价值链条上的节点，而是共同参与价值创造的网络节点。通过资源共享和技术合作，成员之间能够更灵活地协同工作，共同开发新产品、服务或解决方案，实现价值的共创共享。这种模式促进了更深层次的合作，提高了系统的整体价值创造能力。**提高抗风险能力**：网络效应和多样化的参与者带来了更强的系统韧性。不同成员的专业能力和资源互补，使得生态系统在面对外部冲击时具有更好的适应性和恢复力。信息和资源的流动更加顺畅，有助于快速响应市场变化，降低单一依赖风险。**复杂的利益分配与合作机制**：为了确保生态系统内部的稳定与持续发展，建立公平透明的利益分配机制至关重要。这要求设计合理的激励机制，平衡竞争与合作的关系，防止信息不对称导致的道德风险，促进成员之间的信任与合作。**多样化成员角色与功能**：平台企业生态系统包含多种类型的关键成员，从直接面向用户的前端企业到提供基础设施支持的服务机构，每个成员都有其独特作用，形成相互依赖又相互促进的共生关系，特别是寄生成员，他们对平台的高度依赖促使他们不断推动技术创新和服务优化，成为生态系统活力和创新能力的重要来源。**开放性与迭代进化**：平台型企业鼓励更多成员加入，促进生态多样性，这不仅扩大了业务范围，也引入了新的思维和创新动力。随着生态系统的迭代发展，不断有新的核心成员加入，带来新的资源和能力，促使平台持续优化和扩展，形成一个正向循环的演化过程。

5.3.2　大数据生态系统下的协同运作

数据驱动的企业生态系统通过协同运作变得更加紧密和精确。基于大数据资源构建的协同运营模式，以流程优化和客户订单为导向，已成为企业生态系统的主要运营模式。

在产品设计与协同生产领域，大数据技术的融入已经成为推动创新和效率提升的重要引擎。企业通过构建基于大数据的共享设计平台，不仅促进了跨部门、跨地域的协同设计，还加强了与消费者之间的互动，开启了共创价值的新模式。乐高的例子生动展现了这一模式的成功，消费者不再只是产品的接受者，而是变身为设计过程的合作者，这种参与感的增强极大地提升了产品个性化与市场吸引力。大数据技术在协同生产中的应用，进一步强化了这一创新模式的实践基础。利用如 MapReduce 和 Hadoop 等现代数据处理框架，企业能够有效应对大数据的复杂性和多样性，实现数据的快速整合与深度分析。这不仅缩短了决策周期，还提高了决策的精准性。例如，通过实时分析供应链数据，企业能够及时响应市场变化，优化库存管理，减少生产延误；同时，根据客户订单数据调整生产计划，确保产能与市场需求相匹配。此外，大数据技术还使企业能够更紧密地监控竞争对手动态及外部市场趋势，为策略调整提供数据支持。这种对市场信号的快速响应能力，为企业赢得了宝贵的先发优势，促进了生产效率的提升和成本控制，同时也为创新提供了方向。总而言之，大数据技术的应用不仅促进了设计与生产流程的无缝对接，还通过促进知识共享、提升决策效率及优化资源配置，为企业打造了一个更加灵活、高效的协同生产生态系统，推动了商业模式的持续创新和产业升级。

在**库存管理**的智能化演进中，企业通过即时分析交易数据、生产参数和消费者行为模式，实现了生态伙伴间对市场需求量的高精度预测，从而精准调整库存补充策略，优化库存管理效能。一个典型案例是宝洁公司与零售巨头沃尔玛的合作，双方共同开发了一套创新的库存管理系统，该系统巧妙地利用了卫星通信技术。这一技术的应用，使宝洁能够实时跟踪沃尔玛门店的销售情况，及时调整生产计划和库存水平，确保商品供应与市场需求的精准匹配，同时大幅降低了库存持有成本和库存积压的风险，提升了供应链的整体灵活性和响应速度。此合作模式不仅彰显了数据和技术在供应链协同中的强大威力，也为企业库存管理树立了高效、精益的新标杆。

在**物流配送领域**，大数据技术的应用无疑为供应链的协同合作模式插上了翅膀，使之飞得更高、更远。它如同一个超级透视镜，让企业及其生态系统中的各个伙伴都能够穿透复杂的物流迷雾，实现前所未有的深度协作与洞察。通过实时捕捉和深入分析从原材料采购到成品送达顾客手中的每一个物流环节，企业能够全面评估并优化仓储布局、物流路径规划及逆向物流的效率，挖掘隐藏在物流数据背后的宝贵洞察，从而在配送效率与服务质量上实现显著提升。以 Teradata 开发的智慧物流平台为例，该平台通过集成和分析广泛的内外部数据源，包括但不限于客户行为数据、物流设施实时状态、运输路线状况和天气预报信息，能够动态调整物流路径，确保供应链各环节之间的无缝对接。这一做法不仅促进了企业内部流程的优化，还加强了跨组织间的协作，推动了从生产到交付全链条的效率革命。它不仅减少了资源的无效损耗，还通过更精确的需求预测和库存管理，提升了产品供应的个性化水平，更好地满足了市场的多样化需求。因此，大数据集成分析机制不仅是企业适应市场快速变化的法宝，也是促进供应链上下游紧密协作、实现高效运营的重要工具。它帮助企业构建了一个更加透明、灵活和响应迅速的物流生态系统，为在数字经济时代保持竞争力提供了坚实的支撑。

以上是数字技术在不同领域的应用。数字化创新平台为企业间的合作提供了一系列关键功能，包括需求同步、设计协同、订单管理、物流协调、质量控制和技术交流。这种平台能够集成采购过程，通过对实时交易数据、生产信息和消费者数据的分析，增强组织的采购谈判力，实现采购流程的全程监控，以便企业及时了解采购动态。设计协同功能通过捕捉和分析消费者对在线产品的偏好和交互行为，识别市场上最受欢迎的商品类型、消费者喜好的信息及流行趋势。平台将这些分析结果直接提供给企业，使设计师能够从中获取创意，根据市场需求设计产品。在质量控制方面，平台通过移动设备允许迅速检验物料，并反馈不合格的物料信息，促进即时整改。订单管理的实时协同功能确保订单的准时交付和准确性，有效预防订单延误或丢失，并实时更新交货的日期、进度、质量和技术规格等信息，促进采购合同的履行。此外，通过与产品生命周期管理（PLM）和产品数据管理（PDM）系统的集成，该平台促进了技术人员、采购人员和供应商之间的紧密协作，确保技术要求的快速传递，提高了订单处理的效率，并通过整合大数据分析，显著提升了产业链的整体运营效率并降低了退货率。

5.3.3　大数据驱动系统下的价值重构

伴随大数据时代的来临，具有远见卓识的企业着手运用海量信息重塑往昔的创新生态架构。创新生态重建可能是积极的，也可能是消极的。在生态系统重构的过程中，企业通过互联网获取和存储分布式的数据，利用云计算分析海量数据，进而获取对企业有价值信息的能力。在构建创新生态系统的初期，实力相当的创新型个体之间的相互依赖程度可能相似。然而，由于各学科的学习能力存在差异，随着时间的推移，更具学习能力的部分将积累更多知识和创新能力。这会削弱创新的原有优势，破坏原有的平衡，从而导致创新生态系统的重建。因此，企业在大数据时代的学习能力显得尤为重要。

在大数据背景下的企业创新生态系统中，构成了一个动态进化的共生网络，其核心特征是价值共创。这一生态系统内，多个企业通过互补合作构建了一个竞争与合作并存的平台。由于企业间的资源控制和学习能力各异，竞争企业在平台中的地位及其生态位会随时间变化而动态调整。此外，所有利

益相关方，如供应商、配套企业、销售商、金融机构及数据公司等，均围绕
核心企业展开紧密的合作与交流，共同推动价值创造过程。供应商提供必要
的原材料，配套企业提供辅助产品，销售商连接消费者并反馈市场需求，金
融机构提供资金支持，而数据公司则提供必要的计算与市场信息资源。在这
一过程中，生态系统内部成员共享大量的信息和数据，实现深度互动。

除了与核心企业的直接互动，生态系统内的各方相互之间也保持着合作
与沟通，特别是对客户的需求有着深入的了解和分析，以确保信息的有效流
通和价值的最大化提取。面对大数据时代带来的机遇与挑战，保护创新生态
系统内的信息资源，防止关键数据在成员退出时流失成了一大挑战。为解决
这一问题，建议从以下几方面着手：限制机制筛选合格的企业进入生态系统；
制定联合制裁机制，以惩罚或淘汰违规企业；构建合理的利益分配和资源共
享机制，促进成员共同发展；加强信任建设，通过能力培训和合作学习等方
式加强企业间的合作关系；建立宏观文化机制，确立共识的价值观和行为规
范，以维持生态系统的健康运行和持续发展。

重构企业的创新生态系统，旨在激发系统内部各合作方的协同作用及其
创造价值的行为，以此有效应对外部市场变动引致的各种挑战与不确定性因
素。在这个发展过程中，合作参与主体在协同效能与创新力方面的相互影响
至关重要，而这些方面常受生态系统内部资源流动性的制约。资源的流通包
含信息、专业知识与技术等多维度资源的传递与共用。鉴于此，资源的流动
趋势可能对合作方的资源获取策略、价值观演进及新兴资源在伙伴间的融合
造成显著影响。在这样的创新生态系统框架下，持续推动资源的流通共享，
并强化伙伴间的协作互动，对于营造一个激励创新及价值产出的优良生态环
境显得尤为关键。

因为平台型企业的数据收集较为便利，所以在大数据上具有得天独厚的
优势，但其竞争更加激烈，若有企业没有利用数据提升自身优势，就可能被
甩在后面。由于平台型企业一般为生态系统中的核心企业，因此其要保持与
生态系统中其他成员的联系，缺一不可；对于脱离生态系统的企业，平台型
企业能够给予一定惩罚，防止其带走平台型企业的重要资源。当然，平台型
企业的创立也是为了与生态系统内的其他成员协同发展，优势互补，在面对
市场变革时，能够迅速地作出调整。因此，利用大数据技术进行价值重构对
生态系统中的所有企业都具有十分重要的意义。

5.4 内外整合的价值共创

在数字化的背景下,新企业价值创造是企业内部和外部价值创造的共同结果。那么,企业内部和外部是如何联系的,以及数字技术到底是如何在新企业中发挥作用的。接下来,我们会解决这个问题,并给出具体的案例与结论。

5.4.1 平台企业内外价值共创

首先,企业内部首先会和用户之间建立联系,促进用户价值共创。数字平台的强大能力极大地推动了平台企业与用户间的互动,进而构筑起用户的虚拟社区。在该社区里,用户于体验企业所供应的产品和服务之际,不但能够在产品设计阶段提出自身的需求及创意,以此引领产品的发展走向,而且能够实时分享他们的体验感受与反馈,为企业提供了珍贵的、具有建设性的意见。这样的互动不仅为企业揭示了新的商业机会,也提高了用户的参与感。通过用户社区的交互,企业的市场营销和策划等部门能够在营销活动中更有效地推广产品、收集和反馈用户信息。这种基于用户参与的商业行为不仅能激发用户的活力,还有助于建立一个开放式创新的商业模式,从而提高企业的数字创新能力和吸引更多用户参与决策。用户在这个过程中的积极参与不仅有助于企业发掘新的商机,而且还能提升用户对企业的忠诚度,共同创造新的商业价值,促使用户和企业之间的价值共创。

另外,企业也能够让用户参与到企业产品的制造和销售中来。数字平台的能力促进了用户在产品和服务开发过程中的深入参与,特别是在产品的生产和售后服务阶段。用户得以借助数字化工具全程监督产品的制造过程,实现生产现场与用户需求的即时互动,从而提升了用户的参与体验。这种高度的用户参与进一步提高了平台企业运用其数字集成的能力,整合数据资源、数字化流程和渠道,推动了从传统的大规模生产向大规模个性化定制的转变。

在个性化定制环节,用户的直接参与不仅加速了价值的共创过程,还促成了"从顾客到生产"和"从顾客到厂家"的新型价值共创模式,这些模式为迭代开发和创新提供了新的动力。通过这种方式,用户不仅帮助企业捕捉到新的价值创造机会,还推动了一种新的用户价值共创模式的形成。

此外,企业外部也和供应商之间建立联系。在特定交易领域内,平台企业与供应商之间建立的伙伴关系可被视作一种双向的战略联盟,旨在联合进行商务活动以实现双方价值的增长。借助数字平台的能力,能迅速汇集供应商,建立一个协作网络,以促进价值共创。这种能力使得原本地理分散、所有权各异的资源得以整合和相互连接，从而构建一个更广泛的业务网络。供应商的持续参与为数字平台带来了更丰富的生产资源，这不仅加快了平台企业开发新的数字化产品和服务的步伐，还促成了更多新兴的数字化商业机会的孵化，逐步积累形成了一系列新的数字化机会集。面对这样具有潜力的市场，供应商更加倾向于向平台企业提供持续的物资供应及服务，从而极大地促进了在平台上的价值共创过程。

数字平台的能力促进了与供应商之间的价值共创，通过开拓新的商业机遇，使得平台企业更加便捷地获取各类资源。这些资源，无论是有形的还是无形的，都能够通过数字化平台进行整合展示，从而吸引更多外部供应商的参与，共同开发已经识别的商业机会。

供应商能够利用平台企业的成熟数字化平台、既定市场和良好声誉，通过整合、编排和重组平台上的共享资源，构建新的产业链条。这不仅将新的商业机会转化为收益来源，还能够促进生态系统的快速扩展，使供应商从传统角色转变为价值共创的参与者。这种合作不仅是供应商与平台企业之间的协同生产，更是双方价值协同创造的体现，有助于推动供应商价值共创的形成。

5.4.2　数字技术在不同部门中的应用

首先，数据技术在物流部门中起到巨大的作用。物流部门运用数据技术在客户服务、仓储、运输三个方面发挥着不同的作用。在客户服务领域，物流部门利用大数据技术进行客户画像分析，旨在深入理解客户需求。客户画像即客户大数据分析，涉及从海量数据中提取客户行为背后的隐含信息，运用大数据分析手段深入剖析这些信息，为企业的商业策略提供决策支持。通过分析客户的购买行为数据，以及客户与企业间的互动产生的非购买行为数据，物流部门能够获得关于客户购买能力、习惯和偏好的深刻见解，从而形成准确的客户洞察，指导消费模式的转变。利用数据挖掘模型，基于客户的历史消费行为来预测其未来的购买潜力。

在大数据的背景下，物流的智能化也得到了显著提升，包括智能化的仓库管理、自动化分拣系统和智能存储解决方案，这些进步不仅优化了物流操作流程，还提高了物流效率和服务质量。在建设产品存储仓库之前，利用大数据信息技术优化配送中心选址。使用智能技术考虑各种制约因素，包括消费群体、产品来源、供应商和客户、运输成本、建设成本等，通过优化构建最佳解决方案，降低运营成本，提高运营利润，最大限度地提高企业利润。在交付产品之前，大数据技术还能够实现配送中心的最优选择，提前优化路线，计算运输成本和时间消耗，在确保运输成本低廉的前提下，实现产品以最快的速度运送到消费者手中。运输过程是整个物流过程中最长的。如何缩短这一时间关系到整个运输的效率。通过将大型数据与人工智能相结合，能够从大量数据中检索最有价值的线索，并对路径、运输和配送路线等进行预测来寻找最高效的解决方案。例如，在京东智能物流发展中，它通过分析和处理海量的数据，基于这些真实有效的数据创建人工智能算法平台，有助于企业优化物流运输路线、科学布局库存管理和对订单进行实时跟踪等，从而降低了运营的成本，提升了物流运输配送管理的效率。

其次，数据技术在生产领域扮演了至关重要的角色，特别是大数据的应用，对产品的设计、生产和营销三大环节产生了显著影响。大数据技术通过采集和分析整个业务流程的数据，为产品设计和开发的决策制定提供了有力支持，帮助企业准确把握产品的需求定位和市场痛点。此外，依托大数据分析，生产环节能够实现基于需求驱动的生产计划，以及以销售数据为导向的生产调整，从而优化品质控制和资源分配。

大数据技术使得生产过程中的数据分析变得更加精确，允许企业从大量生产数据中识别问题并进行优化。随着数据量的增加，分析结果将更加细致，能够精确到设备的具体部件，进而提高产品质量和生产效率。质量监控也得以通过自动化的数据收集和监控系统得到加强，在确保产品质量的同时，也加快了产品质量提升的步伐。

在营销环节，大数据技术的发展使得精准营销成为现实。通过建立消费者画像数据库，企业能够全面了解消费者的需求、偏好和购买动机，从而实现针对性的市场细分和营销策略。通过分析消费者互动和购买后的反馈数据，企业能够实时调整营销策略，以更准确地满足消费者需求。

平台型企业利用数据技术在售前服务、供应商的生产计划及设计阶段起到了举足轻重的作用。物流业与供应商的生产和平台型企业是共生的，缺一不可，平台型企业的成功需要借助于物流业与供应商的合作，三方都能充分利用大数据技术，不仅为消费者提供舒心的服务，还能提供快速的物流体验和高质量的产品，这也是大数据生态系统的目标。

5.5 案 例 分 析

5.5.1 案例分析一：Airbnb 共享服务平台

在了解了平台型企业内外部联系后，接下来以一个案例让读者对平台型企业的内外部价值共创更加熟悉。本部分以 Airbnb 共享服务平台为案例进行价值共创过程分析。

Airbnb 作为共享经济的领头羊，自 2008 年在洛杉矶萌芽以来，已迅速成长为覆盖全球 191 个国家的住宿服务平台，彻底改变了人们对于旅行住宿的传统认知。它不仅是一个在线预订住所的工具，更是一种引领潮流的生活方式和探索世界的全新途径。通过先进的互联网技术和移动应用程序，Airbnb 搭建了一座桥梁，使得全球房东与旅客得以无缝对接，开启了住宿体验的新纪元。在**外部合作**层面，Airbnb 构建了一个全球性的社区，让旅客得以深入体验目的地的本土生活，享受不同于标准化酒店的独特住宿选择，同时为房东开辟了将空闲房屋资产转化为经济收益的渠道。这种双向价值创造，不仅促进了经济流动，也加深了文化的交流与理解，实现了双方共赢的良性循环。在**内部机制**上，Airbnb 精心打造了一套集在线预订、安全支付、即时通信和评价反馈于一体的综合平台系统。这套体系不仅极大地简化了交易流程，提升了用户体验，还通过建立透明的信任机制，保障了交易的安全可靠，强化了平台的信誉基石。平台利用大数据和人工智能技术，对用户行为进行深入分析，精准捕捉市场趋势和个性化需求，持续迭代产品和服务，确保平台的竞争力和用户满意度。此外，Airbnb 通过鼓励用户分享住宿体验，构建了一个充满活力的社交网络，这种基于真实体验的口碑传播，不仅增强了用户的参与感和归属感，还进一步提升了平台的用户黏性与品牌忠诚度。Airbnb 因此超越了单一住宿服务的范畴，成为促进文化交流、增强人类联系的全球性社交平台，真正实现了价值共创的深层意义。

Airbnb 构建的价值共创生态系统，巧妙地编织了房东、房客与平台三者之间的互动网，每一方都在这个生态中发挥着不可或缺的作用。房东作为服务的直接供给端，既是内容创作者（发布房源信息），又是服务执行者（提供住宿体验），他们的积极参与不仅丰富了平台的房源多样性，也通过个性化服务传递了地域文化的温度。房东的双重身份促使他们在追求经济效益的同时，也在乎每一次交流带来的文化碰撞和人际联结，这种以人文为本的交流正是 Airbnb 体验的核心魅力之一。房客则是这一生态中探索与体验的主体，他们在平台上寻找的不仅仅是一张床或一间房，更是旅行中的一段故事、一份地道的生活体验。房客的评价反馈机制不仅确保了服务质量的持续优化，还促进了房东与房客间的相互理解和尊重，构建了一个基于信任与共享的社区氛围。至于 Airbnb 平台本身，它扮演着规则制定者、技术提供者与信任中介的多重角色。通过先进的匹配算法、安全支付系统及完善的评价体系，Airbnb 有效地降低了交易双方的风险，提升了匹配效率，同时也通过品牌塑造与文化推广，传达了其"归属感"的核心价值主张。平台的这一系列功能与策略，不仅促进了住宿资源的有效利用，更进一步地促进了全球范围内人与人之间的连接与理解，为旅游住宿业开创了一个融合共享经济与人文情怀的新范式。

Airbnb作为一个杰出的范例，彰显了如何汇聚一群怀抱人本理念的个体，并搭建起一个平台，促使其间的价值共创行为经由分享和亲身体验得以实现。这一价值共创的过程精细划分成三个紧密相连的阶段，贯穿于服务的前期准备、实际接触及后续反馈之中。

阶段一，预接触的准备与匹配。 在Airbnb的虚拟桥梁上，潜在住客与房东无须预先面对面，即可借助翔实的在线资料建立信任与合作意向。房东通过细致入微的房源介绍——涵盖空间布局、价格设定等，同时表达对接待对象的期望；而住客则依据个人偏好，如位置、预算、住宿风格等多维度标准，在海量选项中筛选，利用平台的即时通信功能与房东沟通细节，直至确认预订，开启正式的服务契约。

阶段二，实体互动与体验深化。 当线上匹配转化为线下服务时，Airbnb的平台理念——强调人文关怀——得到了实体化的体现。此阶段超越了单纯的住宿供给，转变为一次深度文化交流的机会。房东不仅是住宿的提供者，更化身为文化的向导，通过个性化服务让住客沉浸于本土生活的独特韵味。住客与房东的直接互动，不仅加深了对地域文化的理解，也为双方开启了跨文化交流的窗口，丰富了各自的社交圈层和人生体验。

阶段三，反馈与评价，循环的闭环。 服务结束后，Airbnb的在线评价体系作为交易闭环的最后一步，扮演着至关重要的角色。房客与房东基于多项指标相互评估，包括地点便利性、清洁程度、设施完善度及文化氛围的独特性等。这种互评不仅维护了平台评价系统的公正透明，也激励参与者在每次交流中展现出最佳状态。更重要的是，它促进了房东与住客之间超越经济利益的情感联结与价值认同，房东收获了全球友谊与情感满足，而住客则带着对目的地深刻而真实记忆的宝贵体验离开，实现了从经济到情感、从认知到文化的全方位价值共创。

Airbnb平台经过自身设计的价值共创过程，积累大量用户行为和偏好信息，从而助其精准把握需求和动向，并灵活调整战略方向。作为共享经济代表，它利用社会闲置资源，为社会节约成本、创造价值，并在各发展阶段为个人、平台和社会带来广泛价值。

5.5.2 案例分析二：传化物流平台

以传化物流为案例企业，进一步研究物流平台企业价值创造过程及机理演化等问题。

1. 基本分析框架

在物流行业日新月异的发展背景下，本研究聚焦于传化物流平台，一个融合线上线下资源的创新模式，以此为样本深入探究其在数字经济大潮中的战略定位及其成长路径。本研究根植于坚实的理论基础，包括双边市场理论、价值创造理论及利益相关者理论，细致解构了传化物流如何在构建物流信息平台的实践中，运用核心策略促进信息流通与资源整合，以及其如何通过精心设计的价值传递机制，有效调动平台内外部利益相关者的积极性，共同推动价值创造。通过对传化物流平台的深入案例分析，本研究揭示了在高度数字化的环境中，物流平台企业如何调整和优化其价值创造模式，以适应市场变化，抓住发展机遇。研究不仅阐述了平台企业如何通过技术创新和模式创新，实现服务升级和效率提升，还针对物流平台化转型过程中的关键环节，如阶段性战略规划、利益相关者角色定位及公平合理的利益分配机制，提出了具体的策略建议。这些建议旨在为处于转型期的物流企业指明方向，帮助企业在复杂多变的市场环境中找到合适的路径，实现可持续发展。图 5-2 展示的案例分析框架，系统性地概括了本研究中传化物流平台案例分析的逻辑结构，直观呈现了从理论框架到实践策略，再到案例实证分析的全过程，为读者提供了一个清晰的研究视角，便于深入理解物流平台在数字化转型中的运作机制及成功要素。

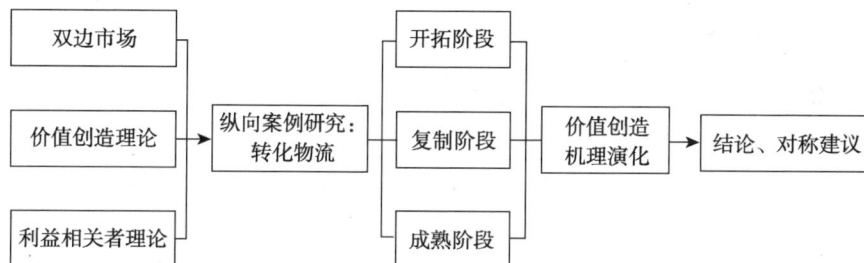

图 5-2　案例分析框架图

2. 研究方法与案例选择

案例研究，作为质性研究的一种重要方式，常用于深度探讨并保持研究对象的独特性（张锚等，2018）。本文目的在于探究在建设阶段，以数据赋能为核心的物流平台企业价值创造过程的变迁。数据赋能的物流平台企业作为一种创新的商业模式,目前正处在不断试探与优化的过程中,相关的学术探讨还相对浅尝辄止,缺少充足的理论框架。鉴于单纯依赖数据和图表难以充分展现变量间的复杂互动,因此本研究决定采用案例研究法进行更深层次的分析。

关于**研究对象**的选择,本研究以传化物流为案例,主要基于以下几点理由。**首先**,作为一个处于初期发展阶段的第四方物流行业,传化物流作为行业的先行者,在中国公路港物流服务平台上具有明显的开创性和行业影响力,从而成为具有研究价值的代表性企业。**其次**,自1997年成立以来,传化物流经历了从简单货运服务到承担第三方物流业务,再到认识到依靠单一力量难以覆盖中国庞大的物流市场,最终通过整合资源,扩大价值网络,成长为一个成熟的第四方物流平台整合商,并成功实现了全国网络化布局。传化物流的发展历程体现了中小企业如何在社会大环境的影响下,借助数字技术和价值创新模式的推动,实现从小到大的转型,与本文的研究目标高度契合。

3. 数据收集与分析策略

本案例研究在资料收集方面,采纳了文献回顾和档案研究、调查研究等多样化方法。数据获取主要依托于CNKI中国期刊全文数据库、万方数据资源系统、传化物流官方网站及其年度报告等,以此概述了传化物流平台在传统运营模式下的机制。基于这一平台,通过与传化物流的技术及管理团队的深入沟通,本研究进一步洞察了该企业的发展历程、经营策略、管理层的期待及对未来的战略规划,旨在揭示在数字经济时代下企业是如何进行价值共创的。通过分析传化物流在其成长历程中不同阶段的价值创造机理,本文为传统物流企业转型升级和平台型企业提供了切实可行的分析框架和策略建议。

4. 传化物流的发展阶段及其价值创造机理演化分析

在2000年至2005年的物流平台建设开拓期间,传化物流根据公路港物流战略的指导,确立了自身作为物流平台整合商的定位。这个时期,传化物流颠覆了传统物流的操作模式,不再单一地为制造业提供运输服务,而是集中了分布在全国各地的中小型物流企业和个体司机,有效地解决了司机等货时间长和公路运输空载的问题。特别是在杭州的传化基地,聚集了众多司机和中小物流企业,并建立了一个物流信息的展示和交易中心,类似车站大厅,其中每日超过3000条物流信息的发布和2500~3000次的交易完成,标志着中小物流企业和个体司机成为传化物流价值链中的核心参与者。

在**开拓阶段**,除了物流基地和交易大厅的建设,传化物流还构建了多层次服务体系以促进物流交易。这包括引入税务、工商、公安等监管部门以确保物流运作规范，引入银行、保险、邮政等中介机构以保障客户服务满意度，以及提供餐饮、住宿等基本生活服务保障司机和客户需求。对于入驻的物流企业，传化采取了激励和淘汰的策略，以促使其发展成为专业物流公司。

开拓阶段的价值创造机理主要基于初期交易基地的建立和物流园区基础设施的完善，致力于为客户提供全方位服务，从而实现价值创造和收益增长。在投资方面，传化物流提供包括物流信息发布、车辆与货物匹配、营销支持、信息系统优化及司机住宿等一系列服务，解决了运输和返程空载问题，降低了交易成本，提高了交易效率。在回报方面，通过这些服务，客户创造了价值，同时也为传化物流带来了收入，如通过干线运输服务费、住宿租金，以及园区中引入的增值服务获得规模效应带来的盈利。这一阶段价值创造过程如图 5-3 所示。

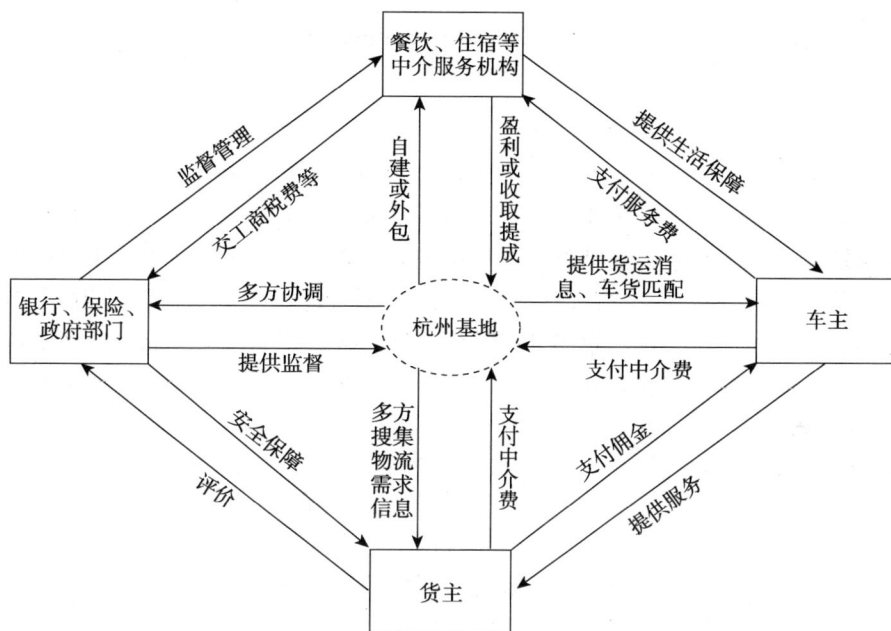

图 5-3　开拓阶段价值创造过程图

2005—2015 年，传化物流进入了其平台建设的**复制扩展阶段**。这一时期，传化物流实施了连锁扩张战略，旨在通过构建实体及线上的双轨路径，在全国范围内建立品牌网络。在实体层面，传化力图在全国搭建实体公路港基地，形成了以杭州基地为中心的"1 核 60 平台"的网络布局。而在线上，通过建设包括四大应用系统、三大基础平台、两个保障体系和一个门户网站在内的信息化体系，推动了资源的全国性整合。随着公司运营模式和规模的扩大，传化同样注重提升内部员工的积极性、促进健康竞争并关注员工福利。例如，在改善司机休息条件方面，传化从最初的租赁模式过渡到自主经营模式，不仅优化了司机的居住体验，还通过将住宿业务外包，减轻公司负担，进一步集中精力于全国扩展和物流网络建设上。此外，传化与政府部门合作开发的诚信交易系统，要求每位司机使用实名会员卡入场，有效提高了交易环境的安全性，这在管理创新方面是传化物流的一大进步。

在复制阶段的价值创造机制上，虽然基本框架与开拓阶段类似，但传化物流针对各地具体情况进行了细化调整。例如，在考虑苏州水路发达的基础上，相应提高了园区供水联运的功能。凭借前期的发展经验和反思，传化在园区管理等方面进行了改进，并因此获得了更大的收益。如通过外包司机住宿业务，不仅提高了园区内的竞争力，还提升了客户体验感，以及对园区的依赖和忠诚度，有力地促进了企业价值网的形成和稳固，为企业带来了更多的收益。此外，诚信交易系统的建立，不仅保障了客户的人身及财产安全，也增强了用户黏性，内部管理的完善为企业的成长壮大提供了坚实基础。

5. 传化物流平台建设成熟阶段及其价值创造机理

自2016年起，传化物流进入其平台建设的成熟阶段，致力于构建一个整合线上线下业务的信息和支付系统——传化网，标志着向智能化、数字化转型的重要步骤，促进了物流、互联网和金融的协同进步。在这一阶段，传化物流通过自主开发、并购和合资等多种方式，在全国范围内扩展公路港城市物流中心，建立起现代化的数字技术支撑的全国公路港网络。同时，传化物流还致力于智能化建设的纵向推进，利用先进的物联网技术和国家级数据中心实现对物流基地的实时监控，通过线上应用程序如"陆鲸"和"易货嘀"提供长途和短途运输服务，从而显著缩短配送时间，提高运营效率。

在成熟阶段的价值创造机理方面，传化物流构建了一个复杂的价值生态系统，涵盖平台、供需双方及其他利益相关者，实现了紧密的互动和协作。通过线下基地聚集供需双方，获得直接网络效应；而通过线上应用程序注册用户，利用大数据和云计算技术提供智能化服务，获得间接网络效应。此外，传化物流平台的车货匹配服务不仅满足了货主和车主的需求，降低了空载率，还通过移动设备和大数据技术提高了运输效率和司机的灵活性。平台通过提供这些服务获得了平台费和中介费，同时积累了大量的数据资源，这些数据资源为后续的供需互动提供了宝贵的资源基础，增强了用户黏性，从而为平台带来了潜在的收益。

随着平台的不断发展和用户群的增加，平台的吸引力进一步增强，吸引了包括餐饮、住宿和广告公司在内的一系列中介服务机构加入这一价值生态系统，为物流企业和车主提供了更多生活和生产服务，加强了他们与平台的联系。同时，银行和金融机构作为平台的支持种群，提供资金和信用支持，保障在线支付的安全性，对中介服务机构进行监督管理，确保交易的顺利完成，从而通过运营和投融资活动为平台带来收益。这一阶段价值创造过程如图 5-4 所示。

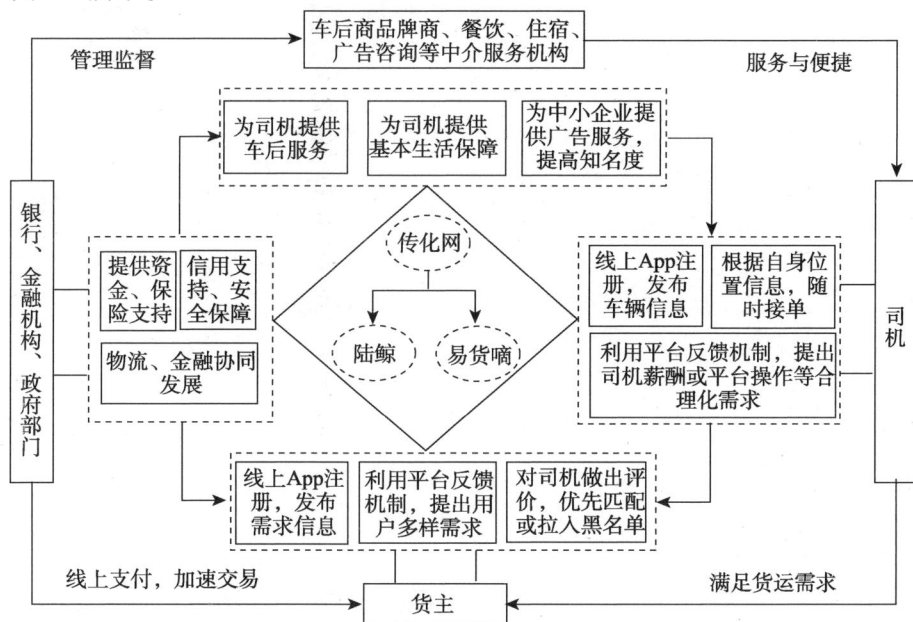

图 5-4　成熟阶段价值创造过程图

5.6　实证分析

在本实证研究中，将从两个主要方面进行分析。首先，将深入研究用户参与价值共创的动机，以揭示其背后的驱动因素。其次，通过运用文本挖掘等技术，探讨新企业商业模式在价值创造路径上的演化。

5.6.1　用户参与价值共创的动机研究

1. 研究思路

在这一研究部分，采用了理论分析的方法，对用户参与价值共创的动机进行了深入研究。进而提出了三个参与动机的假设，并通过探索性因子分析来验证这些假设。经过分析，客户参与的动机主要包括消费者**期望的动机**、**社交动机**和**激励动机**。通过这个研究框架，能够更好地理解用户参与价值共创的动机，为后续的研究提供了有力的理论基础。

2. 研究假设

消费者对产品的期望是用户参与价值共创的动因之一。消费者在使用某种物品时，发现某种物品可能在某方面存在缺陷，那么消费者就会对该物品有某方面的期望，消费者便愿意参与到价值共创过程中。据此，我们提出以下假设：

H1：消费者参与价值共创是为了满足自己的期望，即期望动机。

激励也是用户参与价值共创的动机之一。消费者可能会因为某些奖励，而积极地参与价值共创。激励可以分为非金钱激励和金钱激励两种。激励措施可能会激发已经具有内在动机的消费者作出更多、更好的贡献或吸引更多对该主题感兴趣的消费者。据此，我们提出以下假设：

H2：消费者参与价值共创是为了得到一些奖励，即激励动机。

在社区内，消费者不仅分享自己的知识和信息以帮助他人解决问题，同时也从社区中获得所需的知识，这种基于互利的动机被称作互惠利他动机。该动机促使消费者在社区中进一步参与到价值共创的活动中来。因此，**社交动机**成为驱动消费者参与在线品牌社区中价值共创活动的关键因素之一。据此，我们提出以下假设：

H3：社交动机是参与价值共创的动机之一，即社交动机。

3. 研究方法

为了验证以上研究和假设，本研究结合先行研究成果设计了测量各研究变量的具体问项，如表 5-1 所示，使用 7 分 Likert 尺度记录应答者对各问项从"完全不同意"到"完全同意"的态度评价。

表 5-1　各研究变量的具体问项

变量	题项内容	题项依据
期望动机	我使用该物品（产品）时发现其存在缺陷，愿意提出建议，从而参与到价值共创过程	
激励动机	该企业对参与价值共创者有虚拟货币时，我会积极参与价值共创	Chen，2012
	该企业对参与价值共创者有折扣优惠时，我会积极参与价值共创	
	该企业对参与价值共创者有虚拟货币可兑换奖品或服务时，我会积极参与价值共创	
社交动机	该企业为用户提供了良好的互动平台，我为他人提供解决问题的知识和信息，并从中获得自己需要的知识，所以我愿意积极参与价值共创	

本研究通过 e-mail、虚拟品牌社区论坛及 QQ 在线问卷、问卷星等网络方式，对具有用户参与产品创新体验的消费者进行了随机抽样调查，将无效问卷给剔除，保留了有效问卷。然后，采用 SPSS 11.0 软件进行信度检验，检查问卷的可靠性系数是否大于 Nunnally（1978）推荐的社会科学研究 α 系数在严格意义上必须大于 0.70 的基准。如果系数大于 0.70，则表明各研究概念的测量问项具有较高的内在一贯性。

在信度系数大于 0.70 基准值的时候，就可以做接下来的因子分析。通过因子分析法，探询客户网上参与动机所包含的因子数目，根据问卷中各个题项的载荷归纳出具体的动机因子，并加以命名。然后，通过描述性统计分析来了解客户最主要的参与动机。

使用因子分析方法得到 KMO 统计量，且根据 Bartlett's 球状检验的显著性水平判断数据适合做因子分析。在进行因子分析时，提取特征根大于 1 的共同因子，并用主成分极大方差进行正交旋转。对因子分析的结果按照贡献大小排序，证实影响领先用户在线参与新产品开发的动机是否存在。

最后进行描述性统计，根据各个变量的描述性统计结果的均值和标准差，能够了解各变量的基本特征，从而判断出三个动机中最重要的动机。

4. 研究结论

通过对消费者参与价值共创过程中动机的理论性分析，提出了三个主要的参与动机假设。采用探索性因子分析方法验证这些假设后，结果表明客户参与的主要动机包括期望动机、激励动机和社交动机。这三种动机从不同的视角揭示了驱动消费者参与的关键因素。企业要想将这些参与动机转化为实际的参与行为，就必须在充分理解消费者参与动机的基础上，采取各种策略来激发消费者的参与热情，以最大化地提升消费者的参与积极性。

5.6.2　大数据生态系统的影响因素分析

1. 研究思路

作为一种定性研究工具，文本挖掘技术通过编码分析、类别聚合与路径解析等手段，从文本中抽取出关键信息的关联模块，进而揭示有价值的知识见解。本研究之所以选择文本挖掘技术，主要基于以下考量。

（1）应对复杂生态系统与大数据挑战。随着企业生态系统的构建日益复杂，特别是在大数据时代背景下，相关议题的研究呈现出更强的探索性特征。此时，文本挖掘技术凭借其对模糊理论框架和不精确概念测量的高度适应性，成为深入剖析此类问题的理想之选。

（2）**揭示文本与企业行为的内在关联。**文本与企业实践活动之间存在着深层次的联系。通过文本挖掘技术，能够精准捕捉并直观展示隐藏于原始文本中的探索性研究成果，有助于深入理解企业行为背后的逻辑与规律。

（3）**方法学成熟度与可靠性。**近年来，基于文本挖掘技术的研究已在国内外学术期刊上发表了大量成果，形成了一套被广泛接受的操作规范与标准流程，确保了此类探索性研究所产生的结论具备较高的准确性和可信度。基于上述理由，本研究部分运用文本挖掘技术，对多家互联网企业的案例进行了深入考察，系统探讨了大数据环境下企业生态系统内部成员如何实现协同运作，以及在面对竞争压力时如何进行价值重构的策略选择。

2. 数据收集

在梳理好模型思路以后，下一步需要收集数据。收集数据的方式有三种。第一种方式是采用深度访谈的方式，针对提出的问题，求得公司员工的解答。例如："所在公司企业生态系统都包含哪些成员，你所处在什么部门"。第二种方式是发放调查问卷，并筛选出有用问卷，然后把数据记录下来。第三种方式是寻找二手数据，主要来源于报纸、期刊、网站、研究报告、统计年鉴等。

3. 模型构建

大数据平台企业生态系统建构模型分为三阶段。**第一阶段是文本编码，**文本编码的第一阶段涉及将文本数据转化为分析概念和范畴，具体分为**开放编码、主轴编码和选择编码**三个子阶段。在**开放编码阶段**，研究者对收集到的原始数据进行逐行分析，标注关键词或短语，形成初始的编码概念。接着，在**主轴编码阶段**，通过分析文本中的因果关系和逻辑结构，进一步整合和聚集这些初步概念，以识别核心现象和其背后的逻辑关系。最后的**选择编码阶段**则旨在建立不同范畴之间的联系，提炼出文本资料的核心故事线和主题，完成对文本材料的概念化处理，将具体的文本信息上升为抽象的概念和范畴，为后续的理论建构打下基础。**第二阶段是范畴聚类，**研究者根据前期的文本编码工作，形成了若干子范畴，这些子范畴处于一个高维空间中。这些子范畴代表了对原始文本材料的初步聚合，尽管如此，这样的聚合还不足以直接用于故事线的提炼。因此，范畴聚类的工作是必要的，其目的在于通过探索范畴之间的逻辑联系，将它们组织成几个更为紧密的凝聚子块。这些凝聚子块的形成是基于对概念间交叉关系、属种关系和因果关系的深入考察。在使用 UCINET 软件进行范畴聚类分析时，判定凝聚子块形成的标准是"三次以上的强关联"，也就是说，少于三次的弱连接关系在析出条件中不会被考虑。

通过这种方法,研究者能够更加系统和科学地组织文本编码的结果,为后续的故事线提炼和理论建构提供坚实的基础。根据上述凝聚子块分析,可以将多个子范畴进一步聚拢为少个主范畴。**第三阶段就是关系路径**。结合上述本文研究,进一步给出了范畴之间的典型关系路径。梳理出不同范畴之间的关系,和文本证据作对比,证明路径关系的正确性。

4. 研究结论

本研究采用规范的文本挖掘技术,以互联网企业为分析样本,以大数据驱动为前置变量,提炼得到大数据平台企业的生态系统建构理论模型,给出了大数据生态系统构建的具体路径和其成员之间的影像关系,对平台型企业大数据生态系统的构建具有指导意义。

5.7 本 章 小 结

本章旨在探讨在数字创新的背景下价值共创的实现机制。首先,研究探讨了消费者为何积极参与价值共创及其相关行为。在明确了参与动机后,进一步分析了新兴企业如何通过内部资源、外部环境及资源整合三方面来构建商业模式,以实现价值创造。其次,本章探讨了大数据如何影响生产模式的转型升级,并提出了一个分析大数据产业影响及商业模式价值共创路径的模型。

大数据时代,市场定位理论经历了新的演化。在这个数据驱动的时代,数据分析和统计方法成了新的范式,这一范式基于数据之间的相关性挖掘,为企业提供了更为准确的市场定位能力,使其能够预测消费者偏好并调控市场策略。大数据的兴起改变了传统的生活和生产习惯。传统生产模式中存在的效率低下、质量控制成本高昂等问题通过大数据得到有效解决。利用传感器等技术手段,企业能够及时发现并解决生产过程中的问题,提高生产效率和市场响应速度。

在大数据时代背景下,企业创新生态系统的构建经历了显著变革,核心企业从单一企业转变为多企业共建的创新平台。企业的生态优势不仅依赖于其创新能力,还取决于其在数据收集、分析和应用方面的能力。

本章基于数字创新驱动理论和价值共创理论,深入分析了数字创新如何影响企业的产品和服务创新,以及企业内部创业、用户参与价值共创和大数据生态系统之间的相互作用。此外,还探讨了数字市场在这一过程中的作用,提供了丰富的理论见解和实践指导。

第6章 数据创新驱动平台型企业价值共创的实现路径

前文已经分析了用户参与价值共创的动机和行为界定，并整合出价值共创的三种实现机理：内部价值共创、外部价值共创及内外整合的价值共创。由于平台型企业面临资源短缺、商业环境竞争激烈、生存空间被挤压等一系列问题，为更有效提供价值共创的实际解决方法，以帮助企业应对挑战，本章基于前文给出的价值共创实现机理及其实现过程中各要素之间的关系，研究平台型企业价值共创的具体实现路径。

6.1 数据创新驱动平台型企业的价值共创实现路径

6.1.1 数据创新驱动平台型企业面临的机遇和挑战

数字创新为企业发掘新的战略机遇提供了机遇。企业能够运用大数据技术对所拥有的数据进行挖掘、整合与分析，建立系统的数据系统，从而改进企业组织架构与治理机制。同时，随着用户的个性化需求日益增强，大数据技术在各行各业的广泛应用正逐渐改变着大部分企业的经营方式。

平台型企业在发展过程中面临着监管环境变得严格、发展缓慢、技术危机和边界模糊等一系列问题。**首先**，随着平台经济的迅速发展，加强监管势在必行，以解决隐私泄露、信息安全等问题。**其次**，当平台用户增长停滞时，企业需要思考如何利用现有优势寻找下一个增长点，腾讯支付就是一个典型的成功案例。ToB 市场的业务在整体市场中所占比例较低，平台型企业面临着如何有效识别自身在 ToB 市场能力的挑战。同时，新技术如 5G 移动通信和人工智能对平台型企业带来了冲击，需要考虑新技术是否改变了现有平台格局，并是否会引入新的竞争对手。例如，腾讯须思考抖音等以视频为主打的应用是否会取代微信。**最后**，社会组织和公司之间的边界越来越模糊，平台型企业不断利用数据资源和数字化手段拓展新业务。例如，美团外卖开始涉足其他领域，如美团优选、闪购、美团买菜、出行、共享自行车、叫车，以及餐饮供应链。为应对这些问题，平台型企业需要进行战略优化和创新，寻找新的增长点，加强监管合规，及时适应新技术变革，并灵活调整业务边界，以保持竞争力和持续发展。

6.1.2　数据创新驱动平台型企业的发展阶段分析

数字创新驱动的平台型企业可以分为初创期、胜出期和颠覆期这三个发展阶段。首先是平台初创阶段，此时竞争异常激烈，只有由超级企业家领导的企业并具备关键资源能力的企业才能最终脱颖而出。其次是平台胜出阶段，在这个阶段，企业享有行业大部分利润，并具备强大的竞争优势。最后是平台颠覆阶段，它有两种方式：一种是通过品类分化，垂直类平台大量涌现，逐步削弱原有平台的价值；另一种方式是彻底构建新的商业模式。在这个阶段，平台需要不断创新以应对竞争和变革。

6.1.3　数据创新驱动平台型企业价值共创实现路径的关系分析

关于价值共创的实现路径，**资源基础理论、社会网络理论、生态系统理论**等是学术界的研究热点。这些理论主要从企业之间的合作、竞合等角度展开研究，探究企业如何通过构建合作网络等方式，对生态系统或网络资源进行集成，从而达到共同的价值创造。资源基础理论表明企业资源和能力是企业创造经济价值的基础，新创企业对整合资源的有效配置，能够带来竞争优势（Wernerfelt，1984）。除对资源本身整合路径的探讨外，创业领域的相关文献还特别关注创业机会与资源之间复杂的交互作用。例如，有学者从系统性视角提出了"机会资源一体化"概念（Ardichivili et al.，2003；Sirmon et al.，2007；王玲等，2017；高洋和叶丹，2017），强调创业是机会与资源的整合行为，包括内外两种成长方式（高洋等，2019；高洋和叶丹，2017），探讨了机会与资源二者之间的交互关系，并研究了社会网络、初始资源禀赋对其的影响。但由于平台型企业有别于传统企业，两者之间存在显著差异，因此平台型企业的商业模式需要创新。从已有学者的研究中可知，在现有商业模式中，价值共创理论是一个比较成熟的研究方法，它能够有效地捕获客户、利益相关者及企业的投入价值，帮助公司实现价值共创的最优环境，促进价值共创主体的价值生产行为，实现商业模式创新。平台型企业商业模式创新是互联网背景下实现创新驱动的重要发展方向。

基于上文研究背景的分析，在上述研究得出价值共创实现机理的基础上，本章以平台型企业为研究对象，基于平台型企业的三个阶段：**平台初创**、**平台胜出**、**平台颠覆**，以及各个阶段的特点，结合价值共创的实际作用，对平台型企业的具体实现路径进行划分。**首先，在平台初创期**，此时竞争异常激烈，只有超级企业家领导的企业增加关键资源能力才能最终胜出，平台企业必须在不断扩张的过程中，发挥最优资源的作用，从而巩固其在市场中的竞争优势。而用户参与价值共创本质的目的就是整合资源，创造价值。因此，我们提出了**用户参与和价值共创的资源整合路径**，这是第一条路径。**其次，在平台胜出期**，胜出的企业独享行业大部分利润，具有强大的竞争优势，但这种竞争优势可能是短期的，企业必须构建出区别于其他竞争对手的长期竞争优势。已有研究表明，顾客参与不仅是竞争优势资源，更可能改变项目的短期结果并创造企业长期的竞争优势。并且，当企业持续成长时，单一的资源整合途径已经不能满足企业的发展需要。在现实生活中，创业机遇和创业资源是紧密联系在一起的，机遇的挖掘是以企业的资源为基础的，而资源的挖掘则是根据企业的创业机遇来进行的。因此，我们提出了第二条价值共创路径：**用户参与和价值共创的创业机会资源一体化路径**。**最后，在平台颠覆期**，企业进行颠覆有两种方式，一种方式是通过细分市场，开发专门的垂直平台，从而使原有的平台价值逐渐下降；另一种方式是通过颠覆性的重构来创建一种全新的商业模式。从现有研究中得出，价值共创理论是研究成熟的商业模式方法，第二类颠覆方式为本文的重点。平台模型将生产商与消费者之间的价值联系在一起，为各类市场主体提供了前所未有的交互与协作。平台型企业以平台为基础，聚集资源与能力，具备较强的共生特性，有利于快速应对动态环境的变化。因此，在商业模式创新的背景下，我们提出了一条**实现价值共创的途径**，即第三条路径。综合来看，这三条路径虽各有侧重点，但它们息息相关。平台型企业的三个逐级递进的发展阶段，恰好印证了这三条价值共创实现路径之间也是逐级递进的关系。从最初单一的资源整合，到双元的创业机会和资源的交互作用，再到最后的商业模式创新下资源和机会等元素整合为价值网络。且随着研究的不断深入，我们可以发现，不同的资源整合方式对商业模式创新的效果产生正向或负向的影响。三条价值共创的实现路径如图 6-1 所示。

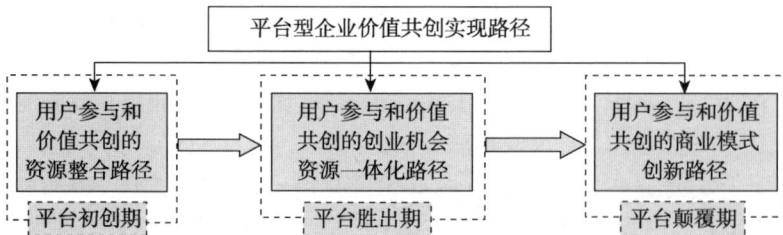

图 6-1　价值共创的实现路径关系图

因各条价值共创路线面对着不同的环境条件，有着不同的实现机理，接下来我们将用三个小节分别探讨这三条价值共创实现路径。

6.2 用户参与和价值共创的资源整合 路径——平台初创期

在平台企业的成长轨迹中，区分了三个关键演化阶段，首要的是其萌芽初期。在此阶段，平台企业面临着极为激烈的市场竞争环境，唯有那些由兼具核心资源掌控力及杰出领导力的企业家所引领的企业，方能脱颖而出取得胜利。因此，为了巩固其市场领先地位，平台企业在扩张市场疆域的同时，必须注重催化资源的优化配置效能。现有研究强调，客户参与程度与价值共创活动在增值流程中扮演着核心角色，而用户资源正是平台企业在其起步阶段实现资源优化的关键要素之一。鉴于此，平台企业应采纳策略，鼓励用户参与并推行价值共创，以此为杠杆撬动用户资源的优化潜力，并经由有效的资源整合策略，追求优化效应的极致发挥。这一策略不仅能够提升用户的忠诚度与满意度，还能有效增加交易频次，缩减运营成本，最终助力平台企业在市场份额与竞争优势上取得显著增长。

实现价值共创的核心在于精密的资源整合机制，该机制聚焦于资源的汇聚与联结操作，旨在识别并累积对企业至关重要的各类资源，进而在这一积累的基础上持续发掘价值创造的潜在机遇（Sirmon et al.，2007；蔡莉和尹苗苗，2009）。资源经整合转化而成的能力，每项能力的锻造均依托于特定资源配置模式。在此过程中，企业通过一系列定向行动直接促成了顾客感知价值的提升。值得注意的是，这种能力构建过程蕴含了有形资产与无形资产的深度交互作用，共同塑造了企业的独特竞争力（Liu Xiaomin and Liu Qizhi，2006）。高效整合资源不仅是培育企业核心竞争力的前提，也是确保其在市场中维持长期活力的关键。李政法（2016）的研究进一步证实，市场竞争中的优势地位往往归于那些擅长策略性资源整合的企业，而非简单占有丰富资源的实体。据此，企业应当设计并执行针对性的资源整合策略，以提高自身在这方面的能力，从而在资源竞争维度上取得显著提升。简而言之，资源整合的有效性直接关联到企业的资源竞争力，凸显了策略性整合在构筑持续竞争优势中的核心作用。

企业面对复杂多变的市场环境，必须灵活调整其资源整合战略以适应不同的需求和挑战。Sirmon 等（2007）提出的资源整合战略框架，为理解这一动态过程提供了有价值的视角。具体来说，这三种战略各有侧重。**稳定型资**

源整合战略倾向于维持现有的资源使用模式，强调在现有资源的基础上优化配置和提高运营效率。它并不排斥外部资源的引入，但更重视对内部传统资源的深度挖掘和有效利用，确保企业能够在熟悉的领域内稳健发展。尤其是对于资源有限或倾向于保守策略的初创企业，稳定型整合可能是首选，通过精细化管理现有资源来稳固市场地位。**完善型资源整合战略**侧重于在深入分析现有资源特性的基础上，探索这些资源之间的新组合方式，旨在通过资源整合的优化配置来提升资源的总体价值创造能力。这意味着不仅要维护和优化传统资源，还要探索如何将这些资源与其他内部或外部资源相结合，创造出新的价值点，实现资源的协同增效。**开拓型资源整合战略**更为激进，强调通过引入全新的资源或技术，与传统资源进行创新性结合，以开辟新的价值创造路径。它要求企业具备较高的创新意识和冒险精神，敢于突破常规，探索未知领域。开拓型整合能够帮助企业发现和利用新的市场机会，实现差异化竞争，但同时也伴随着较高的不确定性和风险。

在实际应用中，企业须根据自身的资源基础、市场定位、竞争环境及战略目标，灵活选择或组合运用这三种资源整合方式。例如，初创企业虽然资源有限，但在特定条件下，也可能采取一定的开拓型策略，通过创新合作模式或技术应用来弥补资源短板，实现快速增长。而成熟企业则可能在稳定和完善的整合基础上，适时融入开拓型元素，以保持竞争力和市场领先地位。总之，资源整合战略的选择和实施，应当是一个动态调整、灵活适应的过程，旨在最大化企业的竞争优势和市场响应能力。

6.2.1 基于资源基础理论的内部资源整合路径

资源基础理论表明企业基于资源和能力创造经济价值，新创企业对整合资源的有效配置，可以产生竞争优势（Wernerfelt，1984）。内部资源是指由企业所掌控、具有产权或使用权的营运资源。一个企业所拥有的内部资源的多少与质量，是其竞争优势的关键所在。内部集成是企业（或资产所有人）按照最优组合的原理，对企业内部各行业及业务进行重组与分配的过程。

基于上文的分析，结合现有研究发现——用户在价值共创中主要扮演信息提供者、合作开发者和创新者的角色；用户参与的根本目的是为企业提供需求和信息，这些需求和信息就是一种资源。结合三类资源整合方式——稳定型、完善型、开拓型，以及用户在参与价值共创中所扮演的不同角色，我们可以将用户参与的价值共创资源整合路径分为以下三类。

1. 稳定型的内部资源整合路径——用户作为信息提供者

稳定型的内部资源整合路径——用户作为信息提供者，是指在资源整合中，业务以传统的资源结构为基础，同时保留了目前所依赖的基本资源属性，如人员和技术。企业在现有能力基础上进行较小的改进，以实现稳定化。尽管并非所有资源都能创造价值，但企业内部信息的转化传播能创造资源价值。在此种情况下，用户仅为企业提供创新性的想法和需求。当用户提供了他们关于产品或服务的需求和反馈后，企业在现有能力的基础上，对内部资源进行整合。用户参与提供了企业多样化的创新视角和解决方案，有助于企业创造符合广大市场用户需求的独特产品。

当企业处于较高动态性、较高宽松性的环境下，宜进行稳定型资源整合（蔡莉和尹苗苗，2009）。动态环境是指企业所处的外部环境和内部环境，这些环境因其不断变化和发展、具有不确定性和多变性而被称为“动态环境”。环境因素对企业产生的影响可能不总是显著，但企业必须善于应对环境的不确定性。在高度动态的环境条件下，事物之间的相互联系经常变化，相较于其他环境，更为复杂。因此，在这种环境下，企业不宜发生较大的改变，而应该维持内部的稳定。此外，较为宽松的环境不会给企业的经营造成过大的压力，企业无须急于改变现状。因此，对于高度动态和宽松的环境特点，稳定型的资源整合方式更为适宜。

尽管稳定型的资源整合方式有其优点，但仍存在一些缺点。长期采用这种方式，企业可能难以适应外部环境的巨大变化，从而面临风险和挑战。此外，如果企业想要改变这种稳定型的资源整合方式，重新分配资源，建立新的平衡，需要较长的启动时间，可能会使企业错失一些重要的机遇。坚持传统的资源结构也可能牺牲创新，使企业无法发掘新的创新价值，最终可能被竞争对手模仿，失去竞争优势。因此，企业应该采取更加灵活、创新的资源整合方式，不断在外部环境和内部资源之间寻找平衡点，并及时调整。同时，企业管理者应该保持敏锐的洞察力，关注外部环境的变化，制定适合企业的发展战略，以应对挑战和机遇。此外，企业应该注重创新，不断探索新的商业模式和产业链，以发掘新的竞争优势。

在数字经济时代，用户参与作为信息提供者，对企业的创新具有重要的作用。信息提供者可以是信息的来源地，也可以是收集原始信息并加工、制作、传播的个人或团体。为了全面了解用户并充分利用他们所提供的信息，企业可以从以下几点入手。

（1）建立直接沟通渠道。企业能够通过线上或线下的方式与用户直接进行沟通；同时，能够开展用户调研活动、举办用户座谈会等形式，与用户交流并了解他们的需求和心理。不同的沟通方式能够获取不同层次的信息，因此建议企业采取多样化的方式，包括与用户进行深度访谈或是简单聊天，从而了解用户的真实需求和用户心理。

（2）**数据分析与问卷调研**。通过对产品数据进行分析，了解用户的偏好和特征；同时，通过问卷调查等方式量化用户信息，深入了解用户的特点和需求，并将其应用于产品设计和创新中。

（3）**通过整合用户信息和行为数据，建立用户画像，帮助企业快速了解用户的特征和偏好**。通过细分用户群体，企业能够更有效地满足不同用户的需求。

（4）**解读行业报告**。关注行业内的研究和报告，树立全局视野，从而更好地了解整个行业内用户的一般特征和趋势，为企业的创新提供更全面的思路和方向。

（5）**模仿用户体验**。将自己置身于普通用户的场景，体验产品的功能和使用体验，从而能够更好地理解用户的真实需求。这种模仿能够帮助企业发现潜在的问题和改进点，提高产品的创新性和用户体验。

在对用户有了初步的认识后，进一步探索其需求成为关键步骤。实现这一目标的两种主要途径是实施问卷调查与进行数据分析。在设计问卷调查环节时，须警惕预设偏见对用户的导向作用，以防偏离用户的真实需求，同时调研应坚持客观性和审慎性原则。通过这两种策略收集到的信息揭示：尽管积极提出反馈和建议的用户群体只占少数，我们将其归类为"专家型用户"；另一小部分用户在面对较低学习门槛时愿意尝试新特性，我们称之为"机会型用户"。值得注意的是，占比高达80%的庞大用户群，他们通常选择沉默，极少表达个人意见或建议。尽管"专家型用户"在调研中表现活跃，但其反馈有时导致开发出的功能并不适用于更广泛的用户群体。因此，在分析调研报告时，细分用户类型并区分核心需求显得尤为重要。应用"5W2H"框架有助于甄别伪需求，即通过询问谁（who）、何时（when）、何地（where）、为何（why）、做什么（what）、如何做（how）及成本（how much）来深入剖析。

一旦确定了用户需求及其代表群体，我们需要采用"三元素法"来呈现研究结果：一是撰写文档详述需求验证过程与相关数据；二是绘制用户画像，全面刻画用户的属性、职业、兴趣等；三是编织用户需求与应用场景相融合的故事，描绘特定情境下的需求情景。另外，数据分析相较于直接调研，在揭示用户实际需求方面更为可靠，因为它揭示的是用户的真实行为模式而非口头表达。用户往往表达愿望而非实际需求，而数据分析能从遗留的数据中发现真相。例如，微博早期数据显示，约30%的用户频繁使用私信功能，预示着对即时通信的需求，而微博未充分重视这一信号，间接促使微信等即时通信应用兴起。有效开展数据分析，确保数据来源的真实性、完整性与准确性是前提；与数据工程师及业务运营紧密合作，界定分析目标、数据范畴和统计方式。分析过程中，保持客观性和谨慎态度同样不可或缺。

随后便是对用户需求的记录，而记录的方法同样需要讲究。在经过不断的筛选和整理，根据需要，用户需求会被放入需求池。通常情况下，产品需求与产品的迭代是相互关联的，需求涉及新旧产品，因此对需求池进行系统管理显得十分必要。

（1）归类。如果在收到用户反馈之前已经有类似的反馈情况，只需将同种反馈统一记录，不必再将反馈视为新的需求。对于同一功能模块下的需求也可以按模块划分，将其归集在一处，从而进行简单分类。对于具备上下游关系的多个需求，可以梳理需求之间的关系，集中解决上游问题后，下游问题往往能迎刃而解。

（2）次数。对于同一种需求，需要记录反馈次数，以了解用户对几个问题的关注程度。然而，需要注意的是，需求的重要程度与反馈次数并非完全成正比，还需要考虑企业的产品战略规划、开发资源占用及开发难度等因素，以确定需求的重要性。

（3）频数。顾名思义，频数是指在一定时间内同一个需求被反馈的次数。此时需要从紧急性的角度来看待需求。通常情况下，新版本上线后需要特别关注这个指标。如果新版本上线后同一个问题多次被反馈，就需要考虑是否存在版本问题，并立即通知团队进行修复。

在用户提出需求后，企业要注意两点：**第一，企业对用户提供需求的反应很重要，企业必须让用户产生信任，展现出自己是非常了解产品的专家。**例如，在用户提出疑问时，企业能够判断大致是什么问题，解决方案有哪些，最适合该用户的方案是什么。如果目前没有解决方案，要清楚地说明这个问题是否在团队考虑范围内，若在考虑范围内，要说明目前所处阶段及预计的解决时间和解决方案；若不在考虑范围内，则须明确理由。最后，以委婉的方式告知用户原因。用户流失不可避免，但要向用户清晰地解释产品，并努力为用户提供更好的体验。**第二，进度跟踪。**一方面，需要参与到团队需求决策的过程中，确保充分理解用户的意愿。对于产品的决策，要确保充分了解用户的意愿；对于尚未确定的方案，条件允许时可以向实际用户了解对方案的偏好。另一方面，需要实时了解团队对需求的处理情况，如开发计划是否有调整，开发进度是否会延期，实际设计方案与用户期望之间的差距有多大，以及及时更新需求池的信息等。以上操作能够让我们在面对用户时，尽可能地减少错误信息的传递，从而实现用户需求。

　　海尔以前通过稳定的资源整合来进行资源的整合，但这一模式的使用者，却是从企业的员工开始，一直延伸到了普通用户。海尔把原来由经理负责的分配权力和决策权交给了员工，让员工从过去只知道接受指令和安排的创造性中解放出来，激励他们根据自己的个性化、动态性的需要去创造自己的价值。在充分授权的前提下，通过平台的信息化窗口，员工能够与使用者进行互动，主动寻找真实的使用者需要，并组织团队来实现自身和用户的价值。他们依靠平台企业建立起来的技术、规则、机制、服务等，实现了资源共享与价值共创。海尔以这个理念为基础，把每个员工都打造成一个企业家，并能迅速地满足客户的个性化需要，一步步地把海尔推向一个平台。

　　另外，海尔也积极地组织并参加了各类"创意者"的活动，其中就有各类"创意者"竞赛。海尔特别设立了"M-LAB"创客工作室，把有创造力的人们聚集在这个平台上，让他们的思维和想法迸发出最绚烂的光彩，再用创客的实际行动把这些想法转化为现实。海尔创客平台为创客提供了展示创意、公开交流、项目孵化等多种形式，并提供了相关的资助，促进了创意的转化。

　　以上种种表明了该种价值共创模式的正确性和可行性，证明了平台型企业以用户需求为导向，根据用户评价及整合平台资源实现不断优化是一条可行的路径。海尔的例子值得各位企业经营者深思。

　　2. 完善型的内部资源整合路径——用户作为合作开发者

　　完善的目标是拓展和延伸当前的能力。该策略重视深入挖掘传统资源的属性，创造性地将其联系起来，构建新的资源结构，以进一步提升传统资源的价值创造能力；用户作为一个协作的开发者，能够直接地参与到企业的创新研发过程中，和企业的研发人员一起来决定产品的功能或者是接口的设计。这对于提升企业的新产品创新的绩效是有一定帮助的。在缺乏新资源的情况下，企业能够利用这一战略来开发传统资源的价值，并探索连接这些资源的新方法。充分的资源整合强调传统资源结构的"稳健创新"，既更新了价值创造，又开发了商业模式的创新价值。虽然无法形成新的资源结构，但依旧带来了与以往不同的资源连接方式，这意味着传统资源仍能发挥作用，进行投资时围绕这些传统资源是稳妥可靠的。用户作为合作开发者，能够增强用户的荣誉感，并且由于用户能够站在自己的角度，利用更强的判断力对备选方案进行评价和选择，因为他们能够在产品设计、制造、优化及产品界面的说明等方面作出贡献，与企业共同创造新知识，并使企业获得并应用具有战略价值的组合顾客。

　　确实，在工业产品设计与开发过程中，用户参与的角色远超于简单的消费者范畴，他们更多地扮演着协作开发者或共同创造者的角色。这与消费产品领域存在显著差异，后者中用户参与往往局限于市场调研、产品测试及后期反馈等环节。在工业产品特别是 B2B（企业对企业）场景下，由于产品复杂度高、定制化需求多、使用环境专业，用户的直接参与对确保产品贴合实际需求至关重要。例如，微软等软件公司邀请用户机构代表参与产品开发，这不仅能够确保产品在设计初期就能贴近市场真实需求，还能在开发过程中及时调整方向，避免资源浪费。Cisco 等网络设备制造商的做法也体现了这一理念，它们通过与客户紧密合作，能够更好地理解行业动态和技术趋势，从而开发出更符合行业标准和用户期待的产品。

当用户作为协同开发者参与到企业活动中，这种深度合作模式对企业和用户双方都提出了更高要求。从企业层面来说，需要建立更为开放的沟通机制和协作平台，确保用户反馈能够迅速转化为产品改进的方向。同时，企业要具备高效管理这些外部贡献者的能力，这包括但不限于设置清晰的权限边界、提供必要的培训支持及建立合理的激励机制。而用户层面要求参与开发的用户或机构需要投入时间和专业知识，他们可能需要学习新的沟通工具和工作流程，以确保能够有效参与到产品开发的各个环节中。此外，他们还需要在保护自身商业秘密与分享必要信息之间找到平衡点。这种合作模式虽然增加了管理成本和提高了技术实施的复杂性，但从长远来看，它能显著提升了产品与市场的匹配度，加速了产品创新，提升了用户忠诚度，并最终推动企业的可持续发展。因此，尽管初期投资较大，但通过构建这种以用户为中心的协同开发体系，企业能够获得更高的市场竞争力和更稳固的市场地位。

在此基础上，我们还可以通过一些使用者在产品设计中的实例，来深入理解用户在产品设计与创新中的核心作用，以及企业如何通过有效吸纳用户反馈和参与，实现产品与服务的持续优化与创新。**海尔电器公司的案例**显示了企业如何通过细致入微地观察用户需求，实现产品创新。海尔建立用户档案和倾听用户革新方案的举措，不仅体现了对用户意见的高度重视，还通过用户的直接反馈（如对空调安装过程中产生灰尘的不满），催生了"无尘"设计的诞生，这一改进不仅解决了用户痛点，还为企业带来了产品差异化优势，提升了品牌形象。**海乐气体处理设备与中国地质大学的合作**展现了跨领域合作的力量。通过与科研机构的紧密合作，海尔不仅开发出了性能优越的"钻石"型钻井设备，满足了特定行业需求，还借此拓宽了新的市场领域，提升了企业的技术竞争力和市场适应力，证明了产学研结合在推动技术创新方面的巨大潜力。**久美船舶器材公司**强调与客户紧密合作的重要性，通过在产品开发全周期中与客户的深度互动，久美不仅加快了产品创新的速度，还确保了产品能够精准对接市场需求，提升了市场竞争力，体现了用户参与在缩短产品迭代周期、提升市场响应速度上的显著效果。**宝洁公司的"创意集市"**

是一个创新的合作开发平台，它打破了传统的研发边界，允许外部机构和个人参与到产品创新中来。这一举措不仅拓宽了创意来源，使宝洁能够更快捕捉市场趋势和消费者新需求，还通过众包模式大幅降低了研发成本，加速了创新周期，展现了开放创新模式的巨大价值。从上述案例可以看出，用户在工业产品设计与创新中扮演的协作开发者角色，不仅推动了产品与服务的个性化、人性化发展，还促进了企业技术创新能力的提升，提高了企业的市场竞争力和可持续发展能力。这些实例充分证明了以用户为中心的创新模式是现代企业赢得市场、驱动增长的关键所在。

那企业如何邀请用户参与产品开发呢？简单来说可以这样做：第一步，通过利益驱动用户填写简单的问卷或其他形式。其目的是告知用户即将上线一款新产品，以获取用户的初步反馈。第二步，对于那些提供认真反馈的热心用户，及时回复并持续与其互动。被回复的用户同样会关注企业方的反馈。通过这种互动的过程，能够开启与用户的深入对话。对话的过程本身就是产品开发的一部分，用户会逐渐期待与企业方共同开发的产品最终成型。第三步，与用户建立联系后，为其提供方便的反馈渠道，如微信小程序、微信朋友圈、邮箱、公众号、微博等。对收到的用户反馈进行分类，包括产品缺陷、用户意见、功能建议等。企业再对这些反馈进行回复。通过这一过程，企业能够初步确定哪些通过渠道反馈的用户具备积极参与合作开发的潜质。

用户反馈信息后，企业首要确保能够利用好用户所提供的意见和建议。以知识管理为出发点，企业吸纳用户参与新产品开发活动即对用户知识进行有效获取和整合的过程。从这个角度出发，企业可以采取以下措施。第一，建立学习型组织，在企业内部建立学习型组织，通过适当的渠道获取及时、真实、有效的知识。第二，鼓励开放交流，允许不同观点的存在，在与用户的协调开发中促进新的见解；鼓励开放、广泛地交流，确保内部业务和战略信息渠道畅通，培养员工的系统思维，形成整体动态思维模式。第三，双向学习，在用户参与产品开发过程中，企业内部员工可以向用户学习知识，充分挖掘用户的潜力，并成功获取用户的知识；建立有效的学习机制，鼓励组织成员保持良好的学习态度，在有需要时进行知识管理培训。第四，将外部知识内化，企业内部员工不仅需要吸收和应用新的外部知识，还需要将其融入组织，嵌入到企业的产品或服务中，以确保新产品的成功；普及和整合组织的知识水平对知识的适用性至关重要。第五，建立学习型、开放型、合作型的企业文化，促进企业员工充分利用用户资源，密切关注用户需求的变化，并作出适当的回应；建立积极的用户参与氛围，使用户能够主动参与产品设计和开发过程。

3. 开拓型的内部资源整合路径——用户作为创新者

领先资源整合策略的核心在于创新性地融合新旧资源，通过这一过程催生前所未有的价值创造能力。该模式区别于传统方法，着重于不断优化和重塑资源结构，旨在构建一种持久的竞争优势基础。这种结构的独到之处在于其难以被对手迅速复制，从而确保了企业的市场领先地位。在此模式下，用户不再仅仅是产品或服务的被动接收者，而是转变为积极的创新推动者。Von Hippel（1994）的用户创新理论进一步强化了这一观点，视用户为创新活动的发起者和实施者。企业在这里扮演的是支持者和促进者的角色，通过提供必要的技术支持框架，鼓励并协助用户跨越企业与用户之间的界限，参与到产品或服务的创新开发中来。这一做法巧妙地绕过了隐性知识传递中的固有障碍，即信息的黏滞性，因为用户自身便是其需求的最佳理解者。企业构建的技术支撑平台和创新生态系统，为用户直接参与创新活动提供了舞台。用户在这个开放平台上自主探索、设计和改进产品，企业则专注于整合这些用户创新成果，进行最终的产品化和市场化。这种模式的优势在于，企业能够间接但高效地捕捉用户需求，减少了传统市场调研中可能存在的信息失真，使得产品开发更加贴近市场需求，提升了创新效率和市场响应速度。

当企业资源有限的情况下，采用开拓型的资源整合路径并不明智。频繁尝试创新性的资源聚集方法可能导致资源短缺，无法为创新提供足够支持。例如，有一家企业在成立初期为91名外籍教师提供了大量资金支持。然而，在后续发展中，由于主力事业的懈怠、战线过长和过快的资金消耗，资本链遭到破坏，最终导致失败。在企业处于高动态低松散的环境中时，必须采用更为谨慎的资源整合路径。

在互联网信息技术的影响下，虽然对启动资源的访问量在增加，但要得到外部资源拥有者的支持仍然相当困难。研究显示，企业风险资本的五分之一来自个人，这严重限制了风险投资的增长。为了得到外部资源拥有者的支持，企业必须支付高昂的成本，这些成本可能导致外部资源的获取费用变得无法弥补，进而影响到通过综合资源所获得的收入，从而损害企业业绩。此外，新资源的引入和重组是有限的。如果新资源持续部署和重建，交易费用将上升，企业的整体绩效将难以维持。这一举措也对企业本身的能力提出了巨大挑战。随着新资源引入规模的不断增长，企业对这一活动的控制将变得越来越困难，而且由于资源结构和商业模式的不一致，将损害企业的整体绩效。例如，一家公司开始与视频网站进行版权分配，并很快将体育、金融、汽车、手机等领域纳入其中。尽管引入了大量人力资源和资金，但由于无法有效整合不同领域的资源，该公司目前面临着严重的商业危机。因此，为了避免以往的资源结构问题，采用成本高昂的先驱性资源整合方法并不是一个好的选择。

面对动态变化和资源有限的环境，企业采取的资源整合策略应当灵活且具有前瞻性。稳健的领先型资源整合方式侧重于企业内部资源的优化与重组，以及通过引入新资源构建难以复制的竞争优势。这要求企业深刻理解自身的核心竞争力，并不断调整资源结构以适应市场变化，确保长期稳定的发展。而在高度动态且资源松散的环境中，企业则应采取更为开拓进取的资源整合路径，积极寻找和利用新兴资源，通过不断地探索和实验来提高企业的灵活性和创新能力，从而驱动业绩增长。

（1）关于用户参与创新的不同阶段，用户参与的时机与程度对创新成果**有着显著影响**。早期创意生成阶段，虽然家庭成员等非专业群体的介入效果有限，但在研发执行期间，独立创新用户的深度参与能显著提升企业的创新效率。进入商业化阶段后，与先发用户的紧密合作成为推动技术创新的关键因素。这强调了企业在不同创新阶段应精准识别并调动最合适的用户资源，避免未能有效整合独立创新成果导致的风险。因此，企业需要建立一套动态调整的用户参与机制，根据不同阶段的需求和用户特性，合理配置资源和引导用户参与。例如，初期可能更多依赖开放创新平台吸引广泛创意，中期则加强与技术爱好者的合作深化研发，而商业化前夕则须紧密绑定早期采纳者，共同推进产品迭代与市场适应。通过这种分阶段、差异化的策略，企业能够最大化用户参与的价值，实现创新绩效的持续提升。

（2）在企业创新过程中，与外部合作伙伴的互动程度需要达到一个"**最佳平衡点**"。与企业交互程度最深或最浅的合作者，如深度嵌入的企业内部的共同开发者和相对独立、交流较少的独立创新者，他们对企业创新能力的提升作用可能不如那些中等交互程度的信息提供者显著。信息提供者作为桥梁，既能带来新颖的知识和视角，又不至于过度增加企业管理成本，从而更有效地促进创新。这个发现强调了"适度原则"在开放式创新和用户参与策略中的重要性。一方面，企业需要外部输入来丰富其知识库，激发新的创意和技术突破。另一方面，过深的交互可能导致管理复杂度和成本的激增，影响到企业的运营效率和盈利能力；而过浅的接触则可能无法充分挖掘和吸收外部智慧，错失创新机会。因此，企业应当设计和实施一种机制，该机制既能有效吸引并利用中等程度参与的伙伴（如活跃的信息提供者）的知识资源，同时也要合理安排与深度共同开发者及独立创新者的合作模式，确保互动既深入到足以获取有价值的见解，又不至于过分增加管理负担。这可能包括设置灵活的合作框架、明确的沟通渠道和激励机制，以及采用数字化工具来降低协调成本，从而在维持成本效益的同时，最大化外部合作对创新能力的正面影响。

（3）用户在企业创新过程中扮演的角色多种多样，其参与程度和方式对创新能力的提升有着不同的影响。用户作为信息提供者，通过直接分享市场洞察、需求反馈或是在特定领域的专业知识，能够直接或间接促进企业产品或服务的创新，这种参与形式较为普遍且基础，易于实施，且能够迅速为企业带来信息价值，帮助企业作出更加精准的市场定位和产品优化决策。信息提供者的角色体现为一种灵活多样的知识交流，不仅限于技术层面，还包括市场趋势、用户习惯等多维度信息，这些都能够丰富企业的创新资源库。相比之下，用户作为共同开发者和独立创新者，则更深入地参与到企业创新的实质性活动中，他们的角色要求企业具备更高级别的治理结构和资源配置能力。共同开发者通常需要与企业团队紧密合作，共同设计产品或服务，在这种模式下，技术性授权成为必要条件，确保用户能够无障碍地贡献创意、参与设计过程，并可能涉及知识产权的共享。而对于独立创新者，他们可能在企业外部自行研发新技术或解决方案，企业需要通过技术授权等方式吸纳这些外部创新成果，将其转化为企业内部的创新资源。这两种参与方式对企业管理提出了更高要求，如明确的合作协议、合理的激励机制及对知识产权的有效管理，以避免资源浪费并促进创新成果的有效转化。

DHL 将从其客户及其在世界各地的合作伙伴那里获得的专业知识与技术，其中包括弗劳恩霍夫应用研究推广学会和麻省理工学院，并将其与其合作伙伴一起出版其年度主要刊物《物流趋势雷达》。这个系列的目的是确定和评估社会、商务、科技的发展趋势如何影响物流产业，并为其他的趋势研究计划打下坚实的基础。敦豪趋势研究小组也曾出版过多份有深度的研究成果，如《共享经济》《全渠道物流》《机器人技术》《3D 打印》等。这些研究将检视行业的最新动态与最佳做法，找出不同的发展趋势，并将重点放在物流产业上。此外，DHL 还在世界各地设立了多个研发中心，与顾客进行交流。同时，他们还与业界内、外的专业人士进行深度沟通，共同探讨最新的科技发展动向及创新物流解决方案。通过这些创新的学习中心，DHL 举办了一系列的讲座，使参与者所面对的问题有了更深刻的理解。每一次客户的来访，都会在双方之间产生灵感的火花，一起解决当前的问题，并为客户的未来发展提出战略意见。为更好地促进企业创新，DHL 趋势调研小组广泛动员企业及产业伙伴，通过原型系统开发与方案论证，形成"物流产业应用案例"。这一协作为 DPDHL 集团的各个商业单元率先发展新的解决方案奠定了基础，同时也促进了更多的解决方案及服务的组合。

6.2.2 基于社会网络理论的外部资源整合路径

除对内部资源进行整合外，我们还可对外部资源进行整合。随着企业的不断发展，企业内部资源发展模式逐渐暴露出许多问题：首先，企业规模的扩大受到限制，导致企业内部经营管理变得更加复杂；其次，规模扩张容易导致供给过剩，引发恶性竞争；最后，整合内部资源导致企业资源配置相对固定，企业转换成本较高，难以适应信息时代对市场环境求新求变的需求。不同的资源整合模式源自不同的经济形态，当工业经济时代转向知识经济时代，企业资源整合模式的调整成为一种必然的趋势，且资源整合也不再是内部资源整合，还有企业外部资源整合。基于以上分析，我们提出了基于社会网络理论的外部资源整合路径。

社会网络理论的核心在于它深刻揭示了人际关系网络如何构成社会结构的基础，并且影响个体及组织的行为与结果。在这一理论框架下，学者们从不同角度探讨了社会网络的结构特征及其对资源流动、信息传递、社会资本积累等方面的影响。Granovetter（2007）的"弱关系优势"理论强调了那些跨越不同社交圈的较弱联系在信息扩散和机会传递中的桥梁作用。这种弱关系因其连接不同社交集群的特性，能够为个体提供更广泛的信息资源和非重复的机遇，从而促进创新和职业发展。Krackhardt（2008）和边燕杰的研究则突出了强关系在社会网络中的稳固性和资源密集性。强关系基于深厚的信任和频繁的互动，能为个体提供情感支持和关键资源，尤其是在需要高度信任和合作的情境下，显得更为重要。Burt（结构洞理论）的观点则是，个体如果能处在两个或多个不直接相连的网络群体之间的"结构洞"位置，便能成为信息和资源的中介，这种位置优势让他们能够掌握更多的控制权和信息不对称优势，从而获得竞争优势和利益。Bourdieu 和 Coleman（2008）及林南等学者的资本论视角，将社交网络视为社交资本流动和转化的平台。社交资本是指通过社会网络中的关系能够获得的实际或潜在资源，如信任、声望、信息等。这种资本在社会交往中不断积累和交换，成为个体或组织获取其他类型资本（如经济资本、文化资本）的关键途径，进而影响社会地位和行动能力。

企业能够从不同的地区和各种关系网络中选择用户参与价值共创，增加信息流和信息资源种类，抵消弱理论和强理论所描述的缺点。例如，从弱关系网络获得信息是困难的，但是能够扩展信息，容易地获得来自强关系网络的信息，但是信息的重复率和无益率很高，并且由弱关系带来的信息具有更高的机动性，经常给更高的平台和社团带来信息接收者；强关系能够巩固和稳定当前平台位置。如果我们选择科学参与的用户，我们也许可以整合两个优点。根据结构理论，处于结构大体之上的社会成员，因为他们有不同的接触通道，能够从网络的不同成员那里获得信息。在复杂的网络中，相关个人之间信息和资源的交换与传递具有很大的重现性，其作用非常低，但广泛的用户参与度能解决这一问题。因此，我们需要利用好用户参与价值共创所带来的信息资源。

社会网络理论论述了个体或组织之间的某种关系所带来的资源的流动。这些资源流动对个体或组织产生了影响。能够获得更多信息和资源的个人或组织能够占据网络"分发中心"的位置，从而在竞争中获得优势。为了得到这种资源，可以使用同盟组合理论。即被编入多个合作的企业为了获得创造价值所需的资源，调整并达成综合价值共同的伙伴关系。如何实施联盟组合，包括三个主题：联盟环境、组织间关系的组合、联盟组合的多样性。这三个主题讨论了如何从联盟产品组合的合理管理和控制方面结合联盟、联盟产品组合合作伙伴的选择，以及多个合作伙伴的不均衡配置。因此，将基于社会网络理论的外部资源整合路径划分为以下三类。

1. 联盟环境

联盟环境下的企业合作策略与管理控制是确保合作成功与创新可持续性的关键。在此背景下，企业通过精心挑选联盟伙伴和设计适应性组织结构，采用组合战略来降低合作过程中的不确定性与风险。管理在此过程中扮演着核心角色，通过基于信息的决策和行动，管理者引导组织适应联盟环境，维持或调整运营模式以促进协同效应。联盟组合与管理控制框架的融合，为应对创新的不可预测性与追求持续效益提供了一种平衡机制。企业运用多样化的控制手段来管理联盟间的复杂关系，确保即使在合作关系紧张或充满挑战的情况下也能保持稳定。选择联盟伙伴时，除了考虑文化契合度与特定合作目标，还须关注环境变化对联盟规模和多样性的影响。当环境被视为机遇时，企业倾向于扩大联盟网络和增加多样性以捕捉更多机会；反之，若视为威胁，则可能收缩联盟规模，集中资源以降低风险。在联盟内部，资源与服务的优化配置是实现资源共享与协同创新的关键。这不仅仅是资源的简单聚合，更是通过网络化环境下的系统性整合与创新，实现服务的标准化、动态协调和无缝连接，从而提升系统的整体性和灵活性。基于 Web 的协作服务平台，通过集成服务、动态协调机制和强化的互操作性，显著提升了服务质量和竞争力，超越了单一数字资源库的简单功能累加。图书馆联盟作为这一合作模式的典范，展示了通过合理构建联盟实现资源与服务优化整合的长远价值。它不仅促进了图书馆资源的共享与服务创新，还强化了整个图书馆系统的综合功能与竞争力，成为图书馆界面对数字化时代挑战、寻求长期发展的重要战略选择。总之，成功的联盟管理与控制，结合环境适应性与创新策略，是当代企业及组织合作成功的关键路径。

2. 组合组织间关系

联盟网络的效能确实不能单纯依赖于网络的广度或规模，关键在于网络中核心组织及其子单元的独特属性，以及对联盟网络的战略潜力进行精准管理和优化的能力。研究强调，与规模大、创新能力强的伙伴建立联盟关系，对于推动企业自身的创新进程和促进增长具有显著作用。这种合作不仅限于可见的资源和技术流动，它还是一种深层次的社会互动，能够传递参与者的市场地位和行业影响力信息，彰显企业的品牌价值和社会资本。联盟组合的构建和维护，实际上是一种策略性的社会资本累积过程，它不仅关乎物质资源的互补，更重要的是认知资源和关系资本的相互补充。企业的信誉、历史表现及其提供的产品和服务的可靠性，成为其在联盟网络中吸引力的重要来源，有助于吸引更多高质量的合作伙伴，形成更加稳固和有益的网络关系。因此，企业应当注重提升自身的核心竞争力，同时通过有效管理联盟关系，促进知识共享、技术创新和品牌声誉的正向循环，以此在竞争激烈的市场环境中获得持续的发展动力和竞争优势。

3. 联盟组合多样化

联盟投资组合的多样性是指企业通过与不同背景、资源和能力的伙伴建立合作关系，以此来丰富自身的资源基础和战略灵活性。这种多样性能够帮助企业接触到更广泛的知识、技术、市场信息和资源，从而在多变的商业环境中更好地分散风险、应对不确定性，并促进创新。合作伙伴的不均匀性，即合作伙伴之间在规模、专长、地域等方面的差异，能够促使联盟内的互补优势更加明显，进一步推动价值创造。研究指出，企业在通过合作来寻求资源时，协同多样化组织的策略是关键。这意味着企业不仅要看重合作伙伴的多样性，还要确保这些多样化的伙伴之间能够有效协同，共同创造出大于各部分之和的整体价值。此外，为了确保合作效率，企业需要建立或优化自身的治理结构，以最小化合作过程中的管理成本和摩擦，确保合作的顺利进行。

对于创业者企业而言，平衡联盟投资组合显得尤为重要。这意味着要精心挑选和管理不同类型的合作伙伴（如供应商、客户、竞争对手、高校和科研机构等），并考虑合作伙伴之间的条件一致性，即合作伙伴之间是否存在互补性、协同效应或潜在冲突，以及这些关系随时间演变的稳定性。在实践中，与供应商和客户的持续合作有助于企业维持竞争优势，提高现有产品品质和服务，实现渐进式创新。而与竞争对手的不连续战略合作，尽管看似矛盾，实则可以打破传统竞争格局，通过共享风险和资源，共同探索新市场或技术前沿，推动突破性创新。同时，与高校和科研机构的长期合作，为企业提供了前沿科技和人才的持续输入，对于实现科技创新和突破性进展至关重要。

6.2.3　基于生态系统理论的内外部资源整合路径

生态系统理论是指生态系统由多边合作伙伴的联盟结构定义，这些合作伙伴需要互动以实现一个焦点价值主张。生态系统理论具有以下几个要点。

1. 对齐结构

生态系统的成员之间有明确的位置和活动流。一致性是指成员之间就这些位置和流动达成一致的程度。不同的参与者，其终态及目的也不尽相同。一个成功的生态系统，就是让每个参与主体都能满足自己的地位，也就是在一定程度上实现了帕累托平衡。

2. 多边

生态系统本质上是多边的。这不仅意味着合作伙伴的多样性，还意味着一组关系不能简单地分解为双边互动的集合。我们已经有丰富的语言来讨论双边关系，从市场与等级决策作为交易成本经济学基础，到解决关系合同的现代改进。同样，简单地按照直接和间接关系完全分解的多边性也不需要采用生态系统方法。对于重要的生态系统结构，这些关系之间必须存在关键的相互作用。多边相互依存关系可以看作双边关系的集合，不需要引入新的结构。

3. 一组合作伙伴

合作伙伴的定义属性是他们是价值主张所依赖的参与者，无论他们是否与焦点公司有直接联系。"为了实现一个核心价值主张"这个定义中固有的论点是，在战略中对生态系统进行分析的生产水平是价值主张，并且关注的是实现其实例化所需的活动。关注价值主张——努力的目标是要获得的承诺利益，而不是企业要交付的东西——以一种自然的方式扩展分析以明确地纳入合作伙伴。综上所述，关于价值共创的实现路径是基于资源基础理论、社会网络理论、生态系统理论等为基础，集中从企业之间的合作、竞合等角度展开，探究企业如何通过构建合作网络等方式，整合生态系统或网络资源，进而实现价值共创。在将资源分为内部资源、外部资源、内外部资源的基础上，契合资源基础理论、社会网络理论、生态系统理论的特点，本文将用户参与价值共创的资源整合路径分为这三种路径：基于资源基础论的内部资源整合路径，基于社会网络理论的外部资源整合路径，基于生态系统理论的内外部资源整合路径，如图 6-2 所示。

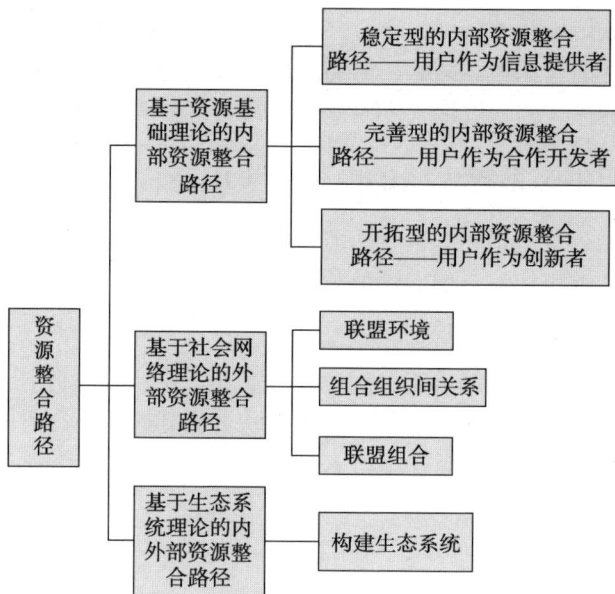

图 6-2　用户参与和价值共创的资源整合路径

6.3　用户参与和价值共创的创业机会资源一体化路径——平台胜出期

已有关于用户参与和价值共创的研究表明，厘清用户参与企业价值创造的动因非常重要。而用户参与价值创造的动机是一个复杂的体系，特别是数字技术的出现，用户与企业、用户与用户之间的关系及互动发生了根本性的改变。因此，必须深入创业全过程，仔细梳理用户参与、影响因素及其对参与行为的影响，才能清楚用户参与背后复杂的动机体系。现有文献对为何用户参与创业并未进行较为系统的梳理与回答。相比于一般创新活动而言，创业强调跳出已有知识约束，在行为选择时更偏向于先动性的创业活动；同时又面临资源约束、经验知识不足、业务模式不完善、社会网络不健全等"新颖性劣势"，在成长初期呈现出高度不确定性和模糊性。这些独特性势必决定了在用户参与和价值共创领域已有关于用户动机的探讨并不能完全适用于创业领域。有必要以数字创新驱动的新企业创业为对象，展开专门的用户参与动机的研究。尽管用户参与数字化创新已成为大数据时代的重要模式，但现有文献还较少考虑用户参与的价值获取问题（肖静华，2020）。尤其是数字创新驱动下，用户参与、价值共创的互动机制是什么？尽管这些问题极其重要，但现有研究还缺乏这方面的探讨。

随着数字技术的发展，用户个性化需求得到极大满足，用户需求从传统环境中的大模块集中转变为情景化与碎片化呈现，对创业机会识别提出了新的挑战。同时，数字技术的出现让传统以企业为核心、其他网络成员为辅的单主体资源一体化转变为用户、企业与其他利益相关者在创业过程中平等、共享的多主体机会与资源的共同开发。作为重要价值决定者，用户参与到创业中势必改变原有资源与机会间的关系，必须将用户等其他主体角色纳入体系中，重新思考资源整合与机会资源的一体化路径。共同创造价值对用户和企业都非常重要。让用户参与共同创造价值能够帮助企业提高服务质量，降低成本，改进现有产品等。通过参与价值创造，用户能够得到他们满意的产品，并产生一种成就感；同时，用户的利益也会对公司产生影响，如提高客户满意度和忠诚度。即时且经济高效的互动产生了更丰富多样的成果（Eiteneyer et al.，2019）。创业者能够更加便捷地了解目标客户和市场，从而提高创业者/团队的创业意向（Nambisan et al.，2018）；同时，诸如云计算、大数据等数字能力的嵌入使创新参与者之间的合作与协调更加高效，极大地提高了产品和服务创新的效率，优化了产品和服务的价值创造过程（Yoo et al.，2010），产品/服务或想法的测试与验证过程更加简化，提高了数据收集与分析的效率与资源配置和价值创造的能力，并降低了创业的试错成本（Amithe Han，2017）。

基于以上分析，本节采用文献回顾和多案例研究的方法，首先简要阐明创业机会资源一体化的概念和创业机会资源一体化体系，其次阐明资源和机会之间的关系，在探究用户参与价值共创对机会和资源的影响后，将用户纳入创业机会资源一体化体系中，重新思考创业机会资源一体化路径。

6.3.1　创业机会资源一体化的内涵

葛宝山和高阳等人（2015）运用系统理论思维，试图解开机会发展与资源开发之间的关系，并首次创造性地提出了机会—资源整合的概念。高阳等（2017）从能力的角度进一步探讨了其本质特征，机会资源整合活动有助于企业建立更高层次的动态能力，是企业持续竞争优势的重要来源。高阳等（2017）将机会资源的整合分为两个子维度：内部整合和外部整合。其中，内部整合倾向于通过"集中现有资源创造新机会"和"配置现有资源实现新机会"来促进企业的发展；而外部整合则强调了企业外部力量的关键作用，特别是在识别机会和对外集中资源时，识别和获取外部资源的重要性。

6.3.2　机会资源一体化中机会资源之间的作用关系

为了分析用户参与对资源和机会的影响，先要明确机会和资源整合中资源和机会的互动关系。为了解决这个问题，本节在上一节对机会、资源二重性理论的简要概述基础上，首先将机会与资源的互动关系分为两类，即"机会下的资源"和"资源中的机会"；其次，通过广泛的文献回顾，描述机会与资源关系的详细机制，阐明机会与资源的相互关系。

关于机会资源研究的主要思想是机会如何影响资源。机会发展的过程可以分为机会识别、机会评价和机会利用（Shane and Venkataraman，2000）；资源发展的过程可以分为资源识别、资源获取、资源整合和资源利用（Sirmon，2007），由于它们是在机会的同一时期发展的，因此可以统一为资源配置和资源利用。为了清楚地解开机会和资源之间的复杂关系网，本研究选择了部分发展的五种行为，它们具有相对的影响力、高度的有效性和典型的代表性，总结如下。

1. 机会对资源的影响

（1）识别机遇如何影响资源识别。"机遇辨识"对资源辨识产生怎样的影响，揭示了在不同途径与特征下，资源辨识的选择。柯兹纳（1973）认为，企业对于机遇的预期与认识，是企业寻求具体的资源，然后为他们匹配合适的资源。Casson 和 Nigel（2007）认为，机遇识别决定了企业对稀有资源的辨识与获得，促使企业依据机遇的特性与特性，挖掘新的稀有资源，并寻找合适的替代品，从而使企业能够充分地把握机遇，适应与改造周边环境。

（2）机会评估对获得资源的影响。关联直线展示了机遇评估是怎样影响资源获取的内容、类型和方式的。蔡莉与柳青（2010）将企业经营资源划分为人力资源、物质资源、财务资源、技术资源、营销资源五大类。在对新机遇进行评估的过程中，企业需要对其进行有效的识别与利用，以保证其生存能力。因此，在选择获得资源的方式时，应该对稀缺、珍贵的资源给予特别关注。另外，Shane 和 Venkataraman（2000）认为，企业在对机遇进行评价时，需要对其结果进行不断修正。在利用机会时，企业往往要调整自己的资源来利用机会，并进行外部购买。然而，鉴于对新机会的需求，目前获得资源并不容易。Fischer 和 Reuber（2011）指出，在利用机会时防止造成损失是企业家必须具备的能力之一。当企业家意识到企业的新机会时，他们必须考虑在不投入新资源的情况下，能否在下一个过程中实现新机会，否则企业家在获取资源的过程中会遭受一系列损失。

（3）对机会的利用在企业资源配置中扮演着至关重要的角色，这一过程涉及资源的聚集、配置和创造性使用，对企业的成长和发展路径有着深远影响。以下是对这一主题的深入探讨。**资源使用的整合效应：**企业在识别并利用机会时，首要任务是将现有资源有效整合。这要求企业根据机会的具体需求，灵活调整资源结构，确保资源能够集中于机会的最关键领域。资源的整合不仅包括物理资产的集中，还包括知识、技能和关系网络的优化组合，以形成对机会最有力的支持。**资源的合理与高效配置**：为了最大化机会价值，企业必须进行资源的精明配置。这涉及根据机会的性质和要求，对资源进行重新布局，确保资源流向最具增值潜力的项目。Baker 和 Nelson 的研究提示我们，即使资源有限，通过优化配置，企业仍能实现价值最大化。**资源聚合的概念**：资源聚合是为了应对新挑战或把握新机遇，是企业将内部和外部资源进行有效整合的过程。这不仅涉及内部资源的重组，还包括与外部伙伴的合作，共同构建资源池，以提高企业的机会捕捉能力。**资源分配的三大特征**：资源的聚集、突破和创造性利用是资源分配理论演进中凸显的三大特征。聚集意味着资源的集中和优化；突破指资源在使用中的创新性突破原有局限；创造性利用则强调在常规用途之外，发掘资源的新用途和价值。**机会与资源配置的一致性**：Baker 和 Nelson 进一步阐述，资源的分配效率与机会利用状况紧密相关，强调了两者间的动态匹配。企业需要确保资源的配置策略与当前面临的机会相适应，以提高机会开发的成功率。

基于以上分析，本研究项目旨在探索机遇开发与资源开发之间的五条次级关系路径，这些路径可能包括机会识别与资源感知的联动、资源动员的速度与效率、机会评估与资源分配的匹配度、资源重组的灵活性，以及机会利用过程中的资源创新等。通过对这些路径的深入分析，研究者总结出五个关键要点，旨在为后续研究提供理论基础和实践指导，帮助企业在复杂多变的市场环境中更加有效地识别、整合和利用机会，实现持续增长与创新。

2. 资源对机会的影响

资源基础机会理论（resource-based view of opportunity，RBVO）强调企业内部资源及其配置对于识别、开发和利用外部机会的重要性。该理论认为，企业的独特资源组合和能力是其竞争优势的源泉，也是其能否有效把握市场机会的关键。以下是基于此理论框架，结合"机会来源于资源"的核心理念，划分的五个阶段探讨。

（1）**资源识别对机会识别的影响**。资源识别是机会识别与利用的基石，它通过提升企业对内外部资源的理解、整合与优化能力，为企业在动态市场中识别并把握住有价值的机会提供了坚实的基础。首先，资源识别能力使创业者能够准确评估自身和外部环境中可用资源的状态与潜力。这种能力提高了对潜在机会的敏感性，使得创业者能更快察觉到市场缝隙、技术空白或消费者未满足的需求，这些都是机会识别的先决条件。其次，资源识别不仅涉及发现资源，还包括评估资源的质量、可用性及其与特定机会的匹配度。这种评估有助于创业者更精确地判断某个机会是否值得追求，以及如何最有效地利用现有资源去把握这一机会。在复杂的商业环境中，单独的资源往往不足以支撑一个机会的全面开发。资源识别促使创业者寻找并结合不同来源的资源，包括技术、人才、资金、市场渠道等，以创新的方式整合这些资源，形成独特的能力组合，从而开启新的商业机会。最后，资源识别能力还体现在创业者识别并吸引具有互补性资源的合作伙伴上。在竞争激烈的市场中，强大的合作网络能够为创业者提供额外的资源渠道和市场准入，提高其把握机会的能力。识别并利用网络中的稀有资源，是形成差异化竞争优势的关键。具备高效资源识别能力的企业，能够更快地对市场变化作出反应，灵活调整资源分配，以适应机会的变化或新机会的出现。这减少了机会窗口关闭前的决策延迟，提高了成功把握机会的概率。资源识别与有效利用促进了企业内部的学习和知识积累，形成了持续创新的良性循环。企业能够不断地在资源与机会之间建立新的链接，适应环境变化，持续发现并创造新的商机。

（2）资源的获得对机遇的确认有一定的影响。而获得性对于获得机会的作用，则表现在获得机会的时机与效果上。蔡莉与柳青（2010）关于资源获取过程的分类，以及 Weiansa 和 Sohee（2009）、Sean 和 Venkataraman（2000）的研究，共同揭示了资源获取在企业识别和利用机会过程中的重要作用。具体来说，**外部性获取**是一种直接通过市场交易或其他经济活动获得资源的方式，强调了资源流动的市场机制。企业通过购买、外包、许可等方式从外部获取所需资源，并通过内部整合与分配，加强自身的资源基础。这种方式快捷高效，但依赖于企业的财务能力和市场上的资源可得性。**内部资源获取**侧重于企业内部资源的积累和开发，如通过研发创新、员工培训、企业文化建设等途径，提升企业的内在能力。这种途径虽然在初期可能投入较大，但有助于构建难以复制的竞争优势，为长期发展奠定基础。**吸引资源**是一种较为高级的资源获取策略，企业通过构建良好的品牌形象、展示未来发展潜力、确立行业领导地位等方式，吸引外部资源（如投资者、合作伙伴、优秀人才等）主动加入。这种方式依赖于企业的市场声誉和吸引力，能够低成本地获得高质量资源，同时增强企业的网络效应和社会资本。Weiansa 和 Sohee（2009）强调了企业通过持续学习和吸收外部知识来发现新机会的重要性。这表明，外部知识的获取不仅丰富了企业的知识库，还能够激发创新思维，帮助企业识别市场和技术趋势，提前布局未来。Sean 和 Venkataraman（2000）的研究则指向了外部市场资源，特别是对于高科技企业而言，有效利用外部技术市场、合作伙伴网络、专业服务等，能够加速技术商业化进程，缩短产品上市时间，从而更好地抓住技术变革带来的机遇。

（3）资源获取对机会评价的影响力揭示了获取资源如何对机会可行性的判断产生影响。Jefely（2002）在其关于战略与商业机会的著述中反复强调了对机会进行严谨评价的重要性。在对商业机会进行评估时，需要综合考量八大维度，包括但不限于行业与市场环境、宏观经济因素、管理团队素质、竞争优势、退出条件、个人偏好、理想与现实的权衡及战略的独特性。在这诸多因素中，管理团队所掌握的资源及企业所处的行业市场资源对机会评价的结果具有显著影响。此外，资源获取的方式（如并购、合作、自建等）、购买资源的成本效益分析及内部资源的积累进程，都会对企业家对机会进行全面、系统评估产生影响。资源获取对机会评价的影响力揭示了获取资源如何对机会可行性的判断产生影响。Jefely（2002）在其关于战略与商业机会的著述中反复强调了对机会进行严谨评价的重要性。在对商业机会进行评估时，需要综合考量八大维度，包括但不限于行业与市场环境、宏观经济因素、管理团队素质、竞争优势、退出条件、个人偏好、理想与现实的权衡及战略的独特性。在这诸多因素中，管理团队所掌握的资源及企业所处的行业市场资源对机会评价的结果具有显著影响。因此，企业在制定战略决策时，不能仅依赖初步的机会评估结果，而应深入探究资源获取对机会价值的潜在影响。

（4）资源整合对机会识别的作用则揭示了资源整合过程如何影响对潜在机会的再发现与利用。资源整合过程大致可分为三个阶段：资源的适应性调整、资源的强化与细化，以及资源的修复与创新。适应性调整主要是指企业逐步调整内部资源的构成与配置，基于现有资源与能力基础，创造出新的能力。资源的强化与细化则是通过快速学习来丰富企业资源库，特别是在充满不确定性的外部环境中，学习并掌握新的技能，将这些新技能有机融合，为企业打造全新的能力体系，展现出新的业务流程与机会，创造出新的资源形态。鉴于外部商业机会往往是短暂且模糊的，企业必须具备快速学习与创新的能力，才能抓住并利用这些瞬息万变的商业机遇。这种持续的学习与创新最终将转化为企业的可持续竞争优势。因此，本项目将资源整合到机会辨识中，尤其是当企业在调整中不断挖掘和完善新机遇时，其内在的稳定因素对机遇辨识的作用机制。

（5）资源分配如何影响机会的发展。资源利用对机会发展的影响显示了资源利用的结果、方法和机会发展的结果是如何相互作用的。从三个方面来看，资源利用分为资源动员、适应和分配。资源调动是开发新的商业机会，适应现有资源的使用，根据自己的决策和战略目标选择资源，以及提高资源的使用效率，使内部资源结构更加合理。资源配置改善资源使用的适应过程是资源使用的核心，是企业适应和整合资源结构和资源战略的重要途径。资源利用和机会利用之间的关系在创业研究中很明显。在资源利用和机会开发的影响关系框架内，能够推导出六条下属的关系影响线，显示出资源机会是如何被识别的，以及机会实现过程是如何影响资源的。为了澄清这些重要的功能关系，我们总结了以下几点供大家应用和参考。

3. 机会与资源的相互作用关系

在前文中，机会发展对资源发展不足阶段有五个典型的影响，反之，资源发展对机会发展的自我发展阶段有六个典型的影响。为了使这两者之间的相互影响更加全面和细致，本研究对其他几个方面的影响关系进行了进一步的完善。

（1）机会识别对资源整合的影响。Alvareza 和 Busenitzb（2001）对企业家精神的基本理论进行了研究，他们认为，通过对资源的有效整合，企业将形成一种能够帮助企业家更好地把握市场机遇的独特能力。但这一能力的生成需要对机遇有深入的了解和对自身有清晰的认识。创业者们必须不断地反省，并对机遇及其核心特征进行再思考，这样才能将可利用的资源进行整合和分配。企业对机遇的认识和认识差异，将直接影响到企业内部资源的组成和分配，从而形成企业的核心竞争力。因此，从本质上讲，机会辨识对于资源整合的作用是一个重要的驱动因素，它决定了企业的内在能力。

（2）机会的发展如何影响资源的可用性。在此背景下，国内外学者对机遇的演变和对资源需求的作用进行了深入的探讨。机遇的发展是一个连续的进程，它包括从发现机会、评价到最后的使用和集成。机遇发展是企业创业活动的中心环节，是企业家精神的重要体现。因此，机会开发过程对资源获取的影响主要表现在：企业在机会开发的不同阶段，对不同类型资源的关注焦点会有所差异。具体而言，企业在实际运营机会的阶段，会更加重视与业务运行直接相关的运营资源；而在机会的识别与评估阶段，则更侧重于对知识型资源的需求，如市场情报、专业知识、创新思维等。可见，机会发展的不同阶段对资源的需求侧重点不同，这使得机会发展对资源的获取与配置具有显著影响。换言之，随着机会从识别到落地的推进，企业对资源的需求结构会发生动态变化，这种变化对资源的可用性提出了新的要求，促使企业适时调整资源获取策略，以确保资源与机会发展需求的适配性。

（3）资源识别对机会识别的影响。一些学者从企业现有资源的视角探讨了资源对机会识别的影响。Wheelen 和 Hunger（2011）指出，企业在进行战略决策时，必须立足于已有的资源基础。在识别和评估商业机会之前，应首先依据产品的营销理念，判断新机会在现有条件下是否具备可行性。这要求企业对外部环境及自身所具备的能力与资源进行深入评估，因为对外部环境的敏锐洞察与自身资源的清晰认知是企业成功把握机会的前提条件。Wiklund和 Shepherd（2003）则强调了资源认知差异对创业机会识别过程的影响。他们认为，创业者个体之间存在先天条件的差异，这些异质性会导致他们对创业机会的认知存在显著差异。特别是那些拥有独特、稀缺或专有资源的创业者，他们在选择和实施机会时，往往会受到个人偏好与资源掌控情况的显著影响。因此，创业者及初创企业对现有资源的识别与准确评估，在很大程度上决定了他们对潜在机会的识别能力与辨识准确性。换言之，能否恰当地认识并有效利用已有资源，直接影响着创业者能否准确识别并抓住适合自身发展的商业机会。

（4）资源的确认对机遇的利用有一定的影响。资源辨识过程是企业对已有资源的认识与评估，从而影响到企业获得更多资源的途径与方式。在资源辨识阶段，企业要解决的第一个问题就是要认识到机遇的重要性，而机遇所蕴含的价值又决定着企业如何去认识资源。Mosakowski（1998）通过对创业资源与企业策略选择的分析，阐述了创业企业资源发现的必要条件及其对创业机会的影响。我们提出，机遇辨识的结果会影响到资源辨识的效果，而资源辨识的过程又会影响到搜寻到的资源，进而影响到企业的创业决策。个体所拥有的异质资源，包括创业团队、市场渠道、合作伙伴等，都会对其未来机遇的使用产生直接影响。研究发现，企业对资源的辨识并非对机会使用产生直接作用，但能够通过获得资源的途径，间接地影响到企业的策略与创业行为，进而影响到机会的使用效果。

6.3.3　用户参与对创业机会资源一体化的影响

随着数字技术的发展，用户个性化需求得到了更好的满足。用户需求从传统的集中模块转向情景化和碎片化呈现，对于创业机会的识别提出了新的挑战。同时，数字技术的出现也将原本以企业为核心、其他网络成员为辅的单主体资源一体化转变为用户、企业与其他利益相关者在创业过程中平等共享的多主体机会与资源的共同开发。

作为重要的价值决策者，用户参与到创业中势必改变原有资源与机会间的关系，因此我们将用户纳入机会资源一体化路径，来解构在数字创新驱动下用户参与企业价值共创的动机及影响因素，厘清用户参与价值共创动机及其驱动的行为。同时，我们也探究用户参与和价值共创二者双向交互机制，厘清二者如何嵌入生态系统实现协同演进。在此基础上，我们希望探索数字创新驱动下基于场景的价值共创挖掘路径，找到用户和企业最优的资源整合路径，以及实现用户参与和价值共创机会资源的一体化路径。

6.4 商业模式创新下价值共创实现路径分析——平台颠覆期

在平台经济的颠覆性变革阶段，商业模式创新成为实现价值共创的核心要素之一。通过文献梳理与相关企业案例剖析，我们认识到价值共创理论作为一种成熟的研究商业模式的工具，能够精准捕获用户、利益相关方与企业间的价值流动与交互。这一理论对于企业优化价值共创环境、激发价值共创主体的价值创造活动、推动商业模式创新具有显著的指导意义。具体而言，企业通过以下途径运用价值共创理论，实现与用户及合作伙伴的价值共创。**深入理解用户需求**：企业通过用户调研、数据分析等方式，深入洞察用户的真实需求、痛点与期望，确保商业模式创新与用户需求高度契合，从而为价值共创打下坚实基础。**引入新技术**：企业运用数字化、智能化等先进技术，赋能产品与服务，提升用户体验，同时也为价值共创提供了新的技术手段与平台支持。**打破行业壁垒**：企业通过跨界合作、平台化运营等方式，打破传统行业界限，整合多方资源，构建开放、包容的价值共创生态系统，激发创新活力。**强调用户参与与互动**：企业倡导用户深度参与产品设计、服务优化等环节，鼓励用户反馈意见，形成双向沟通机制，使用户从被动消费者转变为价值共创的主动参与者。**推动开放创新与合作**：企业积极寻求与各类合作伙伴（如供应商、研发机构、其他企业等）建立长期、稳定的合作关系，共享资源、知识与能力，共同开发创新解决方案，实现价值共创的最大化。

6.4.1 商业模式创新的内涵和途径

在对相关文献进行梳理的基础上，归纳出了企业经营模式创新研究的基本思路，并将其划分为"运营架构""价值逻辑""双重属性"和"实践特性"四个维度，如表 6-1 所示。首先，本项目从运营理论的角度出发，以企业业务因素的改变为切入点，对商业模式创新进行了定义。但是，关于因素的数量没有统一的标准，一般来说，任何一个经营因素的改变都会被视为对整体经营模式的革新。但是，这一效应的大小与特定商业因素改变的量之间没有明确的联系。其次，这种研究更多地侧重于全面的价值逻辑。在此背景下，企业在价值导向、价值创造、价值获取等三个维度上形成了区别于其他企业的价值创造和获取方法（Clauss，2017）。本文从"双重属性"的角度出发，提出了"运作架构"与"价值逻辑"相结合的研究思路。Osiyevskyy（2015）

认为企业与价值元素之间存在着内在的联系（Osiyevskyy，2015）。

表 6-1　商业模式创新概念界定分类

	基本观点	代表学者
运营框架视角	通过创新的渠道模式，改变产品或服务的分销方式，提高效率和扩大覆盖范围。 通过建立更紧密的客户关系，提供个性化的服务和增值服务，提高客户忠诚度。 通过改变收费方式、引入订阅模式或增值服务等，创造新的收入来源。 通过采用新的生产方式、供应链优化、资源共享等，降低成本并提高效率	Zott、Amit、Pati et al.
价值逻辑视角	关注如何重新定义和重新设计产品或服务的特点和价值，以满足市场需求并提供独特的价值主张。 需要深入理解客户的需求、偏好和行为，以便为他们提供更好的解决方案和体验。 关注重新配置和优化价值链，以提供更高效、更灵活和更个性化的价值交付方式。 需要考虑和平衡不同利益相关者的需求和期望，以建立良好的合作关系和共赢机制	Velu、Clauss et al.
双重属性视角	（1）产品或服务创新：重新设计和改进产品或服务的功能属性，以提供更高品质、更高性能或更多样化的选择。 （2）体验创新：通过提供独特的用户体验，塑造产品或服务的感知属性，以区别于竞争对手。 （3）品牌建设：通过塑造品牌形象和价值观，建立顾客对产品或服务的情感认同和忠诚度。 （4）价值传递：通过有效的沟通和营销策略，将产品或服务的功能和感知属性传递给目标客户，并创造共鸣	Karimi、Walter Futterer et al.
实践特性视角	企业通过实验和验证来测试和验证新商业模式的可行性和有效性。这可以通过小规模试点项目、市场测试或模拟经营方式来进行。 企业通过不断迭代和调整商业模式，根据实践中的反馈和学习，逐步改进和优化商业模式的各个方面，以适应市场需求和变化	Rietveld、Colombo et al.

6.4.2　商业模式创新的途径

在对商业模式创新进行了更深层次的探讨后，学者们开始将研究对象从学科角度出发，来探索商业模式创新的路径。在此基础上，以技术创新理论、战略理论、运营理论和商务模型理论为基础，对此进行了实证研究。

1. 基于技术创新学的商业模式创新路径

科技创新是技术创新的重要内容。本文探讨了企业信息化对企业经营模式创新的作用，并指出其必要性。商业模式的创新来自对顾客价值的挖掘，以及对顾客的规则和问题的重构。但是，上述学者对于商业模式创新的定义还存在着一些局限。很多学者只从技术的角度来研究技术的应用和商业化，而忽略了技术的本质是企业战略的变化。

以 360 公司为例，它的运作模式主要是依靠科技创新。360 科技建立在科技创新的基础上，并立足于核心技术，以此为广大用户提供安全的产品和服务。360 公司的运作模式体现了其对科技创新的高度重视，尤其是在数字安全领域。以下是其运作模式的几个关键点。

（1）**核心技术与科技创新**。360 科技的核心竞争力在于其在大数据、网络攻防、云计算和人工智能等前沿技术上的深厚积累。公司致力于漏洞挖掘、主动防御、病毒检测等关键技术的研发，这些共同构成了其安全解决方案的基础，也是其提供安全产品和服务的基石。

（2）**产品化与服务输出**。360 公司将安全技术有效产品化，不仅服务于个人用户，还扩展到了企业级市场，特别是针对物联网（IoT）安全的产品平台。这帮助企业在数字化转型过程中加强安全防护，支持了其商业模式的转型升级。

（3）**移动优先战略**。随着移动互联网的普及，360 公司敏锐地捕捉到市场趋势，将业务重心从 PC 端转移至移动端，确保用户在新的平台上也能享受到同样高水平的安全保障。这一策略不仅巩固了原有用户群体，还吸引了大量移动端的新用户。

（4）**构建物联网生态**。通过持续开发物联网相关产品，360 公司不仅丰富了移动端应用，还深化了对用户行为的理解，构建了精准的用户画像。这为提供个性化、定制化服务创造了条件，增强了用户体验。图 6-3 显示了 360公司在科技创新基础上进行的业务模式创新。

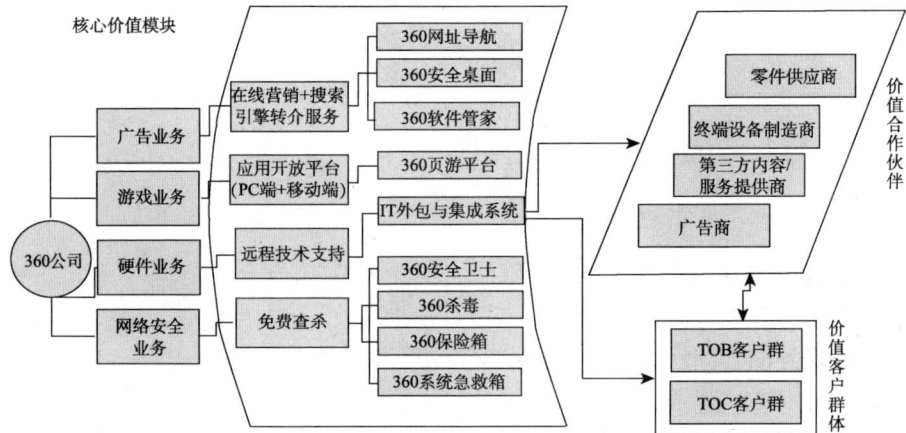

图 6-3　基于技术创新学的商业模式创新

2. 基于战略学的商业模式创新途径

据**战略学**观点，商业模式创新被视为企业层面的战略变革行为，具有较强的颠覆性，同时也是一种非常规的激进型组织变革方式。但这种观点存在一定局限性：将商业模式创新视为极具竞争导向，实际上它既有竞争性又有合作性，并且更重要的是它忽略了对顾客的关注。

360 公司在 2006 年以一种激进的、不按常规的方式进行组织改革，突出了公司的策略特征。360 对公司未来发展的重心进行了调整，把重心从社区搜索转移到反病毒软件上。2006 年 7 月，360 安全卫士正式上市，在短短一年内，它超越了业界的金山和瑞星，成了中国最大、最活跃的安保软件。在瑞星和金山还固守着传统收费模式的情况下，360 清楚地认识到，消费者对免费反病毒软件的需求异常迫切。360 突破了传统的游戏规则，提出了"免费"的、颠覆性的商业模式，并结合相关的核心技术，建立了庞大的用户基数，从而获得了更多的价值。总体而言，这一时期的业务模式比较简单，组织管理能够迅速对市场作出响应，突破了传统公司在早期的种种资源约束，更快地实现了用户的积累。360 公司以策略为基础，进行了一种经营模式的创新，如图 6-4 所示。

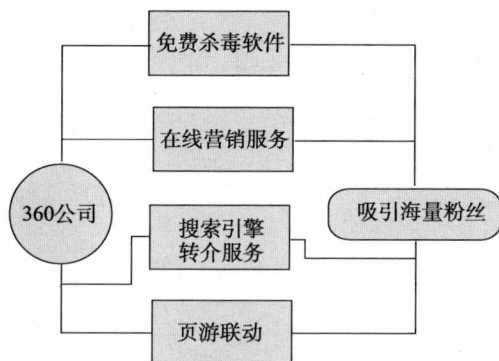

图 6-4　360 公司基于战略学的商业模式创新

3. 基于运营学的商业模式创新途径

运作学是从消费者视角对企业经营模式创新进行认知与研究。从运营理论的角度，我们可以更清楚地认识到商业模式创新的影响因素，并突出其积极的市场导向。同时，本文还分析了企业在双边市场上进行商业模式创新的特点，并对客户的潜在需求进行了积极的挖掘。

360 科技在网络安全上大获成功之后，就以网页浏览器及软件开放平台为切入口，涉足软件下载、网页导航、手机安全等多个方面。360 的业务范围还包括网络游戏公司、电子商务网站、软件和应用软件等。

在此时期，360 以营运理论为基础，逐步明晰了其发展策略，即以满足广大客户的需要为基础，建立起企业的领导优势。360 公司在认识到要为用户提供免费防病毒的需要之后，预料到用户也会需要网址导航、团体导航、游戏导航、应用商店等。在此基础上，以运作管理为基础，对企业的核心经营和客户需求进行了有效的匹配。在"胜者为王""规模增长"的原则下，借助网络效应，360 公司快速从单纯的免费经营模式过渡到具有高度前瞻性的平台化经营模式，以高度的前瞻性把握客户需求，赢得市场机遇。

运营学中的"平台"业务模式，以"平台"为载体，拓展了"价值链"，使"平台"得以扩展，从而使"企业"得以"升级"为"复杂"的价值链。在此过程中，360 公司在经营模式上的创新之路已初露端倪。360 品牌在品牌定位上，通过对原有客户的预期、延伸和引导，进一步拓展客户对新产品和服务的需要。他们已经形成了完善的安保服务部门、工具部门，以及以游戏为核心的内容部门。借助平台的"绑定"效果，他们能够迅速地推出新的商业活动，并决定商业运作的方式。在价值转移上，360 公司通过与开发公司的资金合作，共同探讨公司的游戏商业模式的革新。通过上述优化，我们可以更加清楚地展示 360 公司在经营管理方面所获得的"平台"业务模式创新之路，如图 6-5 所示。

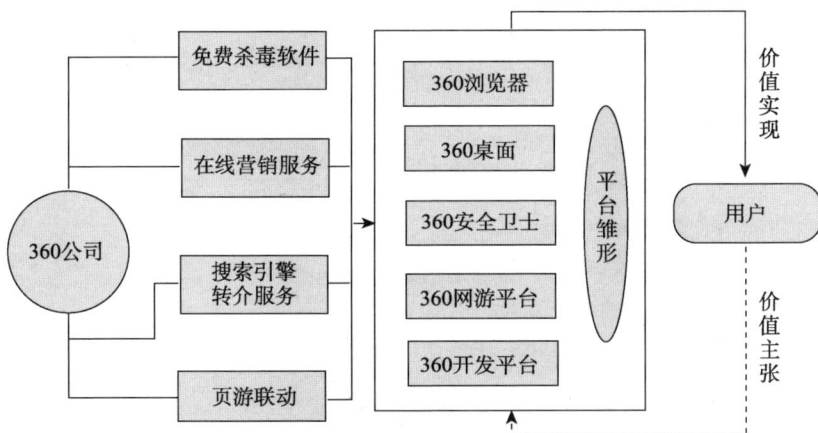

图 6-5　360 公司基于运营学的商业模式创新

6.4.3　价值共创视角下的商业模式创新研究

1. 价值共创理论

价值共创（Value Co-creation）理论代表了从传统价值创造模式向更加互

动和合作模式的转变。这一理论强调以下几个核心要点。

（1）**消费者角色的转变**。传统上，消费者被视为价值的接受者，但在价值共创理论中，消费者成了价值创造过程中的积极参与者。这种转变要求企业认识到并利用消费者的能动性，鼓励他们参与到产品、服务的设计、开发及优化中来。

（2）**对话与交流的重要性**。价值共创的实现依赖于企业与消费者之间的持续对话与深度交流。这种双向沟通有助于企业更精确地理解消费者需求，同时让消费者感受到他们的意见被重视，从而更加努力地投入价值创造过程中。

（3）**体验为王**。C.K. Prahalad 和 Venkatram Ramaswamy 强调体验价值的重要性，认为消费者通过体验与企业共创价值。这意味着企业需要设计出能够激发消费者情感共鸣、促进互动的体验，这些体验往往超越了产品本身，涵盖了整个消费旅程。

（4）**服务主导逻辑**。Vargo 和 Lusch 提出的"服务主导逻辑"（Service-Dominant Logic，S-D Logic）进一步推进了这一理论，主张在经济交换中，服务而非产品是基础性的价值提供方式。在这种逻辑下，所有经济活动都可视为服务，即使是实体产品的销售，也是提供解决问题或满足需求的服务。因此，关注点转向如何通过服务提升消费者体验，促进价值共创。

（5）**资源整合与共享**。价值共创还涉及资源的整合与共享，即企业与消费者及其他利益相关者共享知识、技能、信息等资源，共同创造出比任何一方单独行动时更大的价值。

（6）**消费者体验价值的提升**。鉴于消费者体验在价值共创中的核心地位，企业应当不断探索如何通过创新服务、提高互动性和个性化等方式提升消费者体验，从而实现双方共赢。

互联网企业区别于传统产业，更多地关注用户的价值产出。这二者之间的差别是：使用者是一个人，不管他们有没有付费，都是一个人在使用一种产品或者服务；消费者是指已经购买了某种商品或者服务，但并不是真正的用户。由于网络产品多元化的盈利方式，客户不再是企业的主要收益来源，因此企业更加重视客户的数量及用户的活跃程度。因此，"用户"可以被看作是一种价值共创造的对象。在此基础上，提出了企业价值创造的三个主体：用户、企业、合作伙伴。本文将以平台型企业在三个方面投入的资源为基础，探讨业务模型创新路径并不断进行交互与对话，最终实现价值产出。

2. **价值共创视角下的商业模式创新**

企业经营模式创新和企业价值创造之间存在着内在的联系。商业模式创新以创造价值为目标，以创造价值为目标，以企业、用户和合作者为对象，通过不断的交互作用，实现价值的创造、传递和消费。网络时代的到来，改变了企业价值创造的方式。用户与合作者能够以多种方式、多种途径与企业互动，并融入企业价值创造链中来，进而驱动企业业务转型。

3. 在商业模式创新背景下共同创造价值的动机

（1）共同创造价值是商业模式创新的发展方向。当前经济中，企业能够对闲置的社会资源进行再利用，基于此汲取新的价值源泉。用户也是企业商业模式创新极为关注的一个环节，基于用户需求提供精准的个性化服务，在这个过程中实现新的价值创造。此外，还能够加强与用户之间的积极互动，以此来创造新的价值，提升企业核心竞争优势和服务品质。现如今许多行业的重点是如何合理利用资源并实现合理配置，基于用户建立价值网络，显然这与"企业—消费者—合作伙伴共创"的理念一脉相承，也是未来企业商业模式创新的必然趋势。

（2）以消费者为中心共同创造价值能够更好地满足商业主体的盈利需求。从这个层面上说，消费者是"共创价值"的核心，企业也扮演着很重要的角色。首先，共创在于和企业消费者互动产生的一种同频心理效应，企业的核心位置逐渐被打破，使得消费者成为整个流程至关重要的一个角色。消费者不再仅仅是产品或服务的被动接受者，而是被视为创新和价值创造过程中的积极参与者。企业通过深入了解消费者需求、偏好及生活方式，邀请消费者参与到产品设计、改进及品牌建设中来，实现更加个性化的价值满足。在价值共创的视角下，合作关系超越了供应商—生产商—消费者的简单链条，涵盖了广泛的合作伙伴，包括其他企业、研究机构、社区组织甚至竞争对手。各方基于共享愿景和目标，通过资源共享、能力互补，共同探索新的商业模式和服务解决方案。在价值共创过程中，知识、技能、信息等非物质资源的流动与整合变得尤为重要。企业利用数字化工具和平台，促进内部与外部资源的高效匹配与协作，形成动态的资源池，加速创新和服务优化。

（3）价值共创中价值网络与商业生态系统的发展方向相契合。随着科技的飞速进步和市场的日益全球化，价值网（Value Network）已经成为企业寻求竞争优势和可持续发展的关键途径。价值网不仅仅局限于单个企业内部的资源优化，更是跨越企业边界，通过与合作伙伴、供应商、客户乃至竞争对手的紧密合作，形成一个复杂的、相互依存的关系网络，共同创造和分享价值。在价值网中，不同行业和领域的界限变得更加模糊，企业通过跨界合作，能够整合不同行业的资源与专长，开发出创新的产品和服务，满足市场需求的多样化和个性化。科技企业尤其倾向于构建一个开放的平台，作为价值网的核心，吸引众多参与者加入，形成一个共生共荣的生态系统。如阿里巴巴、亚马逊等通过其电商平台连接了数以百万计的商家与消费者，实现了价值的共创与共享。

6.4.4　商业模式创新下价值共创实现路径选择

本文提出要从价值共创的视角出发，应该从以下四个方面来实现商业模式创新。

1. 价值主张模块创新

在决定产品的价值定位并深入理解顾客需求时，企业需要采取一系列细致且科学的方法，确保其产品或服务能够精准对接市场需求，特别是在共享经济这一充满活力且快速演变的领域。共享经济企业在决定价值定位和理解客户需求时，应充分利用现代技术手段，深入行业洞察，不断创新服务与产品，同时建立稳健的合作网络和盈利机制，最终实现价值共创，为用户、企业和社会创造共赢的局面。

（1）**深入市场研究与用户洞察**。利用大数据分析和云计算技术，收集并分析用户行为数据，构建详尽的用户画像。这包括但不限于用户的年龄、性别、职业、消费习惯、兴趣偏好等，以便发现潜在的市场需求和未被满足的用户痛点。

（2）**明确行业定位与价值主张**。创业者应深刻理解所选行业的特点及共享经济的内涵，明确在农业、教育、卫生保健或老人保健等民生领域中，企业如何通过共享模式解决行业痛点，创造独特的价值。例如，在农业领域，可能通过共享农业机械服务来提高生产效率；在教育领域，则可能通过共享优质教育资源来促进教育公平。

（3）**个性化服务与产品创新**。基于用户画像，定制个性化的产品和服务，确保它们贴合特定用户群体的需求。这要求企业不仅要理解用户的基本需求，还要深入挖掘其潜在需求和情感诉求，通过产品创新来满足这些需求。

（4）**优化业务模式与合作策略**。选择合适的业务范围和市场规模，评估政策环境的友好程度，寻找有实力且战略目标一致的合作伙伴。共享经济企业往往需要依赖强大的合作伙伴网络，共同提供核心资源，如技术支持、基础设施或市场渠道。

（5）**灵活的盈利模式探索**。根据业务特性和市场反馈，灵活调整和优化盈利模式。这可能包括交易佣金、会员订阅、增值服务、广告收入等多种方式，关键是找到既能持续创造价值，又能保证企业盈利的平衡点。

（6）**社会责任与可持续发展**。在民生领域运营的共享经济企业，尤其需要注重社会责任和可持续发展策略，确保业务模式不仅能够显著提升经济效益，还能给社会带来正面影响，如促进环境保护、提升公众健康水平或减少社会不平等现象等。

2. 价值共创模块的创新

在价值共创的视角下，企业与顾客、企业与企业间的互动构成了一个复杂的生态系统，其中每个参与者都成为价值创造过程中的重要一环。从分享经济到生态链的演进，不仅仅是商业模式的升级，更是对顾客交互深度与广度的全面扩展。企业应致力于构建开放、协同的生态系统，超越单一产品或服务的价值创造，转向于整合资源、促进多方合作的生态链模式。这包括与其他企业的战略合作、资源共享，以及与顾客的深度互动，形成共创共赢的生态环境。利用移动互联网和大数据技术，企业能够更精准地捕捉顾客需求，实现高度个性化的服务和产品。顾客不再是被动接受者，而是参与到产品设计、改进及推广的全过程，形成强烈的归属感和品牌忠诚度。一方面，移动互联技术极大地降低了信息不对称，减少了交易成本。企业应积极采用这些技术，简化交易流程，提高服务效率，确保价值传递的准确性和时效性，使得价值创造主体间的交互更加高效顺畅。另一方面，将信息化作为核心竞争力，意味着不断投入研发，创新平台技术，掌握自主知识产权。这不仅关乎平台的稳定性与安全性，也涉及如何通过技术创新优化用户体验，比如利用人工智能算法进行精准推荐，提升供需匹配效率。总之，价值共创的网络构建是一个系统工程，它要求企业在数字化转型的浪潮中，以顾客为中心，强化生态系统建设，利用信息技术提升交互效率，持续创新，最终实现多方共赢的价值最大化。

3. 价值传递模块的创新

在价值共创理论框架下，企业与客户间的互动确实已经从传统的单向交易模式转变为更加复杂且互动频繁的平台和网络模式。这种模式强调的不仅是企业与客户之间的直接互动，还包括企业与企业、客户与客户之间的多边价值创造。在此过程中，政府这一角色显得尤为重要，不仅需要为价值共创提供良好的外部环境，还需要通过制定和完善相应的法律法规来引导和规范这一进程。

首先，企业间的合作网络是价值共创的重要支撑。通过构建稳定且富有弹性的合作体系，企业能够整合各自的优势资源，共同开发市场、共享风险与收益，实现共赢。这种合作不仅限于产业链上下游，还包括跨行业、跨地域的合作，以创新的方式拓宽价值空间。

其次，政府的监管措施是确保价值共创健康发展的关键。通过界定平台的责任与权利、平衡实体与虚拟资源的配置、对不同类型的平台交易进行分类管理，政府能够营造一个公平、透明的市场环境。对合法平台的法律保护能够激励创新，而对违法行为的严格禁止则维护了市场的秩序。

再次，建立严格的审批制度和提高准入门槛，有助于筛选出有能力和信誉的平台运营者，防止市场滥用。同时，完善网络安全规定，保护消费者在网络环境下的信息安全与隐私权，是建立消费者信任、促进价值共创的必要条件。

最后，加快信用体系建设，明确个人数据征用的法律界限，通过立法手段保护个人数据免受非法侵害，是维护价值共创环境中信任与安全的重要举措。加大对非法使用个人数据行为的惩处力度，能够有效震慑不法分子，保护个人信息安全，从而促进健康的数据流通和价值共创。

4. 价值获取模块的创新

价值获取是商业模式创新中共同创造价值的重要组成部分，一个完整、稳定的商业模式应该实现可持续的价值获取。在商业模式创新的背景下，能够通过提高利润率和控制成本来实现价值获取。从盈利方式上看，消费需求已由商品消费向精神型消费、体验型消费转变；平台创新的核心内容之一，就是要向用户提供符合用户需要的服务，从而获得更多的价值。平台应该进一步降低信息不对称性，让它成为一种具备综合运用与资讯功能的工具，为用户提供各种有价值的内容，提升用户购买知识的意愿。同时，通过增加多个功能模块，发展平台成员付费、用户付费、垂直内容付费等方式，实现对知识付费的探索。同时，这个平台也能够拓展与其他电商的合作，在平台上为用户提供基于用户偏好的商务咨询和推荐，同时还能够为商家提供数据挖掘、用户画像、粉丝转化等多种增值服务。MCN 是一种以"平台＋IP＋内容＋渠道＋运营"为核心的业务模式。在此基础上，本文提出了一种新的思路，即以最低的成本、最小的代价，将各个节点的优势资源整合起来，构建一个资源网络。

总之，在企业内部和外部环境要素的共同作用下，企业的商业模式创新是一个由价值主张、价值共创、价值传递和价值获得等多个维度的、由内到外的动态循环过程。

第 7 章　物流平台型企业价值
共创与绩效关系研究

7.1　理　论　基　础

初期学术探究中，平台概念主要围绕产品开发平台展开，该平台致力于实现多类产品组件及半成品的共用制造流程与技术集成，体现了典型的产品平台特性。时至今日，平台已成为新经济时代的主导力量，其在现代经济系统中的关键作用日益凸显。平台构筑了一个技术驱动的框架，催化生产者与消费者间的互动价值，加速资源的灵活部署。平台经济的兴起促使商业流通、物流、信息流及资金流"四位一体"，加速了信息科技、金融业与物流业的深度融合。伴随产业向平台模式的转型加深，上述四大流在综合性平台内的集中化进程加快，这一集聚效应得益于共享机制、协调策略及资源优化配置路径，显著提高了行业交易速度与相关产业的竞争力及规范化水平。平台经济的这一汇聚焦点在于联结多元主体，激发高效互动，旨在通过优化资源配置、提升价值创造潜力，以及激励创新与创业活动。针对物流平台企业的学术探索，标志着平台企业理论在物流行业的深度渗透与演进趋势，这些企业秉承平台企业的基本属性，同时融入物流特有问题与平台经济原理，有力推动了现代物流业的持续演进。物流平台本质上是一个标准化支撑体系，为多样物流业务活动供给关键服务与支撑。其核心职能在于保障物流作业的高效顺畅，通过构建标准化操作环境，衔接各物流环节，以期达到资源使用的最优化。物流平台通过整合车辆、发货商及客户需求的物流信息，加速了车辆与货物的有效匹配，彻底解决了货运匹配难题。作为第三方服务载体，物流平台对于保障商品流通的高速运转起着决定性作用。

在数字化创新浪潮的引领下，平台企业，尤其是物流行业，越发重视数据赋能的运用，以此作为优化运营机制与强化顾客价值共创的驱动力，同时也作为提升企业绩效的关键杠杆。根据 Saggi 等（2018）的分析框架，数据赋能的价值创造过程可细分为三个核心阶段：**洞察价值、塑造价值及实现价值最大化**。首先，**在洞察价值阶段**，企业借助大数据分析挖掘新的业务洞见，为决策制定提供科学依据，开启以数据为支撑的决策新模式。这一过程促进了决策逻辑从经验导向向数据驱动的转变。**其次，进入塑造价值阶段**，企业通过精细化数据分析，精准锁定目标市场与客户群体，定制化设计营销策略，推动产品与服务的迭代升级，提高市场竞争力。此阶段，数据分析成为创新的催化剂，助力企业精准对接市场需求，加速产品创新周期。**最后，在实现价值最大化的阶段**，企业通过大数据分析开发的解决方案，不仅精准响应客户需求，还促进了服务与产品的持续优化，形成良性循环，实现了价值创造与捕获的双重提升。这表明，数据分析已成为推动企业服务个性化、产品差异化的强大工具。通过这三个紧密相连的环节，不仅深化了企业与用户的价值共创，也推动了企业商业模式的持续创新，展现了数字化转型的深远影响。

7.2　研　究　假　设

7.2.1　数据赋能与物流平台企业战略绩效的关系分析

数据赋能是指依托于大数据、云计算等数字技术，收集、整合、分析和分享业务过程中产生的数据，促进企业深入了解用户偏好，从而获取企业绩效并提升企业发展能力的过程。本文借鉴 Lenka（2017）的观点，数据赋能可分为连接能力、智能能力及分析能力三个方面。在**连接能力**方面，数字技术有利于企业人员获取平台运行的数据并作出实时分析，平台能够根据用户需求及相关指令及时提供相应服务（苏贝，2018），相较于过去的纸质化数据，数据赋能为企业的运行、决策等相关行为提供了信息基础，人员获取信息的成本也有所下降，进而影响企业绩效（Mcafee et al.，2012）。对于物流平台企业而言，在数字技术的应用下，用户（包括个体消费者和物流行业的相关企业）能够在平台上发布需求、物流标准等相关信息。同时，在平台上注册的车主也能够提供需求信息，这样做能够降低信息沟通的成本，实现"人与人"相连。在数字技术支持下，物流平台企业使得用户（涵盖个体消费者及物流行业内的各类企业）能够在平台上发布自己的需求信息和物流标准等相关信息。同时，已在平台注册的车主也能够发布自己的需求信息。这种机制有效降低了信息沟通的成本，实现了用户之间的直接连接。在**智能能力**方面，数据赋能使得企业能够在低人为干预的情况下对用户需求进行快速响应，提高了企业经营活动的灵活性，降低了人工成本，同时也提高了企业绩效。对于物流平台企业而言，第一，平台能够实现车货匹配与对接、根据出发地与目的地之间的距离计算运费，用户能根据自身运输的产品及预算针对性地找到车源；第二，物流平台可通过数字技术整合外界运力资源，减少车辆配置，对传统物流行业出现多辆车对一笔订单的现象有所改善，避免车辆资源的浪费，降低企业的运营成本。在**分析能力**方面，数据赋能使得企业能够基于海量数据分析并挖掘出用户行为模式与其发展趋势，促使企业加强对市场的了解，设计出更符合用户需求的产品与服务，增加企业营业收入，进而提高企业绩效（冯芷艳等，2013）。对物流平台企业来说，数字技术的应用极大地促进了智能化决策的实现。这些企业通过综合分析订单信息、运输路线、车辆状况等多个因素，实现了订单的智能匹配。此外，对交通路况的深入分析帮助平台为物流运输设计出最优化的解决方案。

由此，本研究提出以下假设。

H1：数据赋能对物流平台企业战略绩效有显著正向影响。

H1a：数据赋能连接能力对物流平台企业战略绩效具有显著的正向影响。

H1b：数据赋能智能能力对物流平台企业战略绩效具有显著的正向影响。

H1c：数据赋能分析能力对物流平台企业战略绩效具有显著的正向影响。

7.2.2 数据赋能与价值共创

周文辉在2018年的研究中定义了价值共创为通过互动合作和资源整合这两种途径，为用户创造独特体验的过程。在这个过程中，用户与企业之间的互动和合作交流成为实现价值共创的核心要素。当用户与企业之间的资源互补且能实现共赢时，双方便会开展合作，目的是最大化资源利用的效率。基于此，本文将从互动合作和资源整合这两个维度出发，对价值共创进行深入分析与探讨。

在当今的数字化环境中，数字技术通过其收敛性质，连接了实体与虚拟环境，创造了一个无处不在的智能连接网络。这种网络不仅扩宽了价值共创参与方的连接范围，还使得整合全社会资源以促进价值共创成为可能（Nambisan，2017）。得益于数字技术的可供性，平台型企业得以在其所在系统中占据核心位置，借助独特的数字技术和资源整合能力，在数据驱动的传统企业转型及大规模个性化定制领域展现出领导地位（Li et al.，2018；Ramaswamy，2018）。对于物流平台型企业而言，数据赋能的连接能力能够帮助企业快速获取用户需求，并下达指令，以满足用户需求；还能够满足平台供需双方的条件匹配，促进互动合作和资源整合。数据赋能的智能能力帮助企业在低人为干预的情况下对用户需求进行快速响应，大幅提高了互动合作的效率；同时，平台还能将车货之间进行匹配和对接，减少车辆配置，对已有资源进行整合。数据赋能的分析能力帮助企业从海量数据中分析、挖掘出用户行为模式及发展趋势，为互动合作提供新的途径；同时，还能够帮助企业进行预测性经营决策，将企业已有资源和潜在资源进行预测性整合。

由此，本研究提出以下假设。

H2：数据赋能对物流平台企业价值共创有显著的正向影响。

H2a：数据赋能对物流平台企业互动合作有显著的正向影响。

H2b：数据赋能对物流平台企业资源整合有显著的正向影响。

7.2.3 价值共创与物流平台企业战略绩效

价值的共同创造能促进参与的利益相关者之间的相互信任、承诺和满意，并能通过整体的协同效应以帮助提高企业的绩效（朱琴，2019）。价值共创中的两个维度对企业绩效的作用表现如下：第一，基于数字技术的支撑，企业与用户之间的互动合作有利于企业了解用户需求，为用户提供便捷、个性化服务，提高企业解决问题的能力；第二，平台企业的资源整合能力涵盖稳定调整、丰富细化及开拓创造三个方面（Sirmon et al.，2007），有效的资源整合能够帮助企业将有限的资源发挥最大效用，同时将潜在资源与现有资源进行整合能够提高企业对未来不确定性风险的预测，分散潜在风险，以上这些都将有利于企业绩效的提升。

由此，本研究提出以下假设。

H3：价值共创对物流平台企业战略绩效有显著的正向影响。

H3a：互动合作对物流平台企业战略绩效有显著的正向影响。

H3b：资源整合对物流平台企业战略绩效有显著的正向影响。

7.2.4 价值共创在数据赋能与物流平台企业战略绩效之间的中介作用

在数字技术的支持下，企业间及企业与消费者之间的信息沟通成本得到了显著降低，信息传递变得更为迅速和高效。企业利用互联网思维和大数据技术，能够创新性地整合和配置各类资源，这不仅促进了企业与消费者之间的价值共创，也有助于构建一个开放的服务创新体系，从而提升企业绩效（张旭梅等，2019）。周驷华等人在 2017 年的研究中指出，电子商务平台处理数据信息的能力对于整合客户与供应商的信息资源具有显著的正面影响。这种信息资源的整合不仅是价值共创过程中的关键环节，而且对提高电子商务平台的服务绩效至关重要。在此过程中，价值共创作为连接平台数据处理能力与服务绩效的桥梁，彰显了数据能力在提升服务绩效中的中介角色。总的来说，平台企业通过利用数字技术和大数据能力，不仅加强了与消费者之间的互动合作，还能筛选和处理广泛分布的信息资源，实现企业内外部资源的有效整合，降低沟通成本，提高决策效率，并最终提升企业的整体绩效。

由此，本研究提出以下假设。

H4：价值共创在数据赋能与物流平台企业战略绩效之间起中介作用。

H4a：互动合作在数据赋能与物流平台企业战略绩效之间起中介作用。

H4b：资源整合在数据赋能与物流平台企业战略绩效之间起中介作用。

7.2.5　环境动荡性在数据赋能与价值共创及战略绩效之间的调节作用

环境动荡性主要是指企业所处环境的不确定性和迅速变化，包括技术的快速变化、市场需求的快速变化，以及竞争对手竞争策略的变化。目前，数字技术的高速发展与应用，使得企业所处的技术环境、市场环境变化多端，需要企业利用适当的技术快速识别市场机会。

现有研究已经揭示了技术动荡性提高时，企业面临的核心技术发展预测变得更加困难，在这种不稳定的技术环境中，企业的现有技术知识和产品可能迅速变得过时。为了应对这种情况，企业往往会采取更主动的策略来掌握技术研发的主动权，确保能够率先获得并应用先进技术。此外，为了实现对先进技术的掌握，企业也会倾向于与其他参与价值共创过程的主体进行合作，通过这种合作获得对外部新技术的访问，从而支持自身的技术创新和发展。此外，在市场动荡性越高时，顾客的需求表现为更加多样性和可变性，会使企业对市场所做的调查和研究的准确性降低，从而使企业面临更大的经营风险。因此，企业需要与顾客主动互动，利用新技术和推出新产品来引导和激发顾客的新需求与偏好，从而更好地预测、识别并创造顾客需求，降低经营风险与投资风险。

当物流平台企业面临较高的环境动荡性时，物流平台企业利用数据赋能获得的数字技术能力能够打破地域和空间的双重限制，更加主动地与各个主体之间取得联系，高效搜寻货主和提供物流服务的第三方物流企业及车主，并同时加强彼此之间关系的协调，结合多元化信息对市场数据进行分析，降低决策失误的可能性，实现价值创造多方主体之间的互动合作与资源整合。

与此同时，企业外部的高环境动荡性，能够让物流平台企业对现有业务及产品产生更多思考，物流平台可利用数据赋能能力在研发创新活动中进一步提高产品性能，还可利用数据赋能能力捕捉用户需求、加强与价值链上的各个主体之间的关联、提供新产品等。这一系列举措会提升用户对平台的忠诚性和依赖性，因此，物流平台企业将会在市场占有率、顾客忠诚度、财务成果等多个方面有所提升，增强战略绩效。基于上述分析，提出以下假设。

H5：环境动荡性正向调节数据赋能与物流平台企业价值共创之间的关系。

H6：环境动荡性正向调节数据赋能与物流平台企业战略绩效之间的关系。

7.3　假设汇总与理论模型构建

7.3.1　假设汇总

本文研究假设如表 7-1 所示，共包含 9 个假设。具体为数据赋能及其三个子维度与物流平台企业战略绩效的关系假设 H1（H1a、H1b、H1c），数据赋能与物流平台企业价值共创的关系假设 H2，价值共创与物流平台企业战略绩效的关系假设 H3，价值共创在数据赋能与物流平台企业战略绩效之间的中介作用 H4，环境动荡性在数据赋能与企业价值共创以及战略绩效之间的调节作用 H5-H6。

表 7-1　研究假设汇总

作用路径	研究假设
数据赋能与战略绩效	H1：数据赋能对物流平台企业战略绩效有显著的正向影响
	H1a：数据赋能连接能力对物流平台企业战略绩效具有显著的正向影响
	H1b：数据赋能智能能力对物流平台企业战略绩效具有显著的正向影响
	H1c：数据赋能分析能力对物流平台企业战略绩效具有显著的正向影响
数据赋能与价值共创	H2：数据赋能对物流平台企业价值共创有显著的正向影响
价值共创与战略绩效	H3：价值共创对物流平台企业战略绩效有显著的正向影响
价值共创的中介作用	H4：价值共创在数据赋能与物流平台企业战略绩效之间起中介作用
环境动荡性的调节作用	H5：环境动荡性正向调节数据赋能与物流平台企业价值共创之间的关系
	H6：环境动荡性正向调节数据赋能与物流平台企业战略绩效之间的关系

7.3.2　理论模型构建

在本文中，基于之前提出的研究假设，构建了一个总体模型来探索数据赋能、价值共创、环境动荡性与物流平台企业战略绩效之间的关系。该总模型细分为六个子模型，如图 7-1 所示，旨在深入分析这些因素如何相互作用。

具体分析，第一个子模型着重分析了数据赋能与物流平台企业战略绩效之间的直接关系，并进一步细化探讨了数据赋能的三个子维度对战略绩效的具体影响，目的是揭示不同数据赋能能力如何影响战略绩效，为后续研究提供参考。第二个子模型关注数据赋能与价值共创之间的相互关系。第三个子模型探究了价值共创与物流平台企业战略绩效之间的联系。而第四个子模型则着眼于价值共创在数据赋能与物流平台企业战略绩效关系中的中介作用。第五个和第六个子模型分别验证了环境动荡性如何正向调节数据赋能与价值共创之间的关系，以及物流平台企业战略绩效之间的联系。

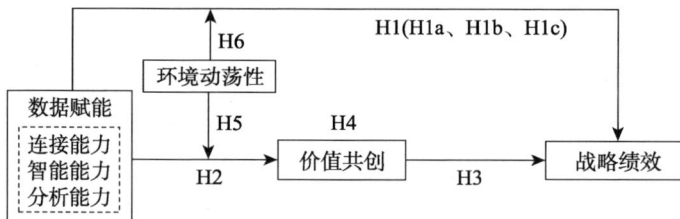

图 7-1 数据赋能、价值共创、环境动荡性与战略绩效关系总模型

7.4 数据收集与变量测量

7.4.1 数据收集

本章通过调查问卷的方式收集数据，采用了 Likert 7 分量表来测量回应者对各个题项的同意程度，其中 1 分表示"非常不同意"，7 分表示"非常同意"。本研究旨在探讨物流平台企业中数据赋能、价值共创与企业绩效之间的关系，因此对这三个核心变量进行了细致的测量。问卷的设计遵循了系统性、科学性与实用性的原则，题目大多来源于国内外学者的理论研究或已验证的量表，并根据物流平台企业的具体特点及预调研的结果进行了必要的修正和完善。为了确保研究数据的可收集性和匹配性，本文选择了货拉拉、货车帮、运满满等具有代表性的物流平台企业作为研究对象。

7.4.2 变量测量

1. 数据赋能的测量

参照现有的关于数据赋能测量的研究，本文借鉴 Lenka（2017）提出的数据赋能包含三个维度：连接能力、智能能力和分析能力。基于这些定义，从现有文献中挑选了合适的问题进行研究，然后根据需要进行修改。该研究的第一种方法是将数据授权作为一个总体变量来研究，第二种方法则将数据授权分为三个维度，但两种方法的测量量表不变。数据赋能连接能力的测量，主要参考巫凡（2017）、周文辉（2018）、张振刚（2021）等研究所涉及的测量量表，列出"企业持续、实时地获取广泛的信息，包括企业内部和外部的信息"等三个题项；数据赋能智能能力的测量，主要参考 Lenka（2017）、周文辉（2018）、Yuhua Zhang（2021）等研究所涉及的测量量表，列出"该平台能够快速识别并获取所需的数据资源"等三个题项；数据赋能分析能力的测量，主要参考 Lenka（2017）、张振刚（2021）、Yuhua Zhang（2021）等研究所涉及的测量量表，列出"该平台能够从大量数据中找出潜在的有用信息"等三个题项。具体题项内容如表 7-2 所示。

表 7-2　数据赋能的测量量表

变量	维度	题项内容	题项依据
数据赋能	连接能力	该平台界面或系统支持用户从其他端口进入	巫凡（2017）； Lenka（2017）； 周文辉（2018）； Yuhua Zhang（2021）； 张振刚（2021）
		该平台能够持续、实时地获取车主、货主需求的各种信息	
		该平台引进的信息技术能够增强平台、车主与货主之间的管理沟通	
	智能能力	该平台能够快速识别并获取所需的数据资源	
		该平台与信息技术相关的软硬件设施能够对顾客需求作出实时快速响应	
		该平台可对产品进行灵活分级，为不同客户提供对应产品，合理配置资源	
	分析能力	该平台能够从海量数据中发现潜在的有用信息	
		该平台可结合用户所处位置，通过分析将订单匹配给最合适的车主	
		该平台会根据评价互动结果，将评分高的车主、货主进行匹配，从而使用户获得更优质的服务	
		该平台能够基于海量数据为组织经营等提供有价值的预测性分析	

2. 价值共创的测量

Gummesson 及其同事在 2013 年的研究中把价值共创过程划分为两个主要部分：互动合作和资源整合，强调了供需双方互动的频繁程度及平台企业资源整合能力的强大，能够显著扩大创造价值的范围，进而为企业带来持续的收益。周文辉等人于 2018 年对平台企业在不同成长阶段——试点、复制及扩张阶段——通过数据赋能如何促进价值共创的互动合作和资源整合进行了探讨。苏涛永等学者在 2021 年提出，价值共创过程是理解价值共创机制的关键，包括了主体识别、互动关系和资源整合三个核心要素。综合这些研究，在分析价值共创时，本文将重点放在互动合作和资源整合这两个维度上。针对互动合作这一维度，本文将结合物流平台企业的实际情况，并参考 Prahalad C K 和 Ramaswamy V（2004）和孙永波（2018）等学者提出的测量量表，包括诸如"在平台经营活动中，用户能够向企业提出需求，主动参与到互动中"等三项具体指标来衡量。资源整合方面，主要参考 Sirmon（2007）、蔡莉（2009）、邓渝（2019）等研究所涉及的测量量表，列出"该平台能将新的资源进行组合和利用"等三个题项。具体题项内容如表 7-3 所示。

表 7-3　价值共创的测量量表

变量	维度	题项内容	题项依据
价值共创	互动合作	该平台经营活动过程中，车主及货主能够向平台提出合理要求，主动参与互动	Prahalad CK 和 Ramaswamy V（2004）；Sirmon（2007）；蔡莉（2009）；孙永波（2018）；邓渝（2019）
		该平台经营活动过程中，平台会利用线上 App 等渠道主动对用户进行调查访问，获取有用的经营管理信息	
		该平台经营活动过程中，基于双向评分机制，为得到更高评分，车主会提供更优质的服务，货主会提供更多的包容和理解，实现互动合作	
	资源整合	该平台能通过对已有资源进行稳定调整，提高组合效率	
		该平台可以用创新性方法对已有资源进行延伸、丰富及细化以拓展业务	
		该平台可梳理已有资源与新资源并实现创造性组合	

3. 企业绩效的测量

虽然目前关于企业绩效测量的成熟量表已经有许多，但是根据具体的研究问题和研究对象的不同情况，不同的研究采用的测量维度均有差异。物流平台企业作为一种以服务类为主的企业，对其绩效的评价不能简单采用财务指标来衡量，本文还考虑了创新绩效。主要参考 Sila 等（2007）、奉小斌（2016）、侯平平（2022）、余传鹏（2020）、余菲菲（2022）的测量量表，将企业绩效分为财务绩效和创新绩效共 12 个题项进行测量。具体题项内容如表 7-4 所示。

表 7-4　企业绩效的测量量表

变量	维度	题项内容	题项依据
企业绩效	财务绩效	与同行相比,我们平台最近一年来在主营业务销售额增长或利润方面的表现更好	Sila et al.（2007）;奉小斌（2016）;侯平平（2022）;余传鹏（2020）;余菲菲（2022）
		与同行相比,我们平台最近一年来在现金流增长方面的表现更好（管理者）	
		与同行相比,我们平台最近一年来在市场份额增长方面的表现更好	
		与同行相比,我们平台最近一年来在顾客满意度增长方面的表现更好（员工）	
	创新绩效	与同行相比,我们最近一年来在专利数量增长方面的表现更好（管理者）	
		与同行相比,我们最近一年来在新产品开发项目数增长方面的表现更好（管理者）	
		与同行相比,我们最近一年来在改良新产品开发项目数增长方面的表现更好（管理者）	
		与同行相比,我们最近一年来在新产品销售比例方面的表现更好（管理者）	
		相比于其他物流平台,我们平台的注册、软件接单等相关操作更简单（员工）	
		相比于其他物流平台,我们平台抢单界面更加流畅便捷（员工）	
		相比于其他物流平台,我们平台为您带来的服务体验感更好,您更愿意向身边朋友推荐该平台（员工）	

7.5　数据分析与假设检验

7.5.1　描述性统计分析

在进行实证检验之前,我们对所收集到的调查问卷加以甄别,并进行适当的排除,提高论证的严谨性。本文对出现下列问题的调查问卷进行了筛选:在本研究中,面对的主要问题包括:首先,收到了大量未填写的问卷;其次,某些调查问卷上出现了明显的随意填写迹象;最后,部分调查结果与实际情况存在较大的偏差。在此研究中,共发放了 415 份问卷,回收了 324 份,其中有效问卷为 227 份。问卷的回收率达到了 78.07%,而有效率为 70.06%,这满足了研究的要求。

根据 227 份有效问卷,本文得到如表 7-5 所示的基本信息,包括受访者的基本信息及物流平台企业的基本信息。受访者男女占比分别为 51.5%和 48.5%；受访者年龄方面，主要分布于 30～50 岁；受访者职位方面，中高层管理人员占比为 59.03%、产品研发人员占比为 10.57%、技术开发人员占比为 9.69%、货运司机占比为 19.38%。营业收入方面，大多集中于 5 亿元以下；成立时间方面，较集中于 1～5 年；受访者所在公司产权性质方面，民营企业占比较多，高达 52.9%。

表 7-5　受访者及企业相关信息

类别		频数	百分比	累计百分比
性别	男	117	51.5%	51.5%
	女	110	48.5%	100%
	总计	227	100%	100%
年龄	30 岁以下	27	11.9%	11.9%
	31～40 岁	59	26.0%	37.9%
	41～50 岁	107	47.1%	85.0%
	51～55 岁	29	12.8%	97.8%
	56 岁以上	5	2.2%	100%
	总计	227	100%	100%
职位	中高层管理者	134	59.03%	59.03%
	产品研发人员	24	10.57%	69.60%
	技术开发人员	22	9.69%	79.29%
	货运司机	44	19.38%	98.67%
	其他	3	1.33%	100%
	总计	227	100%	100%
营业收入	0.5 亿元以下	63	27.8%	27.8%
	0.5 亿～1 亿元	90	39.6%	67.4%
	1 亿～5 亿元	42	18.5%	85.9%
	5 亿～10 亿元	22	9.7%	95.6%
	10 亿元以上	10	4.4%	100%
	总计	227	100%	100%
成立时间	少于 1 年	12	5.3%	5.3%
	1～3 年	132	58.1%	63.4%
	3～5 年	57	25.1%	88.5%
	5～10 年	19	8.4%	96.9%
	10 年以上	7	3.1%	100%
	总计	227	100%	100%

续表

类别		频数	百分比	累计百分比
产权性质	国有	30	13.2%	13.2%
	民营	120	52.9%	66.1%
	三资—外资控股	57	25.1%	91.2%
	三资—内资控股	14	6.2%	97.4%
	其他	6	2.6%	100%
	总计	227	100%	100%

7.5.2　信度及效度检验

本研究对量表进行了效度和信度分析。效度分析主要针对结构效度进行检验，为了确保问卷量表中效度的有效性，本文采取了探索性因子分析和验证性因子分析两种方法进行验证。首先，对数据赋能、价值共创及企业绩效各变量题项进行探索性因子分析；其次，先对数据赋能、价值共创及企业绩效进行单个验证性因子分析，再对整体模型进行验证性因子分析。在信度分析方面，使用 Cronbach 所创的 Alpha 系数来检验量表各个维度和总量表之间的信度。

1. 信度检验

对问卷进行 Cronbach's Alpha 信度检验。如果此值高于 0.8，则说明信度高；如果此值介于 0.7~0.8，则说明信度较好；如果此值介于 0.6~0.7，则说明信度可接受；如果此值小于 0.6，则说明信度不佳。

对问卷进行 Cronbach's Alpha 信度检验。统计结果如表 7-6 所示，各维度的 Cronbach's α 系数问卷各量表均大于 0.7，说明数据信度质量高，可用于进一步分析。

表 7-6　信 度 分 析

序号	维度划分	项数	Cronbach's α 值
1	数据赋能	9	0.926
1.1	连接能力	3	0.899
1.2	智能能力	3	0.872
1.3	分析能力	3	0.882
2	价值共创	6	0.822
2.1	互动合作	3	0.839
2.2	资源整合	3	0.755
3	企业绩效	6	0.870
3.1	财务绩效	3	0.874
3.2	创新绩效	3	0.848

2. 效度检验

在本项研究中，对量表的有效性进行了评估，利用了 KMO（Kaiser-Meyer-Olkin）抽样适用性测验和 Bartlett 的球形度检验。这两种检验方法用于评估数据是否适宜进行因子分析。KMO 值的范围是从 0～1，其中，若 KMO 值超过 0.8，表明数据非常适宜进行因子分析，展现出高效度；KMO 值在 0.7～0.8，说明数据适宜进行因子分析，效度好；KMO 值在 0.6～0.7，表明数据还算适宜进行因子分析，效度一般；而 KMO 值低于 0.6，则意味着数据进行因子分析的适宜性不高，效度较低。

对量表的效度分析采用 KMO 和 Bartlett 球检验法进行检验，检验结果如表 7-7 所示。各组织支持感的 KMO 结果为 0.820，大于 0.6；Bartlett 的球形度检验中 $p < 0.001$，这表明变量间存在相关因子，适合做因子分析。

表 7-7　量表的 KMO 和 Bartlett

KMO 值		0.820
Bartlett 球形度检验	近似卡方	1699.863
	df	210
	p 值	0.000

从表 7-8 中可以看出，各题项的因子载荷系数绝对值均大于 0.4，即说明选项和因子有对应关系。其中 Q4～Q12 对应数据赋能角度、Q13～Q18 对应价值共创角度，Q19～Q24 对应企业绩效角度。

表 7-8　量表的旋转因子载荷系数与公因子方差结果

名称	因子载荷系数			共同度（公因子方差）
	因子 1	因子 2	因子 3	
Q4	0.894			0.828
Q5	0.718			0.593
Q6	0.763			0.629
Q7	0.819			0.678
Q8	0.629			0.403
Q9	0.708			0.517
Q10	0.772			0.708
Q11	0.654			0.533
Q12	0.688			0.532
Q13			0.831	0.724
Q14			0.611	0.458

续表

名称	因子载荷系数			共同度（公因子方差）
	因子 1	因子 2	因子 3	
Q15			0.652	0.461
Q16			0.716	0.521
Q17			0.562	0.320
Q18				0.264
Q19		0.835		0.737
Q20		0.691		0.546
Q21		0.606		0.414
Q22		0.794		0.638
Q23		0.596		0.386
Q24		0.707		0.516

此外，针对因子提取情况，可以从表 7-9 得知，上因子分析一共提取出 3 个因子，此 3 个因子旋转后的方差解释率分别是 24.852%、15.918%、13.545%，旋转后累积方差解释率为 54.315%，因子分析较好地捕捉了原始数据的变异性。

表 7-9　量表方差结实率结果

因子编号	特征根			旋转前方差解释率			旋转后方差解释率		
	特征根	方差解释率%	累积%	特征根	方差解释率%	累积%	特征根	方差解释率%	累积%
1	7.280	34.666	34.666	6.872	32.724	32.724	5.219	24.852	24.852
2	2.797	13.318	47.984	2.380	11.332	44.056	3.343	15.918	40.770
3	2.641	12.578	60.562	2.154	10.259	54.314	2.844	13.545	54.314
4	1.278	6.086	66.649						
5	1.158	5.516	72.165						
6	0.973	4.631	76.796						
7	0.728	3.466	80.262						
8	0.648	3.084	83.346						
9	0.554	2.639	85.985						
10	0.447	2.126	88.111						
11	0.401	1.908	90.019						
12	0.334	1.593	91.611						
13	0.291	1.388	93.000						
14	0.281	1.338	94.338						

因子编号	特征根			旋转前方差解释率			旋转后方差解释率		
	特征根	方差解释率%	累积%	特征根	方差解释率%	累积%	特征根	方差解释率%	累积%
15	0.251	1.194	95.532						
16	0.219	1.043	96.575						
17	0.184	0.877	97.452						
18	0.182	0.866	98.317						
19	0.159	0.758	99.076						
20	0.117	0.557	99.632						
21	0.077	0.368	100.000						

7.5.3 相关性分析

对各个变量之间进行相关性分析，判断数据赋能、价值共创与企业绩效及其各个维度之间是否呈现相关关系。

如图 7-2 所示，利用相关分析研究数据赋能（链接能力、智能能力、分析能力）、价值共创（互动合作、资源整合）、企业绩效（财务绩效、创新绩效）之间的相关关系，使用 Pearson 相关系数去表示相关关系的强弱情况。

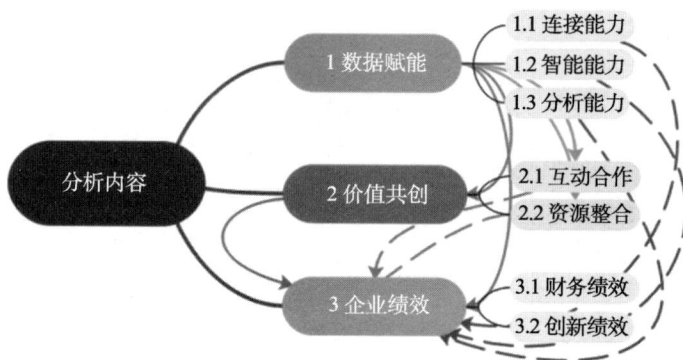

图 7-2　相关分析内容示意图

1. 企业绩效、数据赋能、价值共创相关性分析

由表 7-10 可知，企业绩效与数据赋能、价值共创之间呈现出显著相关性，相关系数值分别是 0.361、0.239，且均大于零，这意味着企业绩效与数据赋能及价值共创之间存在正相关关系；此外，数据赋能与价值共创之间也呈现出显著相关系数，其相关系数为 0.319，大于零，即数据赋能与价值共创之间存在正相关关系。

表 7-10　企业绩效与数据赋能、价值共创相关关系

	数据赋能	价值共创	企业绩效
数据赋能	1		
价值共创	0.319**	1	
企业绩效	0.361**	0.239**	1

注：*$p<0.05$，**$p<0.01$

2. 企业绩效与数据赋能（连接能力、智能能力、分析能力）相关关系

企业绩效与数据赋能相关关系如表 7-11 所示。

表 7-11　企业绩效与数据赋能相关关系

	企业绩效	连接能力	智能能力	分析能力
企业绩效	1			
连接能力	0.337**	1		
智能能力	0.253**	0.663**	1	
分析能力	0.360**	0.733**	0.588**	1

3. 价值共创与数据赋能（连接能力、智能能力、分析能力）相关关系

价值共创与数据赋能相关关系如表 7-12 所示。

表 7-12　价值共创与数据赋能相关关系

	价值共创	连接能力	智能能力	分析能力
价值共创	1			
连接能力	0.291**	1		
智能能力	0.188*	0.663**	1	0.588**
分析能力	0.363**	0.733**	0.588**	1

4. 数据赋能与价值共创（互动合作、资源整合）相关关系

数据赋能与价值共创相关关系如表 7-13 所示。

表 7-13　数据赋能与价值共创相关关系

	数据赋能	互动合作	资源整合
数据赋能	1		
互动合作	0.335**	1	
资源整合	0.196*	0.483**	1

5. 企业绩效与价值共创（互动合作、资源整合）相关关系

企业绩效与价值共创相关关系如表 7-14 所示。

表 7-14　企业绩效与价值共创相关关系

	企业绩效	互动合作	资源整合
企业绩效	1		
互动合作	0.259[**]	1	
资源整合	0.137	0.483[**]	1

7.5.4　多元回归分析

检验数据赋能、价值共创、企业绩效之间的直接效应，并对价值共创的中介作用进行检验。

上述结果表明，在研究中存在企业绩效、数据赋能和价值共创之间的正相关关系。具体而言，数据赋能与企业绩效之间的相关性最强，其次是数据赋能与价值共创，价值共创与企业绩效之间的相关性最弱。这暗示着随着数据赋能和价值共创的增加，企业绩效可能会提升。然而，要深入了解这些关系背后的机制，可能需要进一步研究中介效应，以揭示第三个变量是否在这些关系中起到了中介作用，从而更全面地理解这一复杂的业务动态，如图 7-3 所示。

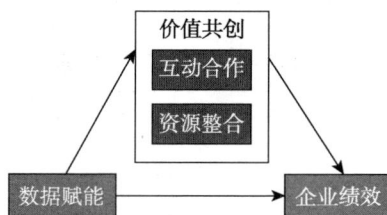

图 7-3　中介效应模型

在本研究中，采用了 Bootstrap 方法对中介效应进行了检验。Bootstrap 是一种通过对原始数据进行多次抽样来估计统计量置信区间的方法，它能够提升分析结果的可信度。通过使用 SPSS 软件的 process 插件来执行此项检验，本文选取了 5000 个样本进行分析，并利用模型 4 来探究中介效应，同时设定置信区间为 95%。如果该 95% 的 Bootstrap 置信区间（BootCI）不包括 0 值，则可以认为中介效应在统计学上是显著的。

1. 价值共创在数据赋能与物流平台企业绩效之间起中介作用

中介效应检验结果如表 7-15 所示。

表 7-15　中介效应检验结果

中介路径	效应	BootSE	BootLLCI	BootULCI
总效应（数据赋能→企业绩效）	0.3156	0.0748	0.1675	0.4637
直接效应（数据赋能→企业绩效）	0.2770	0.0784	0.1217	0.4324
间接效应（数据赋能→价值共创→企业绩效）	0.0386	0.0318	0.0110	0.1110

通过对模型 Bootstrap 的分析，可以得到总效应（数据赋能→企业绩效）为 0.3156，直接效应（数据赋能→企业绩效）为 0.2770。这表明数据赋能对企业绩效有显著影响，而且其中大部分是直接影响，而不是通过中介变量影响。通过中介变量，即价值共创，其对企业绩效的间接效应为 0.0386。这表明，部分数据赋能对企业绩效的影响是通过价值共创实现的。所有效应的置信区间均不包含零，表明它们在统计上是显著的。综合以上结果，我们可以得出结论：数据赋能和价值共创对企业绩效有显著的影响，其中数据赋能对企业绩效的影响是直接的，而价值共创对企业绩效的影响则是通过部分中介作用实现的。这表明在提高企业绩效时，应该同时关注数据赋能和价值共创，并深入研究它们之间的中介机制，以制定更有效的业务策略。

2. 互动合作在数据赋能与物流平台企业绩效之间的中介作用

中介效应检验结果如表 7-16 所示。

表 7-16　中介效应检验结果

路径	效应	BootSE	BootLLCI	BootULCI
总效应（数据赋能→企业绩效）	0.3156	0.0748	0.1675	0.4637
直接效应（数据赋能→企业绩效）	0.2699	0.0787	0.1140	0.4258
间接效应（数据赋能→互动合作→企业绩效）	0.0457	0.0310	0.0091	0.1124

根据表内数据，我们可以得到以下结论：数据赋能对企业绩效有显著正向影响，并且该影响具有一定的稳定性。总效应的估计值为 0.3156，与 BootLLCI（0.1675）和 BootULCI（0.4637）的置信区间相符。这意味着通过数据赋能，企业能够有效提升其绩效水平。直接效应对总效应的贡献较大，估计值为 0.2699，置信区间在 0.1140 和 0.4258 之间。这表明，数据赋能对企业绩效的影响主要是通过直接路径实现的。因此，通过提高数据分析能力和决策制定的准确性，企业能够直接对绩效产生积极影响。虽然间接效应的估计值（0.0457）较小，但它仍然显著。其置信区间范围在 0.0091 和 0.1124 之间。这意味着数据赋能通过促进价值共创对企业绩效产生一定的影响。因此，

企业应该积极推动内外部合作，共同创造价值，并通过数据赋能实现协同创新，从而间接提升业绩。

3. 资源整合在数据赋能与物流平台企业绩效之间起中介作用

中介效应检验结果如表 7-17 所示。

表 7-17　中介效应检验结果

路径	效应	BootSE	BootLLCI	BootULCI
总效应（数据赋能→企业绩效）	0.3156	0.0748	0.1675	0.4637
直接效应（数据赋能→企业绩效）	0.3037	0.0764	0.1525	0.4550
间接效应（数据赋能→资源整合→企业绩效）	0.0119	0.0196	0.0163	0.0605

从总效应来看，数据赋能对企业绩效的总效应达到了 0.3156，这表明数据赋能对企业绩效产生了正向的整体影响。具体而言，直接效应为 0.3037，说明数据赋能直接对企业绩效产生了较大的正向影响，而此路径没有经过其他变量的干扰。对于间接效应的估计结果，在 95%置信水平下的自助法置信区间为 0.0163 到 0.0605，不包括 0。这进一步支持了间接效应的存在，并表明在统计学上是显著的。

7.6　实证检验结果分析

本章研究内容是基于前文的理论模型，对回收的样本数据进行的实证检验，假设 H1（H1a-H1c）、H2、H3、H4 均成立，假设 H5、H6 未得到检验，具体检验结果如表 7-18 所示。

表 7-18　假设检验结果汇总

作用路径	研究假设	结果
数据赋能与战略绩效	H1：数据赋能对物流平台企业战略绩效有显著的正向影响	成立
	H1a：数据赋能连接能力对物流平台企业战略绩效具有显著的正向影响	成立
	H1b：数据赋能智能能力对物流平台企业战略绩效具有显著的正向影响	成立
	H1c：数据赋能分析能力对物流平台企业战略绩效具有显著的正向影响	成立
数据赋能与价值共创	H2：数据赋能对物流平台企业价值共创有显著的正向影响	成立
价值共创与战略绩效	H3：价值共创对物流平台企业战略绩效有显著的正向影响	成立

续表

作用路径	研究假设	结果
价值共创的中介作用	H4：价值共创在数据赋能与物流平台企业战略绩效之间起中介作用	部分中介
环境动荡性的调节作用	H5：环境动荡性正向调节数据赋能与物流平台企业价值共创之间的关系	负向调节
	H6：环境动荡性正向调节数据赋能与物流平台企业战略绩效之间的关系	不成立

第一，数据赋能与战略绩效。数据赋能及其三个子维度（连接能力、智能能力及分析能力）对物流平台企业战略绩效均具有正向影响，这与张振刚等、Lenka 等学者的研究结论一致。本文利用 SPSS 27.0 软件进行回归分析得出，数据赋能及其三个子维度对物流平台企业战略绩效的回归系数分别为 0.371（$P < 0.001$）、0.307（$P < 0.001$）、0.333（$P < 0.001$）、0.337（$P < 0.001$），各子维度的回归系数均低于数据赋能对物流平台企业战略绩效的回归系数，与实际情况相符，假设 H1、H1a、H1b、H1c 得到验证。

第二，数据赋能与价值共创。数据赋能对价值共创具有显著的正向影响，其回归系数为 0.308（$P < 0.001$），这与苏涛永等、周文辉等、廖民超等学者的研究结论一致，假设 H2 得到验证。

第三，价值共创与战略绩效。价值共创对物流平台企业战略绩效具有显著的正向影响，其回归系数为 0.375（$P < 0.001$），这与毛倩、廖民超等学者的研究结论一致，假设 H3 得到验证。

第四，价值共创的中介作用。本文运用 Bootstrap 方法检验了价值共创在物流平台企业数据赋能与战略绩效之间的中介作用，样本总效应、直接效应、间接效应分别为 0.3707、0.2819、0.0889，在 95% 的置信水平下置信区间分别为[0.2317，0.5098]、[0.1406，0.4232]、[0.0312，0.1628]，这一结果表明价值共创在两者之间起部分中介作用，与 Trabucchi、廖民超等学者研究结论一致，假设 H4 得到验证。

第五，环境动荡性的调节作用。本文运用 Process 插件的模型 7 检验环境动荡性在数据赋能与价值共创及物流平台企业战略绩效之间调节作用，环境动荡性与数据赋能的交互项对价值共创、战略绩效的回归系数分别为 $\beta = -0.1570$（$p < 0.05$）、$\beta = -0.0738$（$p > 0.1$），在 95% 的显著性水平上的置信区间分别为[−0.2843，−0.0297]、[−0.2129，0.0654]，前者置信区间不包含 0 而后者置信区间包含 0，表明环境动荡性负向调节数据赋能与价值共创之间的关系，且对数据赋能与战略绩效之间的关系的调节作用不显著。假设 H5、H6 未得到检验。

第8章 结论与对策建议

在数字经济高速发展的时代，大数据、云计算、人工智能和区块链等前沿智能化信息技术得到了迅猛的推进与发展，平台型企业已经成为推动产业创新和转型升级的关键力量。本文旨在对数字创新驱动平台型企业的内涵和特征、数字赋能机制、价值共创的实现机理与路径进行深入研究，并以物流平台型企业为例，探讨数据赋能、价值共创与绩效之间的关系。基于这些研究，我们提出了具体的对策和政策建议，为我国"数字中国"战略和"大众创业，万众创新"战略的实施提供科学依据和政策指导。

8.1 结 论

8.1.1 数字创新驱动平台型企业内涵及特征

从数字创新驱动视角出发，定义数字创新驱动是以数字化数据要素为核心，以数字技术为基础支撑驱动产生新的模式和经济形态。并从价值属性、技术属性和社会属性三个方面归纳出数字创新驱动的 5 大特征，分别是开放性、模块化、生长性、融合性、收敛性和动态性。通过对平台型企业的深入剖析，结合中国市场的独特优势，总结出中国情境下数字创新驱动平台型企业的独有特征，包括政策支持的战略优势、巨大市场规模的战略资产和强大技术水平支撑创新研发。而数字创新作为核心驱动力，促使平台型企业创造出全新的商业模式，进而深度影响企业价值主张的革新、价值创造与传递方式的转变，以及价值获取策略的创新。这一过程不仅实现了数字经济能力对商业模式整体创新的驱动，更促进了数字机会识别能力、数字化能力、数字协同能力与价值主张创新、价值创造与传递创新、价值获取创新之间的交互作用机制的形成。这一机制使得企业能够在数字化浪潮中精准把握市场机遇，实现商业模式的持续优化与升级。

1. 价值属性方面：具有开放性、模块化特征

在网络空间以数据为核心的基础上，现实世界的实体经由数字化媒介转化，有序展现为虚拟形态。这种虚拟与实体的紧密融合有力地缓解了信息的

不对等状态，促成了合作深度的提升。新近的商业模式侧重于跨越时间界限、地理限制及组织边界的价值互换活动，围绕此核心策略铺展。实体与虚拟身份的深度融合进一步拓宽了市场范畴，催化了数字创新进程，内嵌开放性特质。信息流成为撬动庞大经济价值的杠杆，加速全球化进程中的技术、资本及人力资源的流通，优化并整合资源分配。数据作为生产要素的新成员，其参与改变了传统要素的竞争均衡特性，为数字创新引入更多变数与机会窗口。数据不仅为创新动力的新生提供了土壤，也强化了对市场需求先机的捕捉能力，使得研发活动更加精确导向。伴随数字经济的蓬勃兴起，其对创新活动的影响力与日俱增，展现出深远意义。当数据要素积累至特定阈值，将激发创新体系向数字化转型的变革，继而重新定义创新生态系统的发展规律，构筑起一个崭新且秩序井然的架构。

2. 技术属性方面：具有生长性和融合性

数字技术的进化力量，植根于其动态适应、自我指涉、扩展灵活及可编辑性强的特性，为数字创新的持续演化与形态多样化提供了肥沃土壤。通过其特有的解耦效应，企业能有效减轻对特定资产的依附；同时，去中介化的属性促使企业直接对接消费者，削弱了中间环节在价值链中的制约作用。此外，数字技术展现的集成性，体现在促进数据分析应用、平台支撑体系建设、品牌价值与市场策略的智能化融入、生态环境内的合作共生，以及政策制定的高精度导向等多个维度的协同作业之中，这一过程加速了技术创新与产业升级的跨界融合步伐，孵化出新颖的生态系统模型。

3. 社会属性方面：具有收敛性和动态性特征

收敛性在数字时代的一个显著标志是，数字工具与平台依托其去中心化的特性，促进了跨行业、跨地域资源的优化配置与集成，这一过程有效消除了产品、部门、组织乃至不同产业间的传统壁垒，推动了更为紧密且多元化的跨界合作，增强了数字创新的集成与渗透力。与此同时，数字技术的动态性特征，在于其固有的可编辑性与创新路径的丰富多样性，为组织的创新之旅注入了不可预知性。这种动态性不仅要求组织具备高度的灵活性以适应快速的技术变迁，还驱动着企业持续探索、迭代更新，展现了数字时代下创新生态的活泼与进化能力。

8.1.2 数字创新驱动平台型企业的赋能机制分析

本研究聚焦于数字时代的核心——数据赋能机制，以滴滴出行平台为典型案例，深入分析其在不同运营阶段数据赋能的连接、智能和分析能力的作用，以及这些能力如何以不同形式促进价值共创。重点考察数据赋能如何推动企业打破组织边界，实现创新优势；探究数据赋能和价值共创对平台型企业成长的影响路径和效果；同时，探讨数据赋能活动在突破资源约束方面的潜力，以及实现资源重构的多样化模式。在此基础上，将数字创新驱动下的赋能机制归结为以下三大类别。

1. 数据赋能机制

数据连接机制概述了一种策略，即企业运用现代信息技术，如 APIs、信息系统和移动应用，构建桥梁以联通不同的数字化产品和服务。这些连接点不仅促进了数据的汇聚，还在一个集中的平台上实现了数据的交互与共享，为参与各方创造了一个协同工作的数据生态系统。在此基础上，智能机制介入，它利用先进的算法和数据分析工具，对汇集的大量原始数据进行深度挖掘和结构化处理，提炼出对企业决策至关重要的洞察。

数据分析机制进一步深化了这一流程，专注于分析用户行为模式、高效调配资源及提供分层次的定制服务。通过持续监测用户行为，企业能够更好地理解市场需求和用户偏好，据此动态调整资源的配置，确保高需求时段或关键用户群体得到优先满足。同时，分级服务策略让企业能够为不同价值的客户提供相应级别的服务和支持，提升整体满意度和忠诚度。综合来看，这三大机制共同构成了一个闭环系统，其中数据连接是基础，智能机制是核心处理单元，而数据分析则是实现价值转化的关键步骤。这一系统不仅提升了数据的流动性和利用率，也极大地提高了企业的运营效率、市场响应速度和客户体验，为数字经济时代的企业竞争提供了强大的支撑。

2. 结构赋能机制

结构赋能的概念强调的是通过优化和调整外部及内部环境的结构，来促进资源的有效获取和利用，消除发展路径上的障碍。这一理念的核心在于利用数据的洞察力，指导如何更智慧地布局企业和组织的各种构成要素，以达到更高的效能和适应性。结构赋能首先要求企业能够精准识别并分析外部环境中存在的机会与挑战。这包括市场趋势、政策法规变化、行业动态等，利用大数据分析预测未来趋势，指导企业如何调整战略方向，优化供应链管理，或开拓新的市场机会，以降低外部不确定性带来的风险。其次，对内外部资源进行结构性配置，企业内部的组织结构、管理制度、企业文化等，都是影响资源有效利用的重要因素。结构赋能倡导根据数据反馈，不断调整这些内部结构，如实施去中心化的决策机制、建立敏捷团队、推行数字化管理工具等，以促进信息流通和决策效率，同时加强与外部合作伙伴的关系管理，形成稳定高效的资源交换网络。

3. 生态赋能机制

平台型企业通过深度挖掘生态系统中的数据资源，不仅能够洞察市场需求的变化，还能识别合作创新的潜在机会，其中包括与供应商、经销商等传统合作伙伴的深化合作，乃至在特定情境下与竞争对手寻求协同，共同开发新的市场或解决方案。这种动态调整合作与竞争边界的能力，基于对数据的精准分析，使得平台企业能够灵活适应市场环境，打破传统行业界限，促进生态内部的资源整合与价值共创。在实践中，平台型企业应遵循以下策略与建议，以数据赋能机制驱动合作创新与价值共创。

第一，数据赋能有效淡化了企业间的界限，为企业的创新优势提供有力支撑。 通过深度重组企业运行流程、内部关系及利益分配机制，数据赋能赋予企业强大的动态能力，推动其实现可持续发展。在数字经济蓬勃发展的时代背景下，平台型企业应深刻认识到数据赋能组织构建的战略意义，并精准把握自身在运营过程中的核心环节和阶段性定位。通过深入挖掘并精准满足用户的个性化需求，平台型企业能够创造出更加高效、有益的服务组织环境。

第二，平台型企业的发展显著获益于数据赋能力量及其所促进的价值共创过程。 历经企业的各个成长阶段，数据赋能凭借多样化的途径，诸如资源的智能配置、技术援助、深度知识交流、高效互动方式及服务模式革新等，有力地促进了价值共创活动的进化与升级，进而在精确捕获市场机遇与构建强有力竞争优势方面发挥了核心作用。为深化数据赋能对价值共创的正面影响，平台企业须与生态系统内的各种经济实体建立起密切且均衡的战略合作伙伴关系。此外，构建公正、明晰的利润分配体系，并不断推进制度及机制层面的革新，对于在该生态系统内维系稳定且持久的合作关系、实现共赢与风险共担的同步发展至关重要。同时，强化"价值共创、成长共享"的文化理念，有效利用各方互补资源，建立健全的制度框架，以及通过平台赋能加速价值共创进程，是确保企业保持持续且健康发展态势的关键。在此动态过程中，数据赋能与价值共创的深度融合被视作平台型企业快速扩张的决定性驱动力。

第三，数据赋能活动具有突破资源限制、实现资源重构的显著优势。 通过数据赋能，组织能够拓宽视野，超越传统资源认知，促进不同价值共创主体间的紧密互动与资源整合，实现资源的互补与协同。对于面临资源约束或冗余挑战的企业，尤其是新创企业，引入数据赋能实践是一种高效策略。数据赋能不仅有助于企业打破既有资源结构束缚，更能优化资源配置，推动资源创新利用，从而助力企业稳健发展并提升竞争力。相较于单一赋能，多维度组合赋能策略在资源整合与重构方面效率更高。通过综合资源供给、技术支持、知识共享等手段，企业能够全面提升资源整合能力，实现更高效资源配置和利用，进而提升企业绩效。这种多维度的赋能方式不仅提高企业市场适应性，更有助于构建持续竞争优势，推动企业实现可持续发展。

8.1.3 数字创新驱动平台型企业价值共创的实现机理

基于利益相关者理论，首先从用户参与价值共创的动机和用户参与价值共创的行为出发，研究用户参与价值共创对企业的影响。其次，从新企业内部和外部两个角度来研究数字创新驱动的平台型企业商业模式的价值创造过程。再次，基于数字化的无边界特征，研究新企业商业模式内外整合的价值创造过程。最后，从实证研究的角度出发证明前文结果的合理性。

第一，在大数据时代，市场定位理论正经历着深刻的变革。传统的基于逻辑、概念关联和演绎的模型正逐渐被基于数据关联和定量统计的新模型取代。这一转变不仅简化了数据之间的关系，还使得我们能够更精确地揭示和控制消费者行为之间的内在联系。非结构化数据的挖掘为精准业务活动定位提供了强大的信息支持，进一步推动了市场定位理论的创新发展。

第二，大数据的蓬勃发展正深刻地重塑人类的生活习惯与传统运营模式，并对制造业的作业流程带来了深远的影响。过往的生产模式因诸多制约因素而受限，诸如设备使用效率不高、质量控制开支庞大、竞争对手情报获取不充分及客户需求预测偏差等，导致按需生产和设计面临重重挑战，进而抑制了制造企业的成长步伐。反之，在这个以大数据为核心的新时代，企业利用传感器等先进技术手段，得以实现实时监督生产流程，迅速识别故障与隐患，并高效定位维修配件与应对策略。经由大数据的汇集与解析，企业不仅掌握了消费者与生产商间海量的交互信息，还借助数据分析挖掘技术，取得了坚实的数据支持。这些数据资产使企业能够制定出更为精准的生产和市场营销战略，有效解决库存过剩与商品滞销问题，同时促进生产效率的大幅提升和销售周期的显著缩短。

第三，在大数据时代，企业创新生态系统的构建也经历着重大变革。传统的以个别企业为核心的创新模式正逐步被多个企业共同构建的创新平台取代。企业在创新生态系统中的地位不再仅仅取决于其创新能力，更在于其收集、分析和利用数据的能力。企业创新生态系统是一个动态共生的过程，这为企业创新生态系统的可持续发展奠定了坚实基础。企业管理创新生态系统的过程实际上涉及了企业专业化、竞争与协作的复杂管理问题，需要企业不断适应和应对新的数据驱动环境。

8.1.4 数字创新驱动平台型企业价值共创的实现路径

本文以平台型企业为研究对象，基于平台型企业的三个阶段：**平台初创、**

平台胜出、**平台颠覆**及各个阶段的特点，结合价值共创实际发挥的作用，对平台型企业价值共创的具体实现路径做了划分。将用户参与价值共创的资源整合路径分为这三种：基于资源基础论的内部资源整合路径，基于社会网络理论的外部资源整合路径，基于生态系统理论的内外部资源整合路径。最后，分析要实现内外部资源整合可采用的构建生态系统方式。

1. 价值主张模块创新

企业成功的关键在于精确定位顾客需求，聚焦特定的消费群体，并交付量身定制的服务方案。在规划业务战略时，企业需要明智地挑选投资版图，尤其是在共享经济的范畴内，应识别那些具有协同共享潜能的细分市场，比如农业、教育、健康照护及养老等行业，它们作为政府政策鼓励的重点，不仅市场需求迫切且问题显著，同时商业模式尚待完善，展现出广阔的提升空间。针对市场细分与客户需求的识别，平台型企业应充分利用大数据技术和云计算能力，深度挖掘用户行为模式，通过对共性特征明显的客户群体实施聚类分析。基于对目标群体细腻特征的理解，明确其价值诉求，并依据用户与供应商的具体属性，打造出差异化且个性化的服务品牌形象。在商品与服务供给上，共享经济参与者须明确定义其业务范围及市场站位，选取有利的政策导向，构建稳定的策略协作网络，聚拢核心资源，保证企业宗旨与远期规划的紧密对接。此外，企业还需要积极探求并采纳适宜的盈利路径，以确保长期的可持续增长。

2. 价值共创模块创新

在价值共创理论的框架下，价值的生成超越了产品或服务本身的功能性贡献，深刻植根于用户间深层次的交互作用与资源共享之中。强化客户参与互动，特别是通过促进共享经济模型与闭环生态系统建设，成了提升互动力量的关键杠杆。在当代数字经济背景下，移动互联网技术的蓬勃兴起，为经济活动的多元化拓展铺设了崭新的舞台。在此转型时期，从传统商业模式跃迁至生态系统服务模式，企业与终端用户、合作伙伴及其他利益相关者的互动协作变得前所未有的关键。企业应当扬弃单纯输出价值的传统思维定式，转而通过深化多边交流，构筑一个价值共创的网格化生态系统，旨在提供定制化、全方位的服务解决方案。同时，移动互联网所促成的交易成本削减及信息数据的自由流通，为企业开启了创新价值实现的窗口。企业应善用此优势，借助互联网的连通性，以较低成本促进高效互动与协同价值创造。

3. 价值传递模块创新

在此基础上，互联网平台型企业应增加对信息技术基础设施的投资，运用先进的数据采集与分析工具，开发高效能的第三方应用软件，作为经济活动与消费者在线交互的核心枢纽。这些平台不仅促进了经济活动的便捷化，还为消费者提供了更加灵活的选择渠道，同时赋予企业以数据驱动的洞察力，帮助其制定更加精细化、全局性的市场策略，深挖市场潜力，满足乃至预见消费者的隐性需求。总之，通过构建互动丰富、技术驱动的平台生态系统，企业能够有效促进价值共创的良性循环，实现共赢的数字经济未来。

4．价值获取模块创新

商业模式创新的核心在于优化盈利模式和成本控制，以实现价值最大化。在改进盈利模式方面，考虑到消费者需求已向精神和体验层面转变，平台应专注于提供与消费者需求相匹配的服务，从而创造和获取价值。为此，平台需要降低信息不对称，优化其功能，并充分利用信息工具提供有价值的内容，以激发客户对知识的热情。同时，通过构建多功能平台模块，探索新的知识推送、平台开发、会员服务、用户奖励和垂直内容推送等模式，加强与电商的合作，实现业务推送、偏好服务推荐，并为合作伙伴提供数据提取、用户画像构建、粉丝互动等增值服务。

8.1.5 物流平台企业数据赋能、价值共创与绩效关系

基于前文关于平台型企业的内涵与特征、赋能机制、内外部价值创造等的分析，研究数字经济背景下，数据赋能对物流平台企业绩效的影响路径及价值共创发挥的中介作用。通过调查问卷收集数据，对收集到的数据进行验证性和探索性因子分析，分析数据赋能、价值共创和绩效之间的相关关系，利用结构方程模型分析数据赋能对企业绩效的影响路径。主要分析价值共创在数据赋能与企业绩效之间起到的中介作用，大数据等新一代数字技术的有效运用对物流平台企业资源转化效率及资源整合能力具有的作用，以及物流平台企业通过对数字技术的有效把握对企业绩效提升的影响。

首先，研究数字技术如何驱动内部产品设计与优化、业务流程与外部商业系统和价值网络的联系，包括在产品开发、设计和优化、营销与服务中利用数字技术加强与消费者的联系，利用社交媒体等数字平台的大数据和大数据技术，优化升级产品；打通和整合内部业务流程和外部商业系统，加强与供应商、合作伙伴、行业组织、消费者等价值网络主体的紧密联系，促进产品营销、品牌运营，提升品牌价值和整个商业系统认知度与价值。其次，研究数字技术在不同类型新企业应用场景中的价值创造过程，包括数字技术如何提高新企业产品和服务设计和提供的效率、促进内容型新企业用户内容创新、第三方嵌入型新企业价值创造，以及无接触式配送物流供应链优化等实际应用情境，为适应性地设计商业模式提供基础。

本文以传化物流为典型案例，深入剖析其在不同发展阶段的价值创造机理演化过程，特别是在数字经济背景下。研究发现，随着以数字技术为支撑的物流平台逐渐渗透到物流领域、物流企业及服务中，物流平台企业在价值创造方面相较于传统物流企业发生了显著的变化。

第一，**从价值创造主体的演进来看，物流平台企业在迈向成熟阶段的过程中，其价值生态系统日益复杂且多元化，这种变化显著提高了企业为车主和货主提供精准、高效服务的能力。**在开拓和复制阶段，价值创造主体多受限于物流基地商圈范围，尽管平台逐渐意识到衍生商业群体的潜在价值，但这些群体在业务运营中仍处于被动地位，未能充分发挥其潜力。然而，随着物流平台进入成熟阶段，一个逻辑清晰、协同高效的价值生态系统逐渐形成。在这个系统中，平台、需求方、供给方、金融机构、政府监管部门及其他利益相关者等主体均扮演着至关重要的角色，共同构建了一个高效运作的价值创造网络。这些主体深度融入生态系统，不仅满足了双边用户的多样化需求，更展现出了强大的跨边网络效应，从而实现了价值的最大化创造。此外，成熟阶段的物流平台还须承担更大的监管责任，确保平台的合规运营，维护市场的公平和秩序。同时，线下实体基地的支持也为物流平台提供了坚实的物质保障，确保其服务的稳定性和可靠性。

第二，**从物流平台企业价值创造载体的演变视角来看，其实现了从线下物流基地向线上应用程序的深刻转变。**在传化网的初创与复制时期，车主的交易活动主要围绕某一特定的物流基地展开，他们依赖基地交易中心的大屏信息来筛选订单，供需匹配过程高度依赖人工操作。这种传统的线下模式受限于时空范围，网络效应相对薄弱，主要表现为单边网络效应，从而限制了价值创造的高效性。然而，随着传化网进入成熟阶段，数字技术的引入为物流服务平台注入了强大的活力，带来了革命性的变革。数字技术不仅架起了专业物流企业与物流服务需求方之间的桥梁，而且打破了时间和地理条件的束缚，为物流行业带来了前所未有的发展机遇。特别是对于中小物流企业和个体货运司机而言，移动设备和应用程序的普及使他们能够随时随地接收订单，极大地提高了物流运作的灵活性和效率。此外，数字技术的应用还显著提高了平台的信息收集和处理能力，摆脱了传统人工收集信息的低效和局限性。这不仅确保了货运订单的充足性，有效解决了空载问题，降低了物流成本，而且为物流平台企业提供了更精准、全面的市场洞察，有助于企业制定更为科学、合理的战略决策。

第三，**物流平台企业在不同发展阶段的价值创造逻辑具有显著的差异性。**在平台发展的初期阶段，平台扮演着价值创造的主导角色，用户依据既定规则与平台建立关联，此时的价值创造主要局限于个体行为间的相互作用。然而，随着数字技术的深度融入，物流平台企业的价值创造逻辑逐渐从局部向整体转变，用户开始主导价值创造过程。具体而言，平台通过联盟形式汇聚核心物流服务供应商，运用数字化技术进行实时物流分析，并将其确立为核心业务。用户及潜在用户基于感知的有用性和易用性汇聚于平台，从而引发直接网络效应。随着用户基数的增加，平台须不断开发商业产品以满足用户多样化的需求，这一举措不仅有效促进了用户的集聚，更引发了显著的跨边网络效应，进而形成了一种健康且稳定的生态循环。在这一过程中，随着平台功能的持续优化与完善，用户群体内部逐渐催生出一种积极的外部推荐机制，自发地吸引更多新用户的加入。同时，企业充分利用用户信息数据，深入挖掘用户需求，推出了一系列更具针对性的增值服务，旨在进一步强化平台生态与功能，实现与用户之间的深度互动与共赢。因此，物流平台企业的价值创造逻辑在演进过程中逐渐由平台主导转向用户主导，呈现出整体化、生态化的趋势。

8.2 对策建议

紧紧围绕"数字创新驱动平台型企业商业模式与价值共创"，探究价值创造高效转化规律以提升企业绩效。根据新颖、效率、互补与锁定等属性特征，考虑利益相关者和环境约束，设计不同情境下的数字创新驱动平台型企业商业模式创新并提出发展对策。既为政府"双创"高质量发展战略和区域创新创业升级提供理论指引和战略指导，又为企业提升应该具备的关键能力和战略性竞争优势提供新思路。

8.2.1 数字创新驱动平台型企业价值共创的商业模式设计

随着信息经济的蓬勃发展，大数据、云计算等前沿技术层出不穷，企业的交易方式也呈现出日益多元化的趋势。众多企业正积极探索将传统交易模式与新技术、新渠道及新客户需求相结合，从而创造出更具创新性和适应性的交易模式，这为新型商业模式的构建提供了强有力的支撑。在大数据的驱动下，用户与投资者对企业管理的参与程度日益提升，大众媒体和社交平台所积累的数据资源正在深刻改变企业生存与发展的生态环境。这些数据资源不仅为企业提供了更为精准的市场洞察和用户需求分析，还促进了企业传统商业模式和运作模式的转型升级，使其更加符合现代市场的需求和趋势。

数字创新驱动的新企业商业模式设计如图 8-1 所示。

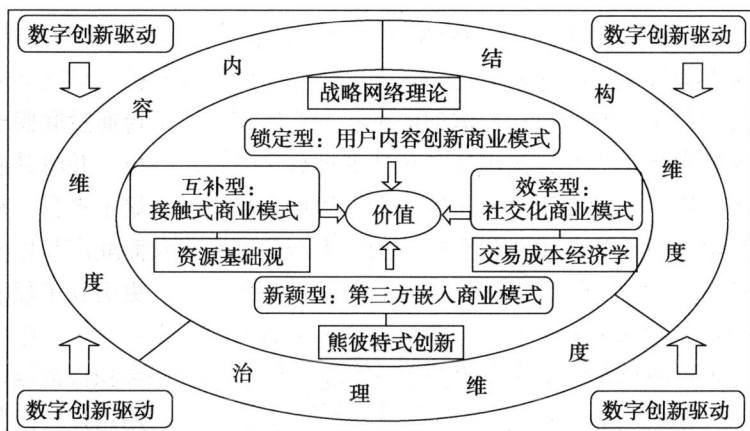

图 8-1　数字创新驱动的新企业商业模式设计

以**数字创新为驱动力，以交易成本经济学为理论基础，分别从三个维度对"效率型"商业模式进行设计，并在此基础上提出社交化商业模式。**

（1）**内容维度**。在这个维度上，关键在于掌握消费者的画像信息，从而为商家提供更加精细化的增值服务。通过深入了解消费者的个性化、场景化、新颖化的长尾需求，商家能够更好地满足他们的需求，并提供定制化的产品或服务。具体来说，这可能涉及使用大数据和人工智能技术来分析消费者的购买行为、偏好和趋势。通过这些分析，商家能够更好地理解消费者的需求，并开发出更加符合他们需求的产品或服务。

（2）**结构维度**。在这个维度上，关键在于简化供应链、降低交易成本和库存成本，以及搭建面向市场细分行业的信息共享平台。例如，通过使用区块链技术，能够更加透明地跟踪供应链中的各个环节，从而提高效率并降低交易成本。此外，通过信息共享平台，商家能够更好地与供应商、合作伙伴和消费者进行沟通，从而提高运营效率并降低库存成本。

（3）**治理维度**。在这个维度上，关键在于构建政企数字供应链，加速数字化转型。通过数字化转型，企业能够更好地应对市场变化和消费者需求，从而提高运营效率。具体来说，这可能涉及使用云计算、大数据和人工智能等技术来提高企业的数字化水平。此外，政府也能够通过提供政策支持和基础设施建设来促进企业的数字化转型。

社交化商业模式是效率型商业模式的一种延伸。以拼多多为例，这种模式利用社交网络的力量来提高运营效率并降低交易成本。通过社交网络平台，拼多多能够将商品直接推向消费者的社交圈，从而降低广告成本。此外，通过社交网络平台，消费者能够更加便捷地分享购买体验和产品信息，从而增加销售量并提高品牌知名度。

依托社交平台、自媒体平台、创客平台，以战略网络理论为理论基础，分别从三个维度对"锁定型"商业模式进行设计，并在此基础上提出用户内容创新商业模式。

（1）内容维度。在这个维度上，关键在于为用户进行个性化定制，确保产品及配套服务的双重品质。同时，探索由数字驱动的服务模式转型，以满足日益多样化的用户需求。具体来说，企业能够通过收集和分析用户数据，了解他们的个性化需求和偏好。然后，利用这些数据为用户提供定制化的产品或服务，以满足他们的独特需求。此外，企业还能够利用数字技术，如人工智能和大数据分析，来优化服务流程和提高服务效率。

（2）结构维度。在这个维度上，重点在于以移动智能终端为载体，以云计算平台为支撑，以智能服务为内容，设计优化用户体验、增加用户黏性的平台式商业模式。通过移动智能终端，企业能够为用户提供便捷、高效的服务体验。云计算平台则能够支持大数据处理和分析，为企业提供强大的数据处理能力。同时，智能服务能够为用户提供个性化的推荐和服务，增加用户黏性。

（3）治理维度。在这个维度上，企业需要深入探究信息流动安全与控制过程的内在机理，以确保社群客户的持续参与度和忠诚度。具体来说，企业需要建立完善的信息安全体系，保护用户数据的隐私和安全。同时，通过有效的信息管理和控制机制，企业能够维护社群秩序，提高用户的参与度和忠诚度。

社交化商业模式：以拼多多为例，这种模式充分利用社交网络的力量来锁定用户。通过社交分享、好友助力等方式，拼多多将商品推广给用户的社交圈，从而增加销售量。同时，用户在社交平台上分享购物体验和产品信息，进一步扩大了品牌的影响力。

用户内容创新商业模式：以芒果 TV 为例，这种模式注重用户生成内容的创新。通过建立开放的内容创作平台，芒果 TV 鼓励用户创作自己的视频内容，并在平台上分享。这种模式不仅丰富了平台的内容资源，还通过用户参与提高了用户的忠诚度和参与度。

以数字技术创新应用为牵引，以熊彼特式创新为理论基础，分别从三个维度对"新颖型"商业模式进行设计，并在此基础上提出第三方嵌入商业模式。

（1）内容维度。在这个维度上，关键在于探究产品、服务、信息的新组合，创造新价值。随着数字技术的不断发展，企业能够通过数据分析和人工智能等技术手段，对产品、服务、信息进行深度挖掘和创新组合，以满足不断变化的市场需求。例如，企业能够通过大数据分析用户的行为和偏好，为用户提供更加个性化的产品和服务。同时，企业还能够通过信息共享和交流，与其他企业合作创新，共同开发新产品和服务。

（2）结构维度。在这个维度上，重点在于探究新的参与者、参与者之间的新连接、连接的前所未有的丰富性，以及新的活动与价值创造间的影响机理。数字技术的广泛应用使得企业能够更加灵活地组织和管理商业活动，通过新的参与者、新的连接和丰富的价值创造方式，实现商业模式的创新。例如，企业能够通过云计算和物联网等技术手段，实现供应链的数字化和智能化管理，提高供应链的效率和灵活性。同时，企业还能够通过平台化战略，与其他企业合作构建生态系统，共同创造价值。

（3）治理维度。在这个维度上，关键在于探索新的激励措施。随着数字技术的普及，企业通过数据分析和智能合约等技术手段，能够更加精确地了解用户的价值和贡献，从而制定更加合理的激励措施。例如，企业能够通过智能合约和区块链技术，建立透明、可信的价值交换平台，实现价值的公正分配。同时，企业还能够通过数据分析和用户反馈等方式，持续优化激励措施，提高用户的忠诚度和参与度。

第三方嵌入商业模式：这种模式以数字技术创新应用为驱动，通过与第三方合作实现商业模式的创新。具体来说，企业能够借助第三方平台或技术力量，将自己的产品或服务嵌入其中，从而扩大市场覆盖面和用户规模。例如，一些新企业通过与天猫、抖音等直播带货平台合作，利用其庞大的用户基础和流量优势，快速打开了市场并获得了可观的收益。这种模式的关键在于找到合适的第三方合作伙伴，实现优势互补和资源共享。

以数据要素价值转化为核心，以资源基础观为理论基础，分别从三个维度对"互补型"商业模式进行设计，并在此基础上提出无接触式商业模式。

（1）内容维度。在这个维度上，关键在于通过供应链聚集，共享技术、资源和能力，促进数据融通、资源流动和知识共享。随着数字化时代的到来，数据已经成为企业的重要资产，如何将数据要素转化为商业价值是当前的重要课题。通过供应链聚集，企业能够实现资源的优化配置和效率提升，同时通过数据融通和知识共享，能够更好地理解市场需求和消费者行为，为产品和服务创新提供支持。

（2）结构维度。在这个维度上，重点在于研究构架线上线下深度融合的新业态新模式，对市场需求、产能进行监测，整合供应链，带动上下游、产供销协同。随着互联网和移动互联网的普及，线上线下的界限逐渐模糊，企业需要构建一种深度融合的新业态新模式。通过实时监测市场需求和产能，企业能够更好地调整生产和销售策略，实现供需匹配。同时，通过整合供应链和带动上下游、产供销协同，企业能够提高整个产业链的效率和灵活性。

（3）治理维度。在这个维度上，关键在于运用现代化治理工具和优化资源配置。数字化时代为企业提供了更多的治理工具和手段，如大数据分析、人工智能等，企业能够通过这些工具对资源和流程进行优化配置，提高运营效率。同时，企业还需要建立一种灵活的治理机制，以适应不断变化的市场环境和技术创新。

无接触式商业模式：这种模式以数据要素价值转化为核心，通过线上线下的深度融合，实现商业活动的无接触化。具体来说，企业能够利用互联网和移动互联网技术，将线下的商业活动转移到线上，通过数据分析和智能化管理实现商业活动的自动化和智能化。例如，美团外卖通过线上平台将餐厅和消费者连接起来，通过智能配送系统实现订单的快速配送，避免了人与人之间的接触，满足了疫情期间消费者的需求。这种模式的关键在于利用先进的技术手段实现商业活动的无接触化，同时保持用户体验和服务质量。

8.2.2　数字创新驱动平台型企业价值共创的商业模式应用

数字经济时代的到来，对传统的商业模式价值创造与获取带来了新的挑战。数字创新驱动的新企业商业模式研究尚缺乏对商业模式中创业资源与市场资源精准匹配、数字驱动的价值高效转化规律，以及不同情境下商业模式适应性设计的研究。随着企业的服务化转型，以往的顾客创造价值转变为企业和顾客共同创造价值。近年来，直接面对顾客的商业模式受到越来越多的重视，从顾客层面出发才能真正实现数字化的市场效率和规模。

数字驱动的新企业商业模式创新的关键在于借助大数据和人工智能技术，降低内容、治理、结构三个维度的不确定性，将其潜在价值以一种可持续的方式充分地释放出来，从而提高企业生存和成长的预测性。数字技术从内容维度、治理维度和结构维度三个维度对商业模式创新起到了重要作用，衍生出了社交化数字商业模式、用户内容创新商业模式、第三方嵌入商业模式和无接触商业模式等新的商业模式，为新企业成长指引了方向。其中，社交化商业模式使得研究重点从企业战略网络延伸到了顾客社会网络，研究如何提升社交化商业模式的整体效率；用户内容创新商业模式研究着重于研究新兴企业如何通过数字技术发现潜在需求，实现资源精准匹配，以提升用户体验并创造新价值；第三方嵌入商业模式着重于研究如何从嵌入结构、资源匹配等方面优化新的商业模式，以实现商家、顾客、网红三者价值共创；无接触商业模式研究以资源基础观为基础，旨在以新业态和新模式，重塑价值创造链。

1. 数字创新驱动的社交化商业模式创新应用

在移动社会网络和社交媒体广泛使用的时代，各种社交化的商业模式，包括社交电商、社交娱乐等一类新企业获得了快速发展。从企业战略网络延伸到顾客社会网络，关注顾客网络结构和网络行为对商业模式和价值创造的影响。以交易成本经济学为理论基础，从内容维度上，研究如何通过机器学习方法等技术手段，掌握消费者的偏好信息和需求特点。通过分析消费者的行为数据和消费习惯，商家能够更好地了解消费者的需求和喜好，从而提供更符合其需求的、透明可靠的商品信息。这样不仅能够促进买卖双方的信息匹配，提高交易的效率，还能够提高消费者的信任感和满意度，提升商业模式的价值创造能力；从结构维度上，利用网络分析技术，深入挖掘各种产品的需求结构和关联机制。通过分析消费者与消费者、消费者与产品，以及产品与产品之间的关联关系，企业能够更好地了解市场的需求结构和变化趋势。这有助于企业发现新的商业机会和增长点，优化产品组合和服务模式，提升社交化商业模式的整体交易效率和市场竞争力。

2. 数字驱动的用户内容创新商业模式创新应用

在数字驱动的时代，用户内容创新已经成为商业模式创新的重要应用之一。越来越多的企业开始认识到市场资源的价值，特别是用户产生内容（UGC）的创新，并将其创新从企业内部延伸到外部客户。平台型企业需要利用社交媒体广泛分享，形成连接企业与市场的第三方内容平台。通过大数据和人工智能技术，企业能够进一步挖掘潜在需求、提升用户体验，优化内容并创造新的价值；以战略网络为理论基础，从内容维度上，基于大数据实证分析方法优化用户对内容产品创新的激励和管理机制。通过深入分析用户行为和偏好，企业能够定制个性化的服务和产品，实现数字驱动的内容服务模式创新；企业能够采用社会网络分析方法构建不同用户对各种内容的兴趣结构，进一步优化用户分享和互动的模式。通过分析用户之间的关系和互动行为，企业能够更好地理解用户需求和期望，从而提供更符合用户需求的产品和服务；从治理维度上，关注社群用户的持续参与度和忠诚度。通过建立有效的激励机制和管理机制，企业能够促进用户的参与和贡献，形成良好的社区氛围和用户口碑。

3. 数字创新驱动的第三方嵌入商业模式应用

在数字创新驱动的时代，第三方嵌入商业模式应用已经成为平台型企业的重要战略之一。这种模式的核心是通过某种内容提供建立顾客基础，并通过嵌入的方式将顾客与新业务相连接，以创造更多的价值。以熊彼特式创新为理论基础，第三方嵌入商业模式将直播等新媒体作为新的参与结构，引入第三方平台深度参与商业运营全过程。具体表现为，在结构维度上，第三方嵌入商业模式通过嵌入网红、网络话题等元素，在时空上连接商品与顾客，创造更加有效率的商业模式；在内容维度上，为顾客购买带来了更加丰富的商业体验，以及新的直播活动属性与价值创造空间。通过直播等形式，企业能够展示产品的特点、功能和优势，同时能与顾客进行实时互动，解答顾客的疑问和满足他们的需求。

4. 数字创新驱动的无接触商业模式创新应用

在数字创新驱动的时代，无接触商业模式创新应用已经成为商业领域的新趋势。随着科技的不断发展，人们越来越依赖数字化工具和智能服务，对线下接触的需求逐渐减少。因此，企业需要加快商业模式的转型，加强线上互动来替代或补充与顾客的线下接触，以满足消费者的新需求。在内容维度上，企业需要根据顾客需求作出具体的战略调整和改变。这包括优化产品组合、调整价格策略、提升服务质量等。同时，企业还需要寻找具有互补优势的合作伙伴，共同开拓市场，实现资源共享和互利共赢。在结构维度上，建立风险机制下能实现供应链资源线上线下深度融合的新业态新模式。这需要企业加强与供应商、物流公司等合作伙伴之间的沟通和协作，确保供应链的顺畅运行。同时，企业还需要根据市场需求和消费者行为的变化，不断优化产品结构和服务模式，以适应市场的变化和满足消费者的需求。在治理维度上，运用自助服务等智能服务的工具和机制，优化资源配置，重塑价值链。这需要企业加强内部管理，提高运营效率，同时还需要关注环境保护和社会责任，实现可持续发展。

8.2.3　物流平台型企业价值共创和绩效提升建议

根据实证检验结果，探讨数据赋能对价值共创及物流平台企业绩效的影响及机制。以结果为导向，总结物流企业及物流平台企业构建、完善物流服务平台时的设计建议，提升物流企业的数据意识。

1. 顺应信息时代，把握数据赋能机遇

在当今的信息时代，数据已经成为推动社会进步和企业发展的重要驱动力。数据赋能不仅能够为企业提供精准的市场分析和用户洞察，还能够帮助企业实时掌握市场动态，以便快速作出反应。尤其是在当前国家高度重视新质生产力，积极倡导数据驱动、智能发展的背景下，物流平台型企业更应敏锐把握数据赋能的宝贵机遇。

（1）**数据驱动决策，提升竞争力**。随着国家对新质生产力的持续推动，数据已经成为物流行业转型升级的关键。物流平台型企业通过深入挖掘和分析各类数据，能够更精准地洞察市场需求，预测行业趋势，从而制定出更加科学、高效的战略决策。这不仅能够提高企业的运营效率和市场响应速度，还能够有效降低库存成本和缺货风险。

（2）**个性化服务，满足多元需求。**在消费升级的大趋势下，用户的个性化需求日益凸显。物流平台型企业能够依托大数据分析，精准把握用户的消费习惯、偏好和需求，为用户提供更加个性化、差异化的服务。例如，通过智能推荐算法，为用户推送符合其需求的商品信息；通过优化配送路线和时间，提高用户的收货体验等。这种个性化服务不仅能够提升用户的满意度和忠诚度，还能够为企业赢得更多的市场份额。

（3）**业务扩展，探索新领域。**在数据赋能的助力下，物流平台型企业能够不断拓展业务范围，探索新的商业模式。例如，通过数据分析发现新的市场需求和潜在用户群体，进而开发新的物流产品或服务；通过与其他行业的跨界合作，实现资源共享和优势互补，推动行业的融合发展。这些基于数据的业务拓展不仅能够为企业带来新的增长点，还能够为整个物流行业的创新发展注入新的活力。

2. **价值共创，深化与用户的互动合作**

在互联网经济的新时代浪潮中，用户参与和体验的价值越发凸显。特别是在国家大力倡导数字化转型和创新驱动的背景下，对于物流平台企业而言，深化与用户的互动合作、实现价值共创，不仅是提升竞争力的关键，更是响应国家号召，创造持续价值的重要举措。

（1）**建立用户社区，聆听时代声音。**通过线上社区或论坛，企业能够更加紧密地与用户进行实时互动，深入了解他们的真实需求和反馈。这样的社区不仅是用户交流的平台，更是企业洞察市场、把握时代脉搏的宝贵工具。结合国家关于数字经济发展的政策导向，企业能够通过社区了解用户对高效、智能、绿色物流的期待，从而有针对性地提高产品质量和服务，满足用户日益增长的需求。

（2）**采纳用户意见，共筑智慧物流。**企业应积极倾听用户的建议和意见，将用户的声音融入物流服务平台的功能和服务优化中。通过定期收集并分析用户的反馈，企业能够及时发现服务中的不足，并结合国家关于物流行业发展的指导意见，进行有针对性的改进。例如，根据用户对于绿色环保的需求，优化配送路线，减少碳排放；根据用户对于智能科技的期待，引入物联网、大数据等先进技术，提升物流服务的智能化水平。

（3）**资源整合，共创物流新生态。**企业能够积极响应国家关于产业协同、资源整合的政策导向，与用户、供应商、制造商等合作伙伴建立紧密的合作关系，共同打造一体化的物流解决方案。通过资源整合，企业不仅能够提升物流服务的效率和质量，还能为国家构建现代物流体系、推动经济高质量发展贡献力量。

参 考 文 献

Abdelrahaman Eiman, Raghavan Susan, Baker Lisa, et al. Racial difference in circulating sex hormone-binding globulin levels in prepubertal boys[J]. Metabolism: clinical and experimental, 2005, 54(1).

Adner R. Ecosystem as structure: An actionable construct for strategy[J]. Journal of management, 2017, 43(1): 39-58.

Adner R. Match your innovation strategy to your innovation ecosystem[J]. Harvard Business Review, 2006, 84(4): 98-107.

Adner R. The wide lens: What successful innovators see that others miss[M]. New York, NY: Portfolio/Penguin., 2012.

Amit R, Zott C. Creating value through business model innovation[J]. 2012.

Amit R, Han X. Value creation through novel resource configurations in a digitally enabled world[J]. Strategic Entrepreneurship Journal, 2017, 11(3): 228-242.

Anwar M, Ali Shah S Z. Managerial networking and business model innovation: empirical study of new ventures in an emerging economy[J]. Journal of Small Business & Entrepreneurship, Routledge, 2020, 32(3): 265-286.

Appio F P, Frattini F, Petruzzelli A M, et al. Digital Transformation and Innovation Management: A Synthesis of Existing Research and an Agenda for Future Studies [J]. Journal of Product Innovation Management, 2021, 38(1): 4-20.

Ardichivili A, Cardozo R, Ray S. A theory of entrepreneurial opportunity identification and development[J]. Journal of Business Venturing, 2003, 18(1): 105-123.

Armstrong M. Competition in two-sided markets[J]. The RAND Journal of Economics, 2006, 37(3): 668-691.

Australian Public Service. Better practice guide to big data[M]. Commonwealth of Australia, 2014.

Autio E, Nambisan S., Thomas L. D. W., Wright M. Digital affordances, spatial affordances, and the genesis of entrepreneurial ecosystems[J]. Strategic Entrepreneurship Journal, 2018, 12(1): 72-95.

Benkler, Yochai, The wealth of networks: How social production transforms markets and freedom[M]. Yale University Press, 2006.

Benner M J, Tushman M L. Reflections on the 2013 decade award-"exploitation, exploration, and process management: the productivity dilemma revisited" ten years later[J]. Academy of Management Review, 2015, 40(4): 497-514.

Berger E S C, von Briel F, Davidsson P, Kuckertz A. Digital or not – The future of entrepreneurship and innovation: Introduction to the special issue[J]. Journal of Business Research, 2019.

Bertot J C, 郑磊, 徐慧娜, 包琳达. 大数据与开放数据的政策框架: 问题、政策与建议 [J]. 北京: 电子政务, 2014(1): 6-14.

Beyer M. Gartners says solving "big data" challenge involves more than just managing volumes of data[EB/OL]. http://www.gartner.com/newsroom/id/1731916, 2014-01-02.

Boland R. J., Lyytinen Jr. K, Yoo, Y. Wakes of innovation in project networks: The case of digital 3-D representations in architecture, engineering, and construction[J]. Organization science, 2007, 18(4): 631-647.

Brown, R., Mason, C. Looking inside the spiky bits: a critical review and conceptualisation of entrepreneurial ecosystems[J]. Small Business Economics, 2017, 49(1): 11-30.

Cennamo C, Santalo J. Platform competition: Strategic trade-offs in platform markets [J]. Strategic Management Journal, 2013, 34(11): 1331-1350.

Chang W, Taylor S A. The Effectiveness of Customer Participation in New Product Development: A Meta-Analysis[J]. Journal of Marketing, 2016, 80(1): 47-64.

CHANG, Fay, DEAN, et al. Bigtable: A Distributed Storage System for Structured Data[J]. Acm Transactions on Computer Systems, 2008, 26(2): 1-26.

Chesbrough H W, Garman A R. How open innovation can help you cope in lean times[J]. Harvard Business Review, 2009, 87(12): 68-76.

Christens B D. Toward relational empowerment[J]. American journal of community psychology, 2012, 50(1-2): 114-128.

Ciborra C U. The platform organization: Recombining strategies, structures, and surprises[J]. Organization science, 1996, 7(2): 103-118.

Claffey E, Brady M. Examining Consumers' Motivations to Engage in Firm-Hosted Virtual Communities[J]. Psychology & Marketing, 2017, 34(4): 356-375.

Conger J A, Kanungo R N. The empowerment process: Integrating theory and practice[J]. Academy of management review, 1988, 13(3): 471-482.

Cooper M, Mell P. Tackling Big Data. NIST, 2012.

Cui A S, Wu F. Utilizing customer knowledge in innovation: antecedents and impact of customer involvement on new product performance[J]. Journal of the Academy of Marketing Science, 2016, 44(4): 516-538.

Dabholkar, P.A. How to improve perceived service quality by increasing customer participation[A]. In B.J. Dunlap (Ed.). Developments in marketing science[C]. Cullowhee, N.C.: Springer, Cham.1990. pp.483-487.

Dean J, Ghemawat S. MapReduce: Simplified data processing on large clusters[J]. Communications of the ACM 51, 2008(1): 107-113.

Der Borgh, M. V., Cloodt, M., & Romme, A. G. Value Creation by Knowledge- Based Ecosystems: Evidence from a Field Study[J]. Research & Development Management,

2012, 42(2): 150-169.

Dini, P., Iqani, M., Mansell, R. The (im) possibility of interdisciplinary lessons from constructing a theoretical framework for digital ecosystems[J]. Culture Theory & Critique, 2011, 52(1): 3-27.

Du W D, Pan S L, Huang J. How a Latecomer Company Used IT to Redeploy Slack Resources[J]. MIS Quarterly Executive, 2016, 15(3).

Eiteneyer N, Bendig D, Brettel M. Social capital and the digital crowd: Involving backers to promote new product innovativenes[J]. Research Policy, 2019, 48(8), 103744.1-103744.15.

Ekbia H R. Digital artifacts as quasi-objects: Qualification, mediation, and materiality [J]. Journal of the American Society for Information Science and Technology, 2009, 60(12): 2554-2566.

Elia G., Margherita A., Passiante G.. Digital entrepreneurship ecosystem: How digital technologies and collective intelligence are reshaping the entrepreneurial process [J]. Technological Forecasting and Social Change, 2020(150): 1-12.

Evans D S. Some empirical aspects of multi-sided platform industries[J]. Review of Network Economics, 2003, 2(3).

Evans D S. The antitrust economics of multi-sided platform markets[J]. Yale J. on Reg., 2003, 20: 325.

Evans P C, and A. Gawer. The Rise of the Platform Enterprise: A Global Survey[R]. The Emerging Platform Economy Series, 2016.

Fichman R G, Dos Santos B L, Zheng Z Q. Digital innovation as a fundamental and powerful concept in the information systems curriculum[J]. Mis Quarterly, 2014, 38(2): 329-353.

Frankenberger K, Weiblen T, Gassmann O. The antecedents of open business models: an exploratory study of incumbent firms[J]. R&D Management, 2014, 44(2): 173- 188.

Fredberg T. Real options for innovation management[J]. International Journal of Technology Management, 2007, 39(1-2): 72-85(14).

Fueller J. Refining Virtual Co-Creation from a Consumer Perspective[J]. California Management Review, 2010, 52(2): 98-122.

Fueller J. Why Consumers Engage in Virtual New Product Developments Initiated b Producers[J]. Advances in Consumer Research, 2006, 33(1): 639-646.

Ghemawat S, Gobioff H, Leung S T. The google file system[J]. ACM SIGOPS Operating Systems Review, 2003, 37(5): 29-43.

Greasley K, Bryman A, Dainty A, et al. Understanding empowerment from an employee perspective[J]. Team Performance Management:An International Journal, 2008, 14 (1/2): 39-55.

Grewal R, Chakravarty A, Saini A. Governance mechanisms in business-to-business electronic markets[J]. Journal of Marketing, 2010, 74(4): 45-62.

Guojie L. Research Status and Scientific Thinking of Big Data[J]. Bulletin of Chinese Academy of Sciences, 2012.

Gupta R C. Mejia, and Y. Kajikawa. Business, Innovation and Digital Ecosystems Landscape Survey and Knowledge Cross Sharing[J]. Technological Forecasting and Social Change, 2019(147): 100-109.

Hampton S E, Strasser C A, Tewksbury J J, et al. Big data and the future of ecology [J]. Frontiers in Ecology and the Environment, 2013, 11(3): 156-162.

Hardy C, Leiba-O'sullivan S. The Power behind Empowerment: Implications for Research and Practice[J]. Human Relations, 1998, 51(4):115-134.

He X, Ai Q, Qiu R C, et al. A Big Data Architecture Design for Smart Grids Based on Random Matrix Theory[J]. IEEE Transactions on Smart Grid, 2017, 8(2): 674-686.

Hinings B, Gegenhuber T, Greenwood R. Digital innovation and transformation: An institutional perspective[J]. Information and Organization, 2018, 28(1): 52-61.

Holmström J. Recombination in digital innovation: Challenges, opportunities, and the importance of a theoretical framework[J]. Information and Organization, 2018, 28(2): 107-110.

Iansiti M., Levien R., Iansiti M., Levien R. The Keystone Advantage: What the New Dynamics of Business Ecosystems Mean for Strategy, Innovation, and Sustainability [J]. Future Survey, 2004, 20(2): 88-90.

Jacobides M. G., Cennamo C., Gawer A. Towards a Theory of Ecosystems[J]. Strategic Management Journal, 2018, 39(8):2255-2276.

Jacques R. Manufacturing the Employee: Management Knowledge from the 9th to the 21st Centuries[M]. London: Sage Publications, 1995.

Jiang, H., Xia, J., Cannella, A. A., & Xiao, T. Do ongoing networks block out new friends? Reconciling the embeddedness constraint dilemma on new alliance partner addition[J]. Strategic Management Journal, 2018, 39(1): 217-241.

Johannes W. Veile, Marie-Christin Schmidt, Kai-Ingo Voigt, Toward a new era of cooperation: How industrial digital platforms transform business models in Industry 4.0, Journal of Business Research,Volume 143, 2022, 387-405.

Kapoor R, Lee J M. Coordinating and competing in ecosystems: How organizational forms shape new technology investments[J]. Strategic Management Journal, 2013, 34(1): 274-296.

Kathryn A K. Digital empowerment: Modeling the relationship between information technology use and employee empowerment[D]. Canada: Faculty of Commerce Saint Mary's University, 1999.

Kirzner Israel M. "book-review"The Theory of Imperfect Competition: A Radical Reconstruction[J]. The Journal of Business, 1970, 43(4).

Le Masson P, Hatchuel A, Le Glatin M. and Weil B. Designing Decisions in the Unknown: A Generative Model[J]. European Management Review, 2018, 16(2): 471-490.

Lenka S, Parida V, Wincent J. Digitalization Capabilities as Enablers of Value Co-Creation in Servitizing Firms[J]. Psychology & Marketing, 2017, 34(1): 92-100.

Leong C M L, Pan S L, Newell S, et al. The Emergence of Self-Organizing E-Commerce Ecosystems in Remote Villages of China: A Tale of Digital Empowerment for Rural Development[J]. Mis Quarterly, 2016, 40(2): 475-484.

Leong C M L, Pan S L, Ractham P, et al. ICT-enabled community empowerment in crisis response: Social media in Thailand flooding 2011[J]. Journal of the Association for Information Systems, 2015, 16(3): 1.

Li W, Badr Y, Biennier F. Digital ecosystems: challenges and prospects[C]. In: Proceedings of the International Conference on Management of Emergent Digital EcoSystems, 2012, pp. 117-122.

Lincoln N D, Travers C, Ackers P, et al. The Meaning of Empowerment: The Interdisciplinary Etymology of a New Management Concept[J]. International Journal of Management Reviews, 2002, 4(3): 271-290.

Llorente A, Garcia-Herranz M, Cebrian M, et al. Social Media Fingerprints of Unemployment[J]. PLOS ONE, 2015, 10(5).

Lusch R F, Stephen L. Vargo. Service-dominant logic: Premises, perspectives, possibilities[M]. Cambridge, Cambs: Cambridge University Press, 2014.

Lusch R. F., Nambisan S. Service innovation: A service-dominant logic perspective [J]. Mis Quarterly, 2015, 39(1): 155-175.

Makinen M. Digital empowerment as a process for enhancing citizens' participation [J]. E-learning, 2006, 3(3): 381-395.

Manyika J, Chui M, Brown B, et al. Big Data: The Next Frontier For Innovation, Competition, And Productivity[J]. Analytics, 2011.

N. Negroponte, R. Harrington, R. Mckay S. Being digital[J]. Computers in Physics, 1997, 11(3): 261-262.

Nambisan S, Baron R A. Entrepreneurship in innovation ecosystems: Entrepreneurs' self-regulatory processes and their implications for new venture success[J]. Entrepreneurship Theory and Practice, 2013, 37(5): 1071-1097.

Nambisan S, Lyytinen K, Majchrzak A, et al. Digital innovation management: reinventing innovation management research in a digital world[J]. undefined, 2017.

Nambisan S, Siegel D, Kenney M. On open innovation, platforms, and entrepreneurship [J]. Strategic Entrepreneurship Journal, 2018, 12(3): 354-368.

Nambisan S, Wright M, Feldman M. The digital transformation of innovation and entrepreneurship: Progress, challenges and key themes[J]. Research Policy, 2019, 48(8): 1-9.

Nambisan S. Digital Entrepreneurship: Toward a Digital Technology Perspective of Entrepreneurship[J]. Entrepreneurship Theory and Practice, SAGE Publications Inc, 2017, 41(6): 1029-1055.

Nambisan, S, Wright M, Feldman M. The digital transformation of innovation and entrepreneurship: Progress, challenges and key themes[J]. Research Policy, 2019, 48(8): 1-9.

Nils Eiteneyer, David Bendig,Malte Brettel. Social capital and the digital crowd: Involving backers to promote new product innovativeness[J]. Research Policy, 2019, 48(8).

Pagani M. Digital Business Strategy and Value Creation: Framing the Dynamic Cycle of Control Points[J]. Mis Quarterly, 2013, 37(2): 617-632.

Parker Geoffrey G. 平台革命[M]. 机械工业出版社, 2018.

Perkins D, Zimmerman M A. Empowerment theory, research, and application[J]. American journal of community psychology, 1995, 23(5): 569-579.

Pierce L. Big Losses in Ecosystem Niches: How Core Firm Decisions Drive Complementary Product Shakeouts[J]. Strategic Management Journal, 2009, 30(3): 323-347.

Prahalad C K, Hamel G. The core Competence of the Corporation[J]. Harvard Business Review, 1990, 68(3): 79-91.

Prasad P, Eylon D. Narrating past traditions of participation and inclusion: Historical perspectives on workplace empowerment[J]. The Journal of Applied Behavioral Science, 2001, 37(1): 5-14.

Raghupathi W, Raghupathi V. Big data analytics in healthcare: promise and potential[J]. Health Information Science & Systems, 2014, 2(1): 3.

Ritala P, Golnam A, Wegmann A. Coopetition-based business models: The case of Amazon. com[J]. Industrial marketing management, 2014, 43(2): 236-249.

Rochet J C, Tirole J. Two-sided markets: a progress report[J]. The RAND journal of economics, 2006, 37(3): 645-667.

Roson R. Auctions in a two-sided network: the case of meal vouchers[J]. Venezia: Ca'Foscari University of Venice, 2004.

Shaheer N. A., Li S. L. The CAGE around cyberspace? How digital innovations internationalize in a virtual world[J]. Journal of Business Venturing, 2020, 35(1): 19.

Shankar V, Bayus B L. Network effects and competition: An empirical analysis of the home video game industry[J]. Strategic Management Journal, 2003, 24(4): 375- 384.

Simpson S E, David M, Ivan Z, et al. Multiple self-controlled case series for large- scale longitudinal observational databases[J]. Biometrics, 2013, 69(4): 893-902.

Sirmon D G, Hitt M A, Ireland R. D. Managing firm resource in dynamic environments to create value: Looking inside the black box[J]. Academy of Management Review, 2007, 32(1): 273-292.

Sivarajah U, Kamal M M, Irani Z, et al. Critical analysis of Big Data challenges and analytical methods[J]. Journal of Business Research, 2017, 70: 263-286.

Spigel B, Harrison R. Toward a process theory of entrepreneurial ecosystems[J]. Strategic Entrepreneurship Journal, 2018, 12(1): 151-168.

Spreitzer G M, Doneson D. Musings on The past and future of employee empowerment [J].

Handbook of organizational development, 2005, 4: 5-10.

Stepanov O A. On Staff Training Issues for the Digital Economy Development[J]. Journal of Russian Law, 2018(11): 106-111.

Sussan F., Acs Z. J. The digital entrepreneurial ecosystem[J]. Small Business Economics, 2017, 49(1): 55-73.

Thomas K W, Velthouse B A. Cognitive Elements of Empowerment: An Interpretive Model of Intrinsic Task Motivation[J]. Academy of Management Review, 1990, 15(4): 666-681.

Tidhar R., Eisenhardt K.M. Get rich or die trying… finding revenue model fit using machine learning and multiple cases[J]. Strategic Management Journal, 2020, 41(7): 1245-1273.

Tilson D., Lyytinen K., Sorensen C. Digital infrastructures: The missing IS research agenda[J]. Information Systems Research, 2010, 21(4): 748-759.

Tiwana A. Does interfirm modularity complement ignorance? A field study of software outsourcing alliances[J]. Strategic Management Journal, 2008, 29(11): 1241-1252.

Veltman J A, Cuppen E, Vrijenhoek T. Challenges for implementing next-generation sequencing-based genome diagnostics: it's also the people, not just the machines.[J]. Personalized Medicine, 2013, 10(5): 473-484.

Walton R E. From Control to Commitment in the Workplace: In factory after factory, there is a revolutign under way in the management of work[M]. US Department of Labor, Bureau of Labor-Management Relations and Cooperative Programs, 1985.

Wang Y Z. Network Big Data:Present and Future[J]. Chinese Journal of Computers, 2013, 36(6): 1125-1138.

Weiblen T. The open business model: Understanding an emerging concept[J]. Journal of Multi-Business Model Innovation and Technology, 2014, 2(1): 35-66.

Wernerfelt B. A resource-based view of the firm[J]. Strategic Management Journal, 1984, 5(2): 171-180.

Wilkinson A. Empowerment: theory and practice[J]. Personnel review, 1998, 27(1): 40-56.

Williamson P J, De Meyer A. Ecosystem Advantage: How to Successfully Harness the Power of Partners[J]. California Management Review, 2012, 55(1): 24-46.

Xu X, Xing H, Qian A, et al. A Correlation Analysis Method for Power Systems Based on Random Matrix Theory[J]. IEEE Transactions on Smart Grid, 2015, PP(99): 1-10.

Yoo Y, Boland R J, Lyytinen K, et al. Organizing for Innovation in the Digitized World[J]. Organization Science, INFORMS, 2012, 23(5): 1398-1408.

Yoo Y, Henfridsson O, Lyytinen K. Research commentary: The new organizing logic of digital innovation: an agenda for information systems research[J]. Information Systems Research, 2010, 21(4): 724-735.

蔡莉, 杨亚倩, 卢珊, 于海晶. 数字技术对创业活动影响研究回顾与展望[J]. 科学学研究, 2019, 37(10): 1816-1824, 1835.

蔡莉, 尹苗苗. 新创企业学习能力、资源整合方式对企业绩效的影响研究[J]. 管理世界, 2009(10): 1-10, 16. DOI:10.19744/j.cnki.11-1235/f.2009.10.002.

曹军威, 袁仲达, 明阳阳, 等. 能源互联网大数据分析技术综述[J]. 南方电网技术, 2015, 9(11): 1-12.

曹勇, 赵莉, 张阳, 等. 高新技术企业专利管理与技术创新绩效关联的实证研究[J]. 管理世界, 2012(6): 182-183.

陈春花. 数字化与新产业时代[J]. 企业管理, 2019(10): 14-20.

崔媛. 基于大数据分析的农业气候与农作物产量变化研究[J]. 中国农业资源与区划, 2017, 38(2): 112-117.

董保宝, 罗均梅. VUCA 与新时代的创业研究——"2018 年创业研究前沿专题论坛"观点综述[J]. 外国经济与管理, 2018, 40(10): 31-39.

董千里, 袁毅. 区域综合物流信息平台的功能与构建研究[J]. 交通运输系统工程与信息, 2002(1):74-78.

方巍, 郑玉, 徐江. 大数据: 概念、技术及应用研究综述[J]. 南京信息工程大学学报, 2014(5).

冯华, 陈亚琦. 平台商业模式创新研究——基于互联网环境下的时空契合分析[J]. 中国工业经济, 2016(3): 99-113.

傅瑜. 网络规模、多元化与双边市场战略——网络效应下平台竞争策略研究综述[J]. 科技管理研究, 2013, 33(6): 192-196.

高洋, 薛星群, 葛宝山. 机会资源一体化、网络关系与创业绩效[J]. 科学学研究, 2019(12): 2211-2221.

高洋, 叶丹. 基于"机会——资源一体化"的创业成长方式研究[J]. 管理学报, 2017, 14(10): 1426-1434.

官思发, 孟玺, 李宗洁, 等. 大数据分析研究现状、问题与对策[J]. 情报杂志, 2015(5): 98-104.

郭海, 韩佳平. 数字化情境下开放式创新对新创企业成长的影响:商业模式创新的中介作用[J]. 管理评论, 2019, 31(6): 186-198.

贺新闻, 杨成福, 李双. 疫情下生鲜平台数字化能力"大考"[J]. 企业管理, 2020(5): 98-102.

侯赟慧, 杨琛珠. 网络平台商务生态系统商业模式选择策略研究[J]. 软科学, 2015, 29(11): 30-34.

胡海波, 卢海涛. 企业商业生态系统演化中价值共创研究——数字化赋能视角[J]. 经济管理, 2018, 40(8): 55-71.

华中生. 网络环境下的平台服务及其管理问题[J]. 管理科学学报, 2013, 16(12): 1-12.

江东区政协宁波平台经济发展路径研究课题组, 刘良飞. 平台经济理论探析及宁波发展平台经济的路径[J]. 宁波经济(三江论坛), 2014(6): 11-15.

江积海, 张烁亮. 平台型商业模式创新中价值创造的属性动因及其作用机理[J]. 中国科技论坛, 2015(7): 154-160.

李广建, 化柏林. 大数据分析与情报分析关系辨析[J]. 中国图书馆学报, 2014(5): 14-22.

李海舰, 田跃新, 李文杰. 互联网思维与传统企业再造[J]. 中国工业经济, 2014(10): 135-146.

李贺, 袁翠敏, 李亚峰. 基于文献计量的大数据研究综述[J]. 情报科学, 2014(6): 148-155.

李金昌. 从政治算术到大数据分析[J]. 统计研究, 2014, 31(11): 3-1.

李雷, 赵先德, 简兆权. 网络环境下平台企业的运营策略研究[J]. 管理科学学报, 2016, 19(3): 15-33.

李凌. 平台经济发展与政府管制模式变革[J]. 经济学家, 2015(7): 27-34.

李文莲, 夏健明. 基于"大数据"的商业模式创新[J]. 中国工业经济, 2013(5): 83-95.

李兴申, 苟琴, 谭小芬. 全球金融周期、数字技术发展与双边股票资本流动[J]. 经济科学, 2023(5): 123-141.

李扬, 单标安, 费宇鹏, 李北伟. 数字技术创业: 研究主题述评与展望[J/OL]. 研究与发展管理: 1-13[2020-09-01]. https://doi-org-443.webvpn.sicau.edu.cn/10.13581/j.cnki.rdm.20190926.

李志杰, 李元香, 王峰, 何国良, 匡立. 面向大数据分析的在线学习算法综述[J]. 计算机研究与发展, 2015, 52(8): 1707-1721.

刘琼. 大数据时代的美国经验与启示[J]. 人民论坛, 2013(15): 30-31.

刘洋, 董久钰, 魏江. 数字创新管理: 理论框架与未来研究[J]. 管理世界, 2020, 36(7): 198-217, 219.

刘志阳, 赵陈芳, 李斌. 数字社会创业: 理论框架与研究展望[J]. 外国经济与管理, 2020, 42(4): 3-18.

刘智慧, 张泉灵. 大数据技术研究综述[J]. 浙江大学学报(工学版), 2014, 48(6): 957-972.

柳青, 蔡莉. 新企业资源开发过程研究回顾与框架构建[J]. 外国经济与管理, 2010, 32(2): 9-15. DOI:10.16538/j.cnki.fem.2010.02.002.

柳卸林, 董彩婷, 丁雪辰. 数字创新时代:中国的机遇与挑战[J]. 科学学与科学技术管理, 2020, 41(6): 3-15.

陆建英. 数字经济时代企业运营虚拟仿真实验的思考[J]. 会计之友, 2020(17): 147-149.

罗文劼, 袁方, 杨秀丹. 基于建模技术构建运用大数据分析优化政务的环境[J]. 河北大学学报(自然科学版), 2017, 37(1): 101-107.

马克·麦克唐纳. 企业数字化能力锻造秘诀[J]. 中国工业评论, 2015(7): 28-34.

梅姝娥, 吴玉怡. 价值网络视角下技术交易平台商业模式研究[J]. 科技进步与对策, 2014, 31(6): 1-5.

潘宏亮. 环境规制与协同创新耦合作用下高新技术企业的创新能力演化[J]. 中国科技论坛, 2017(5): 87-93, 100.

潘善琳, 崔丽丽. SPS案例研究方法[M]. 北京大学出版社, 2016.

戚聿东, 肖旭. 数字经济时代的企业管理变革[J]. 管理世界, 2020, 36(6): 135-152, 250.

全福泉. 基于大数据的零售企业绩效评价体系构建[J]. 商业经济研究, 2018(1): 105-107.

尚秀芬, 陈宏民. 具有间接网络外部效应平台的动态竞争策略[J]. 商业研究, 2009(2): 10-13.

盛华芳, 周宏伟. 微生物组学大数据分析方法、挑战与机遇[J]. 南方医科大学学报, 2015(7): 931-934.

孙欣欣. 城市突发水涝灾害大数据分析技术研究[J]. 科技通报, 2016, 32(4): 196-201.

孙新波, 苏钟梅, 钱雨, 等. 数据赋能研究现状及未来展望[J]. 研究与发展管理, 2020, 32(2): 155-166.

孙新波, 苏钟梅. 数据赋能驱动制造业企业实现敏捷制造案例研究[J]. 管理科学, 2018, 31(5): 117-130.

谈志彪. 基于大数据分析的土壤墒情预警系统研究[D]. 天津：天津农学院, 2018.

王超贤, 韦柳融. 释放平台经济潜力, 助推传统产业转型[J]. 世界电信, 2017(3): 16-20.

王冬彧, 綦勇. 数字经济赋能双循环发展的空间作用机制研究——基于数字产业化与产业数字化的视角[J]. 外国经济与管理, 2023, 45(9): 3-21.

王玲, 蔡莉, 彭秀青, 温超. 机会——资源一体化创业行为的理论模型构建——基于国企背景的新能源汽车新企业的案例研究[J]. 科学学研究, 2017, 35(12): 1854-1863.

王千, 赵敏. 平台经济研究综述[J]. 南阳师范学院学报, 2017, 16(7): 22-26.

王伟楠, 吴欣桐, 梅亮. 创新生态系统: 一个情境视角的系统性评述[J]. 北京: 科研管理, 2019(9): 1-12.

吴珺, 王春枝. 城市隧道交通大数据分析及应用[J]. 土木工程与管理学报, 2016, 33(2): 62-66.

吴卓群. 平台经济的特点、现状及经验分析[J]. 竞争情报, 2014(2): 42-52.

夏阳, 杨强, 徐昶, 等. 基于大数据分析的杭州市农业源高分辨率氨排放清单研究[J]. 环境科学学报, 2018, 38(2): 661-668.

向俊, 刘朦. 基于大数据分析法的精准医疗前景[J]. 中国医疗设备, 2017, 32(8): 112-115, 124.

肖静华, 胡杨颂, 吴瑶. 成长品: 数据驱动的企业与用户互动创新案例研究[J]. 管理世界, 2020, 36(3):183-205.

肖静华. 企业跨体系数字化转型与管理适应性变革[J]. 改革, 2020(4): 37-49.

谢卫红, 刘高, 王田绘. 大数据能力内涵、维度及其与集团管控关系研究[J]. 科技管理研究, 2016, 36(14): 170-177.

谢卫红, 钟苏梅, 李忠顺, 等. 多元化企业 IT 协同的维度及测量[J]. 科技管理研究, 2017, 37(1): 111-118.

邢明青. 双边市场视角下操作系统平台定价策略研究[J]. 运筹与管理, 2015, 24(3): 234-239.

徐晋, 张祥建. 平台经济学初探[J]. 中国工业经济, 2006(5): 40-47.

徐选华, 杨玉珊, 陈晓红. 基于决策者风险偏好大数据分析的大群体应急决策方法[J].

运筹与管理, 2019, 28(7): 1-10.

许明伦. 大型制造业企业数据赋能、战略柔性与绩效关系研究——企业社会资本的调节作用[D]. 广州：华南理工大学硕士论文, 2019.

许宪春, 张美慧. 中国数字经济规模测算研究——基于国际比较的视角[J]. 中国工业经济, 2020(5): 23-41.

杨宸铸. 基于 HADOOP 的数据挖掘研究[D]. 重庆：重庆大学, 2010.

叶秀敏. 平台经济的特点分析[J]. 河北师范大学学报(哲学社会科学版), 2016, 39(2): 114-120.

易加斌, 徐迪. 大数据对商业模式创新的影响机理——一个分析框架[J]. 科技进步与对策, 2018, 35(3): 15-21.

余江, 孟庆时, 张越, 靳景. 数字创业：数字化时代创业理论和实践的新趋势[J]. 科学学研究, 2018, 36(10): 1801-1808.

余江, 孟庆时, 张越, 张兮, 陈凤. 数字创新:创新研究新视角的探索及启示[J]. 科学学研究, 2017, 35(7): 1103-1111.

曾忠禄. 大数据分析:方向、方法与工具[J]. 情报理论与实践, 2017, 40(1):1-5.

张东霞, 邱才明, 王晓蓉, 等. 全球能源互联网中的大数据应用研究[J]. 电力信息与通信技术, 2016, 14(3): 20-24.

张敬伟, 王迎军. 基于价值三角形逻辑的商业模式概念模型研究[J]. 外国经济与管理, 2010, 32(6): 1-8.

张鹏. 发展平台经济 助推转型升级[J]. 宏观经济管理, 2014(7): 47-49.

赵文平, 吕姣倩, 张闻功. 数据赋能、外部知识搜索与服务业企业转型绩效——战略一致性的调节作用[J]. 管理现代化, 2023, 43(1): 91-98.

甄峰, 秦萧. 大数据在智慧城市研究与规划中的应用[J]. 国际城市规划, 2014, 29(6): 44-50.

郑祥龙, 梅姝娥. 基于价值网的科技服务平台商业模式研究[J]. 科技管理研究, 2015, 35(5): 35-38.

钟苏梅. 大数据能力、组织学习与企业绩效关系的实证研究[D]. 广州：广东工业大学, 2017.

周佳, 陈劲, 梅亮. 联盟组合:源起、研究前沿和理论框架[J]. 外国经济与管理, 2017, 39(6): 83-97.

周文辉, 邓伟, 陈凌子. 基于滴滴出行的平台企业数据赋能促进价值共创过程研究[J]. 管理学报, 2018a, 15(8): 1110-1119.

周文辉, 王鹏程, 杨苗. 数字化赋能促进大规模定制技术创新[J]. 科学学研究, 2018b, 36(8): 1516-1523.

朱秀梅, 刘月, 陈海涛. 数字创业：要素及内核生成机制研究[J]. 外国经济与管理, 2020, 42(4): 19-35.

附录 物流平台企业数据赋能与
企业绩效的关系研究

尊敬的各位受访者：

您好！非常感谢您在百忙之中抽空填写这份调查问卷。此次问卷调查主要研究物流平台企业数据赋能与企业绩效之间的关系。本次问卷采用匿名调查方式，请放心作答！

以下所有题项均无对错之分，请根据实际情况和真实感知填写，感谢您的支持与帮助！

1. 请问您了解或使用过物流服务平台吗？

例如：货拉拉、货车帮、运满满、云鸟等类型的服务平台属于物流服务平台。

○有

○没有

2. 您了解或使用过的物流平台企业是以下哪种类型？（多选）

○网络货运平台

○无车承运人平台

○电商物流平台

○供应链平台

○其他

3. 请根据您对物流平台企业的了解与使用感受，对以下题项对应的同意程度进行选择。

1代表非常不同意，2代表比较不同意，3代表有点不同意，4代表不确定，5代表有点同意，6代表比较同意，7代表非常同意。

	1	2	3	4	5	6	7
1. 该平台界面或系统支持用户从其他端口进入	○	○	○	○	○	○	○
2. 该平台能够持续、实时地获取车主、货主需求的各种信息	○	○	○	○	○	○	○
3. 该平台引进的信息技术能够增强平台、车主与货主之间的管理沟通	○	○	○	○	○	○	○

4. 请根据您对物流平台企业的了解与使用感受，对以下题项对应的同意程度进行选择。

1 代表非常不同意，2 代表比较不同意，3 代表有点不同意，4 代表不确定，5 代表有点同意，6 代表比较同意，7 代表非常同意。

	1	2	3	4	5	6	7
1. 该平台能够快速识别并获取到所需的数据资源	○	○	○	○	○	○	○
2. 该平台与信息技术相关的软硬件设施能够对货主需求作出实时快速响应	○	○	○	○	○	○	○
3. 该平台可对产品进行灵活分级，为不同客户提供对应产品，合理配置资源	○	○	○	○	○	○	○

5. 请根据您对物流平台企业的了解与使用感受，对以下题项对应的同意程度进行选择。

1 代表非常不同意，2 代表比较不同意，3 代表有点不同意，4 代表不确定，5 代表有点同意，6 代表比较同意，7 代表非常同意。

	1	2	3	4	5	6	7
1. 该平台能够从海量数据中发现潜在的有用信息	○	○	○	○	○	○	○
2. 该平台可结合货主所处位置，通过分析将订单匹配给最合适的车主	○	○	○	○	○	○	○
3. 该平台会根据评价互动结果，将评分高的车主、货主进行匹配，从而使用户获得更优质的服务	○	○	○	○	○	○	○
4. 该平台能够基于海量数据为组织经营等方面提供有价值的预测性分析	○	○	○	○	○	○	○

6. 请根据您对物流平台企业的了解与使用感受，对以下题项对应的同意程度进行选择。

1 代表非常不同意，2 代表比较不同意，3 代表有点不同意，4 代表不确定，5 代表有点同意，6 代表比较同意，7 代表非常同意。

	1	2	3	4	5	6	7
1. 该平台经营活动过程中，车主及货主能够向平台提出合理要求，主动参与互动	○	○	○	○	○	○	○
2. 该平台经营活动过程中，平台会利用线上 App 等渠道主动对用户进行调查访问，获取有用的经营管理信息	○	○	○	○	○	○	○
3. 该平台经营活动过程中，基于双向评分机制，为得到更高评分，车主会提供更优质的服务，货主会提供更多的包容和理解，实现互动合作	○	○	○	○	○	○	○

7. 请根据您对物流平台企业的了解与使用感受，对以下题项对应的同意程度进行选择。

1代表非常不同意，2代表比较不同意，3代表有点不同意，4代表不确定，5代表有点同意，6代表比较同意，7代表非常同意。

	1	2	3	4	5	6	7
1. 该平台能通过对已有资源进行稳定调整，提高组合效率	○	○	○	○	○	○	○
2. 该平台可以用创新性方法对已有资源进行延伸、丰富及细化以拓展业务	○	○	○	○	○	○	○
3. 该平台可梳理已有资源与新资源并实现创造性组合	○	○	○	○	○	○	○

8. 请问在该物流平台企业的经营活动中，您扮演何种角色？

○员工（如果您是员工，请回答第 8～11 题）

○车主（如果您是车主，请回答第 12 题）

○货主（如果您是货主，请回答第 13 题）

9. 您在该物流平台企业中的职位是什么？

○高层管理者；○中层管理者；○基层管理者；○产品研发人员；○技术开发人员；○其他

10. 该物流平台企业的营业收入范围大致为多少？

○0.5 亿~1 亿元；○1 亿~5 亿元；○5 亿~10 亿元；○10 亿元以上；○其他，大致为＿＿＿＿＿＿＿＿＿

11. 该物流平台企业的产权性质是什么？

○国有；○民营；○三资—外资控股；○三资—内资控股；○其他

12. 该企业成立时间：

○少于 1 年；○1~3 年；○3~5 年；○5~10 年；○10 年以上

13. 请根据您对物流平台企业的了解与使用感受，对以下题项对应的同意程度进行选择。

1代表非常不同意，2代表比较不同意，3代表有点不同意，4代表不确定，5代表有点同意，6代表比较同意，7代表非常同意。

	1	2	3	4	5	6	7
1. 本企业以超越传统的方式寻求与供应链以外的更多伙伴进行合作	○	○	○	○	○	○	○
2. 本企业采取了多种举措改变传统的商业模式	○	○	○	○	○	○	○
3. 本企业采取了多种举措改变公司、顾客之间的传统角色和关系	○	○	○	○	○	○	○

14. 请根据您对物流平台企业的了解与使用感受，对以下题项对应的同意程度进行选择。

1 代表非常不同意，2 代表比较不同意，3 代表有点不同意，4 代表不确定，5 代表有点同意，6 代表比较同意，7 代表非常同意。

	1	2	3	4	5	6	7
1. 与竞争对手比较，本企业营业收入保持在较高水平	○	○	○	○	○	○	○
2. 与竞争对手比较，本企业利润总额保持在较高水平	○	○	○	○	○	○	○
3. 与竞争对手比较，本企业利润增长很快	○	○	○	○	○	○	○

15. 请根据您对物流平台企业的了解与使用感受，对以下题项对应的同意程度进行选择。

1 代表非常不同意，2 代表比较不同意，3 代表有点不同意，4 代表不确定，5 代表有点同意，6 代表比较同意，7 代表非常同意。

	1	2	3	4	5	6	7
1. 本企业为顾客提供的服务使其减少了诸如供需双方搜寻、讨价还价、"货比三家"等交易成本	○	○	○	○	○	○	○
2. 本企业为客户提供了及时可靠的服务，提高了客户满意度，促进平台可持续发展	○	○	○	○	○	○	○
3. 本企业增加了物流双边市场用户的交易柔性，满足了用户的个性化需求，加强了客户黏性	○	○	○	○	○	○	○

16. 请根据您对物流平台企业的了解与使用感受，对以下题项对应的同意程度进行选择。

1 代表非常不同意，2 代表比较不同意，3 代表有点不同意，4 代表不确定，5 代表有点同意，6 代表比较同意，7 代表非常同意。

	1	2	3	4	5	6	7
1. 本企业通过充分与客户的互动合作企业的市场形象有所提升	○	○	○	○	○	○	○
2. 本企业的市场占有率逐渐扩大，市场话语权正在逐步形成	○	○	○	○	○	○	○
3. 本企业的发展对该行业发展起到了一定的促进和带头作用	○	○	○	○	○	○	○

17. 请根据您对物流平台企业的了解与使用感受，对以下题项对应的同意程度进行选择。

　　1 代表非常不同意，2 代表比较不同意，3 代表有点不同意，4 代表不确定，5 代表有点同意，6 代表比较同意，7 代表非常同意。

	1	2	3	4	5	6	7
1. 相比于其他物流平台，该平台的注册等相关操作更简单，使您更愿意使用该平台	○	○	○	○	○	○	○
2. 相比于其他物流平台，该平台抢单界面更加稳定，使您更愿意使用该平台	○	○	○	○	○	○	○
3. 相比于其他物流平台，该平台的薪酬及奖励机制更优越	○	○	○	○	○	○	○

　　18. 请根据您对物流平台企业的了解与使用感受，对以下题项对应的同意程度进行选择。

　　1 代表非常不同意，2 代表比较不同意，3 代表有点不同意，4 代表不确定，5 代表有点同意，6 代表比较同意，7 代表非常同意。

	1	2	3	4	5	6	7
1. 相比于其他物流平台，该平台为您带来的体验感更好	○	○	○	○	○	○	○
2. 相比于其他物流平台，您更愿意向身边朋友推荐该平台	○	○	○	○	○	○	○

　　感谢您的认真填写，祝您生活愉快、工作顺利！